DELIUS KLASING

TRAUM TOUREN EUROPA

COLETTE COLEMAN

MIT DEM MOTORRAD UNTERWEGS ZWISCHEN NORDKAP UND KLEINASIEN

DELIUS KLASING VERLAG

Inhalt

Die berühmte Großglockner-Hochalpenstraße führt mit ihren 36 Kehren ins Herz des österreichischen Hohentauern-Nationalparks (Seite 1).

Autorin Colette Coleman bereitet sich im Engadintal auf den Ofenpass im Schweizerischen Nationalpark vor (vorhergehende Doppelseite).

Panoramablick über die Transalpina-Straße durch die Karpaten. Die Fahrt über diese herrlich gewundene Bergstrecke gehört zu den Highlights einer Rumänien-Reise (diese Doppelseite).

Ringstraße Nr. 1 104
Von den Fjorden zum Nordkap 112
Highlands und Inseln 120
Vereinigt im Königreich 128
Der Lake District 136
Der Rosenweg 142
Die grüne Insel 158
Walisische Berge und Täler 150
Mitteleuropa-Odyssee 78
Der Großglockner und das Salzkammergut 52
Drei Tiroler Pässe 36
Auf der Romantischen Straße 28
Wald- und Weinstraßen 20
Es grünt so grün ... 184
Hohe Pässe und versteckte Täler 44
Durch die Alpen ans Mittelmeer 12
Der Fluss des Goldes 192
Vom Gardasee in die Dolomiten 200
Die Pyrenäen 168
Die Werkstour 208
Andalusisches Abenteuer 176
Berge und Küsten des Balkans 70

Motorrad-abenteuer Europa

Europa stellt sich für Motorradfahrer in einer unglaublichen topografischen Vielfalt dar. Von der außerirdisch wirkenden arktischen Tundra Norwegens bis in die wüstenähnlichen Steppen der Osttürkei verbindet ein gut ausgebautes Netz aus Straßen und Fährverbindungen die Länder dieses Kontinents und lockt mit atemberaubenden Landschaften und fahrtechnischen Herausforderungen. Innerhalb nur weniger Wochen kann man durch die halbtrockenen Wüsten im südöstlichen Spanien über 2000 Meter hohe Passstraßen zur Donau gelangen und von den Quellen im Schwarzwald durch die Metropolen Wien, Bratislava, Budapest und Belgrad ins Donaudelta von Rumänien und der Ukraine fahren. Europa bietet dem Motorradfahrer eine faszinierende Vielfalt aus spektakulären Landschaften, bedeutungsvoller Historie und kulturellem Reichtum.

Eine Reise durch Europa führt einen gelegentlich über historische Straßen, die einst militärischen Zwecken dienten. So wurde beispielsweise die französische *Route des Cretes* im Ersten Weltkrieg erbaut, um Truppenbewegungen zu erleichtern, während gleichzeitig russische Kriegsgefangene den Vršič-Pass in Slowenien errichten mussten. Viele berühmte Bergpässe Europas dienten seit Jahrhunderten als Handelsstraßen zwischen abgelegenen Tälern oder auch großen Wirtschaftszentren. Während man über den nahezu perfekten Asphalt der österreichischen Timmelsjoch-Hochalpenstraße gleitet, kann man sich nur schwer die Strapazen vorstellen, die Reisende in den Jahrhunderten zuvor erleiden mussten.

Erst mit der Massenmotorisierung nach dem Zweiten Weltkrieg wurden Straßen einzig dafür gebaut, Touristen in schöne Landschaften und an sehenswerte Orte zu bringen. So wurde in Deutschland 1950 die Romantische Straße begründet, um das Tourismusgewerbe in der Nachkriegszeit zu unterstützen. Auch die verschiedenen Weinstraßen sind eher eine Erfindung der Neuzeit, aber sie basieren teilweise auf alten Römerstraßen, die schon vor über tausend Jahren zur Kultivierung der Weinberge dienten.

Die in diesem Buch beschriebenen Routen bieten Erfahrungen mit der außergewöhnlichen kulturellen Vielfalt Europas. Wer mag, kann auf hervorragenden Straßen zwischen historischen Städten entlangfahren, in denen maurische Paläste neben mittelalterlichen Kathedralen stehen, oder die sich vom Atlantik zum Schwarzen Meer zu findenden Überreste vergangener Reiche entdecken. Wer lieber die Wildnis und abgelegene Orte mag, der kann gewaltige Bergketten und riesige Urwälder erkunden. In Europa warten wunderbare Landschaften für jeden Geschmack auf ihre Entdeckung.

Einleitung

Als ich an diesem Motorrad-Reiseführer für Europa zu schreiben begann, erinnerte mich eine gute Freundin daran, dass ich vor vielen Jahren während der Planung für eine lange Überlandreise einen leichtfertigen Kommentar abgegeben hatte. Sie hatte mich damals gefragt, ob ich vor einer Reise durch Asien noch längere Zeit in Europa verbringen wolle. Und ich hatte geantwortet: »Oh nein, Europa liegt vor der Haustür, das kann ich machen, wenn ich alt bin.« Das war vor mehr als 20 Jahren, und natürlich habe ich zwischen meinen vielen Langstreckenreisen regelmäßig Trips durch Europa unternommen – und ich war jedes Mal von der vielfältigen Landschaften und Kultur »vor meiner Haustür« überrascht. Erst vor Kurzem war ich auf Österreichs berühmter Großglockner-Hochalpenstraße unterwegs – und ich erkannte, dass sie zu den landschaftlich schönsten Straßen gehört, die ich jemals befahren habe. Niemand, der jemals die Dolomiten in Italien besucht hat, wird von der Schönheit dieser schroffen Berge nicht inspiriert sein. Wer bei einer Reise von der Westküste zur Ostgrenze der Türkei die sich ständig verändernde Landschaft erlebt hat, möchte die Zeit zurückdrehen und gleich noch einmal dieses riesige Land erkunden.

Der Leitgedanke dieses Buchs ist, dass jede der vorgestellten Routen als Teil eines typischen zwei- bis dreiwöchigen Urlaubs oder Teile davon als Kurztrip oder Tagesausflug gefahren werden können. Wer etwas mehr Zeit hat, kann die meisten Routen miteinander verbinden. Viele von uns widmen die kostbarsten Wochen des Jahres der Erfüllung ihrer Motorradträume – und ich hoffe, dass dieses Buch genügend Inspiration für den nächsten Motorradausflug liefert.

Die vorgestellten Routen sind keineswegs eine endgültige Liste mit den besten Motorradstrecken Europas, sollen aber eine gute Auswahl an Straßen bieten, auf denen man sowohl großartig fahren kann, wie auch hervorragende Sehenswürdigkeiten geboten bekommt. Leicht kann man sich so sehr ins Fahren vertiefen, dass man an Naturwundern oder Kulturgütern vorbeirauscht, ohne überhaupt zu wissen, was man verpasst hat. Mein perfekter Motorradurlaub besteht neben dem Fahren selbst aus Besichtigungen, die sich sowohl aus Wanderungen in Nationalparks und Tierbeobachtungen wie aus dem Besuch einer sehenswerten Stadt, eines Schlosses oder Ähnlichem ergeben können. Ich liebe es, regionale kulinarische Spezialitäten zu probieren; tatsächlich wird mein Tag erst durch eine großartige Fahrt und anschließend ein gutes Essen perfekt. Viele Motorradfahrer verbinden eine Reise durch Europa mit dem Besuch einer Rennveranstaltung, wissen aber beispielsweise nicht, dass nur eine Stunde von der Rennstrecke im spanischen Jerez entfernt eine atemberaubende Straße durch das Herz der zerklüfteten Sierra de Grazalema führt.

Solange es brauchbare Alternativen gibt, habe ich es in der Regel vermieden, lange Autobahnstrecken in die Routen aufzunehmen. In diesem Buch werden eher die gemütlicheren und längeren Strecken empfohlen; man sollte an ihren Sehenswürdigkeiten anhalten und sich die Zeit nehmen, nette Menschen kennenzulernen. Vielleicht wird genau derjenige Tag zum Höhepunkt der Reise, an dem man einen Abstecher unternahm, eine Panne hatte und die Hilfsbereitschaft von Fremden in Anspruch nehmen musste.

Die folgenden Routen sollen nur einen Eindruck davon vermitteln, welche Straßen und Landschaften man in den erwähnten Ländern erwarten kann. Ich habe versucht, Straßen unterschiedlicher Qualitäten aufzunehmen, doch generell sind in Europa fast alle Straßen gut befahrbar. Wer möchte, kann dennoch auch abseits der Straße unterwegs sein. Südspanien ist ein großartiges Offroad-Ziel – besonders, wenn der Rest Europas im Winterschlaf liegt. Wer Matsch und Schlamm mag, kann im Winter aber auch in Wales und Yorkshire Spaß haben.

Das Motorrad

Wer seine erste Kontinentalreise plant oder vielleicht ein neues Motorrad in Betracht zieht und sich fragt, welches Modell sich dafür am besten eignet, für den habe ich einen simplen Ratschlag: Wähle eine Maschine aus, auf der du dich wohlfühlst, und nicht unbedingt eine, die deine Freunde fahren. Obwohl manche Motorräder für spezielle Einsatzzwecke und Untergründe gebaut wurden, lässt sich jedes Motorrad fast überall fahren. Es gibt keine verbindlichen Regeln – es liegt nur an dir! Die weitere Entscheidung hängt in erster Linie vom Geldbeutel ab. Betrachte deine ausgewählte Route und wähle die Länge deiner Tagesetappen und das zu befahrene Terrain aus. Wer längere Zeit unterwegs sein möchte oder campen will, muss die Zuladung der Maschine beachten. Sehr wichtig ist, dass das Motorrad vor dem Start gut gewartet ist, die Reifen ausreichend Profil aufweisen und die gesamte Elektrik funktioniert.

Ich leite ein Reisebüro, sodass ich selbst nur begrenzte Zeit für eigene Reisen zur Verfügung habe. Um diese Zeit möglichst gut zu nutzen, mieten mein Mann Steve und ich oft Motorräder für unsere Fernreisen. So können wir zu unserem gewünschten Startpunkt fliegen, die Motorräder in Empfang nehmen und am folgenden Tag mit der Reise beginnen. Wenn es möglich ist, eine Maschine zu mieten, die dem eigenen Motorrad ähnelt, kann man sich direkt draufsetzen

Europa bietet dem Motorradfahrer eine Fülle von Abenteuern, die von engen Bergkehren über üppige Täler bis zu wunderbaren Küstenstraßen reichen.

und muss sich kaum umgewöhnen. Sich allerdings mit einem völlig unbekannten Motorrad direkt in den Berufsverkehr einer fremden Großstadt zu stürzen, sollte man möglichst vermeiden. Wenn die Auswahl begrenzt ist, eher ein Motorrad mieten, das kleiner oder leichter ist als das eigene. Wenn man sich dazu verführen lässt, eine größere Maschine zu mieten und dann noch Gepäck auflädt, kann es schon einen ganzen Tag dauern, bis man mit dem Gewicht und dem Handling zurechtkommt.

Spürt man andererseits Lust auf Veränderungen, ist das Mieten einer Maschine am Reiseziel eine gute Möglichkeit, ein völlig anderes Motorrad auszuprobieren, als man zuhause fährt. Mit einer italienischen Maschine die Werkstour abzufahren, kann neben den Erfahrungen der Reise für einige Tage noch das Gefühl schenken, wie Giacomo Agostini unterwegs zu sein. Bei jedem geliehenen Motorrad muss vor der Unterschrift unter dem Mietvertrag genau darauf geachtet werden, dass alles funktioniert und alle notwendigen Papiere vorhanden sind.

Heutzutage gibt es viele Möglichkeiten, mit einem gemieteten oder dem eigenen Motorrad an einer geführten Tour teilzunehmen. Wer allein anreist und gern mit anderen Fahrern unterwegs sein möchte, kann solche organisierten Touren in Betracht ziehen. Man fährt nicht in allzu großen Gruppen und kann sein eigenes Tempo festlegen, hat aber eine ausgearbeitete Strecke und weiß, dass am Ende der Reise ein Hotel wartet, vor dem man nur noch das Motorrad abstellen muss und nach einer Dusche die anderen Fahrer an der Bar trifft.

Warum mit dem Motorrad reisen?

Die meisten Leser besitzen wahrscheinlich ein eigenes Motorrad und suchen nach Anregungen für ihre nächste Fahrt. Natürlich können alle Routen auch per Auto bereist werden und einige der berühmten Pässe in diesem Buch sind auch Radsportlern nicht unbekannt. Doch für Leser, die noch kein eigenes Motorrad besitzen, hat dieses Buch hoffentlich die inspirierende Wirkung, sich eines zuzulegen.

Mit dem Motorrad zu reisen ist eine wunderbare Art, Menschen kennenzulernen. Wer zwar allein reisen möchte, aber Bedenken wegen möglicher Einsamkeit auf der Tour hat, kann sich sicher sein, dass Motorräder bei fremden Menschen immer Interesse und Neugier erregen. Kinder lieben Motorräder, und andere Fahrer halten gern an, um sich zu unterhalten oder notfalls Hilfe zu leisten. Das Thema Motorrad ist bei jedem Stopp eine fantastische Gesprächseinleitung. Und trotzdem: Manchmal findet man sich allein mit seiner Maschine auf einer abgelegenen, nur von Gipfeln umgebenen Bergstrecke wieder – ein Gefühl, das nur schwer zu überbieten ist. Selbst wenn das Wetter umschlägt und den Weg in eine Schlammpiste verwandelt, werden die schönen Erinnerungen noch lange nach dem Urlaub bleiben.

Motorradreisen selbst ist nicht mit einer Autofahrt vergleichbar. Die beglückende Freiheit des Reisens auf zwei Rädern ist ein Gefühl, das nur Motorradfahrer beschreiben können, wenn sie ihre Maschine reisefertig machen. Auf einem Motorrad ist man komplett den Elementen ausgesetzt – den Geräuschen, dem Geruch der Umgebung und sogar den unterschiedlichen Straßenbelägen. Wohin man auch immer fährt, das Motorrad ist immer dabei, egal, ob es auf dem Hotelparkplatz, unter dem Fenster oder gar im Hausflur steht. Dein Motorrad wird zum zuverlässigen Begleiter.

Startvorbereitung

Nachdem man sich für ein Reiseland oder eine spezielle Route entschieden hat, sollte man sich eine klassische Landkarte beschaffen. Nichts ist schöner, als mit einem leckeren Getränk über einer echten Landkarte zu brüten. Nur sie vermittelt eine Vorstellung vom Ausmaß der Reise sowie von der Topografie und dem Terrain, dem man dabei begegnet. Beim Planen der Strecke werden plötzlich Orte lebendig, über die man zuvor nur irgendwann mal etwas gelesen hat.

Ich habe an jede Reise ein kleines Roadbook angehängt, damit man Hinweise über die Distanzen und die Reisedauer erhält, die bei durchschnittlichen 250 km pro Tag eingerechnet werden müssen. Natürlich hat jeder andere Vorstellungen über seine Tagesetappe, außerdem stellen das Wetter und das Terrain wichtige Faktoren dar, sodass diese Empfehlungen keinesfalls als verbindlich betrachtet werden dürfen!

Am Ende des Buchs findet sich eine Seite mit Infoquellen über nützliche Webseiten, die bei der Reiseplanung hilfreich sein können. Das Internet ist eine gute Quelle zur Erforschung der unterschiedlichen Verkehrsvorschriften in den Ländern Europas, außerdem gibt es hier wichtige Informationen über die aktuelle Befahrbarkeit von Passstraßen. Fähren sind entscheidend, um entsprechende Länder und Inseln zu erreichen, sodass auch sie in die Reiseplanung aufgenommen werden müssen. Die Planung der Strecke, die Entscheidung für ein bestimmtes Terrain und die Auswahl der zu besichtigenden Orte sind Teil der Vorfreude auf jede Motorradreise.

Dieses Buch geht nicht auf Details zu den Themen Visa, Versicherungen und Vorschriften bei Grenzüberquerungen ein, da diese von der eigenen Nationalität und dem aktuellen Standort abhängen, zudem werden Reglementierungen oft ohne Vorwarnung geändert. Ich rate immer dazu, persönliche Reiseversicherungen abzuschließen – und hierbei hat jeder seine eigenen Prioritäten. Meine sind zum Beispiel Notfall-Teebeutel und Feuchtpflegetücher! Unterm Strich bedeutet dies, dass – solange nicht gecampt werden soll – die korrekten Papiere für Mensch und Maschine, der Führerschein, ausreichend Geld und eine hochwertige Fahrerausstattung die wichtigsten Reiseutensilien sind. Hauptsächlich wirst du deine Motorradbekleidung tragen, und ein Paar Ersatzhandschuhe kann sehr nützlich sein. Alles, was sonst noch plötzlich benötigt wird, ist in Europa jederzeit relativ leicht zu beschaffen. Halte dein Gepäck leicht und kompakt – alles, was du unterwegs brauchst, kann während der Fahrt gekauft werden.

Ich hoffe, dass die in diesem Buch beschriebenen Routen genügend Inspiration für deine erste oder nächste Reise bieten – ob es nun ein Wochenendtrip oder eine Reise durch Europa Richtung Afrika oder Asien sein soll. Was zählt ist, dass du dich auf dein Motorrad setzt und dich auf einen neuen und aufregenden Weg machst.

Westeuropa

Frankreich

Durch die Alpen ans Mittelmeer

1100 km

Der sehr bergige Südosten Frankreichs grenzt an die Schweiz und Italien und besticht durch hoch hinaufführende Passstraßen und gewaltige Alpengipfel, die bis an die mondänen Ferienorte an der Côte d'Azur reichen. Die dagegen sehr ländlich geprägte Provence beeindruckt mit ausgedehnten Weingütern, Lavendelfeldern und lieblichen auf Hügeln gelegenen Städten und Dörfern. Die bekannte Vorliebe der Franzosen für kulinarische Genüsse sowie die an der Route erhältlichen regionalen Spezialitäten sorgen bei Fahrten durch diesen Teil der Welt für weitere Höhepunkte.

Die außergewöhnliche Landschaft dieser Region wird durch zwei der berühmtesten Straßen Frankreichs erschlossen. Zu den bekanntesten Motorradreisestrecken Europas gehört *La Route des Grandes Alpes*, die sich über 684 km vom Ufer des Genfer Sees zum Mittelmeer windet. Die Strecke führt über 16 Alpenpässe, von denen sechs über 2000 Meter hoch sind. Sie beginnt in der Region Haute-Savoie und überquert auf dem Weg zur Region Alpes-Maritimes bekannte Gebiete wie das Chablais, das Vanoise-Massiv, den Queyras, die Ubaye und den Mercantour-Nationalpark. Der Touring-Club de France hatte großen Einfluss auf ihre Entwicklung. Die ersten Arbeiten begannen bereits 1909, doch erst 1995 war die aktuelle Strecke zwischen Thornes-les-Bains und Menton tatsächlich fertig. Das Netz aus Passstraßen verbindet die drei Nationalparks Vanoise, Écrins und Mercantour, die jeweils einzelne ausgedehnte Besuche wert sind; hinzu kommen die zwei Regionalparks des Bauges- und des Queyras-Massivs. Nachdem die Strecke die prachtvolle Côte d'Azur erreicht hat, beginnt dort eine weitere legendäre Motorradroute.

Diese *Route Napoléon* wurde 1932 eröffnet und folgt der 1815 von Napoléon Bonaparte genommenen Marschroute von Golfe-Juan nach Grenoble. Am 1. März 1815 war er mit einigen Getreuen aus seinem Exil auf Elba kommend in Golfe-Juan gelandet und hatte in Cannes Quartier bezogen. Am nächsten Morgen sollte es zwischen Digne und Sisteron in Richtung Norden über die Alpen gehen. Mit der Zeit schlossen sich immer mehr Unterstützer an, sodass er nach einem siebentägigen Gewaltmarsch mit einer ganzen Armee in Grenoble einzog, um König Ludwig XVIII. zu stürzen. Die *Route Napoléon* nimmt einen mit auf eine Fahrt durch die französische Geschichte, führt aber auch durch abwechslungsreiche Landschaften aus Kalksteinfelsen, versteckten Schluchten und mächtigen Bergketten.

Eine reizvolle schmale Straße im Naturpark Verdon, der in den Departements Var und Alpes de Haute Provence liegt und dessen Mittelpunkt die spektakuläre Verdonschlucht bildet.

Eine auf der Reise durch diesen Teil der französischen Alpen nicht ungewöhnliche Aussicht (unten).

Schluchten, Küsten und Bergketten

Der an Rennstreckenbelag erinnernde französische Asphalt zieht Motorradfahrer aus ganz Europa an. Die mautpflichtigen Autobahnen befinden sich in einem hervorragenden Zustand, und die griffigen Passstraßen schlängeln sich in engen Kehren über hohe Massive und durch wunderbare Täler. Die Küstenstraßen der glitzernden Riviera laden zum Posieren ein, wogegen man auf den Routen durch die ländliche Provence glaubt, in eine Zeitmaschine geraten zu sein. Manche Straße führt zu den höchsten Bergen Europas, und die weiten Ausblicke aus dem Sattel sind unübertroffen.

Allein aufgrund ihrer Höhe sind die meisten Pässe lediglich zwischen Ende Mai und Oktober geöffnet; die höchsten Strecken über den Iseran, Galibier und Izoard sind oft erst ab Mitte oder Ende Juni befahrbar. Die Öffnung eines Passes hängt von den Schneehöhen, aber auch dem Zustand der Straße ab, die nach jedem Winter an vielen Stellen repariert werden muss.

Bevor man sich mit dem Motorrad durch enge Kehren und über steile Auf- und Abfahrten hermacht, empfiehlt es sich, eine sorgfältige Kontrolle des Motoröls, der Bremsen, des Reifendrucks und der Antriebskette durchzuführen. Am dichtesten ist der Verkehr auf den *Routes* von Mitte Juli bis Ende August, denn die Strecke ist sowohl bei Motorradfahrern und Autofahrern, aber auch bei Wohnmobilisten und Radsportlern sehr beliebt. Wegen Letzteren sollte auch der Plan der Tour de France genau bedacht werden, da diese über mehrere Tage große Auswirkungen auf die bei der jeweiligen Etappe durchfahrene Region haben kann.

In der Region gibt es viele motorradfahrerfreundliche Unterkünfte, und oft bekommt man einen Unterstellplatz, einen Trockenraum und Aufbewahrungsmöglichkeiten angeboten. Die Temperatur kann sich in den Bergen durch schnelle Wetterwechsel, aber auch große Höhenunterschiede sehr rasch ändern. In einer halben Stunde erreicht man aus einem sommerlichen Tal eine Passhöhe mit Nebelschwaden und Frost, sodass ausreichend warme Kleidung mitgenommen werden sollte. Selbst im Juli muss mit Schnee gerechnet werden, und das Wetter beeinflusst nicht nur das Wohlbefinden beim Fahren, sondern auch die mögliche Fernsicht. Weil jedoch sowohl auf der Hauptstrecke wie auch auf Nebenstrecken eine große Auswahl an Pässen besteht, kann man sich bei Regen und Nebel in einem Tal mithilfe der lokalen Wettervorhersage eine Alternativroute aussuchen. Die Kombination aus Teilstücken der Routes des Grandes Alpes und der Route Napoléon sowie einem Abstecher ans Mittelmeer ist das reinste Biker-Nirvana.

Der 2770 Meter über dem Meeresspiegel gelegene Col de l'Iseran im Vanoise-Nationalpark war zum Zeitpunkt seiner Eröffnung im Jahre 1937 der höchste Straßenpass Europas. Heute gehört er zu den schönsten Alpenpässen Frankreichs, sodass ein Beweisfoto (mit Motorrad und Fahrer) obligatorisch sein sollte (oben und rechte Seite).

Die Route des Grandes Alpes

Die 684 km lange Strecke folgt hauptsächlich der D902 und ist gut ausgeschildert. Die Dauer der Reise hängt davon ab, wie schnell man unterwegs sein will. Wer nur der offiziellen Route vom Genfer See nach Menton folgen will und keine längeren Unterbrechungen plant, sollte auf den kurvigen Pisten mindestens drei Tage planen, um berühmte Skiorte wie Val d'Isere, die Bergstatt Briançon und urwüchsige Nationalparks zu durchqueren und schließlich an die milde Mittelmeerküste zu gelangen. Um die majestätischen Pässe der Route sowie zu anderen fabelhaften Bergstraßen führende Nebenstrecken wirklich zu genießen, sollte man die Fahrt in Sektionen unterteilen und sich in Berghotels oder Gasthäusern einquartieren.

Von Thonon-les Bains nach Bourg-Saint-Maurice

Die am Genfer See gelegene Stadt Thonon-les Bains ist der offizielle Startpunkt der Route des Grandes Alpes. Die 190 Kilometer lange Etappe nach Bourg-Saint-Maurice beginnt mit einer Reihe kleiner Pässe, damit Mensch und Maschine sich für die höheren Anstiege warmfahren können. Der Col de la Colombière (1613 m) südlich von Cluses ist der erste größere Pass der Route und die Verbindung zwischen den Tälern der Arve und der Borne. Die fantastische Fahrt führt über die Baumgrenze hinaus zu den beeindruckenden Felsformationen am Gipfel. Der nächste große Anstieg ist der 1967 m hohe Cormet de Roselend, der über das hübsche Städtchen Beaufort zu erreichen ist. Die Straße schlängelt sich durch dichte Wälder und am Roselend-Stausee entlang und erlaubt gelegentliche Ausblicke auf gewaltige Gletscher sowie einen überragenden Rückblick auf die Rampe zum See herunter. Der Pass verbindet das üppige Beaufort-Tal mit Bourg-Saint-Maurice, der letzten größeren Ansiedlung in den Tarentaise-Tälern, wo eine kleine Mahlzeit eingenommen und der Tank aufgefüllt werden sollte, bevor es zum gewaltigen Col de l'Iseran (2770 m) hinaufgeht.

Von Bourg-Saint-Maurice nach Briançon

Die nächste Etappe der Routes des Grandes Alpes führt ins Herz des Vanoise-Nationalparks, der an den italienischen Gran Paradiso-Nationalpark grenzt und 1963 erster Nationalpark Frankreichs wurde. Nach dem Zweiten Weltkrieg wurde die Isère zum Lac du Chervril aufgestaut, um Strom aus Wasserkraft zu gewinnen. Dabei wurde das alte Dorf Tignes überflutet, dessen Reste nur noch sichtbar sind, wenn der Stausee zur Wartung der einst größten Bogenstaumauer Europas abgelassen wird. Der als höchster überfahrbarer Alpenpass geltende Col de l'Iseran verbindet die beiden Hochtäler der Isère (Tarentaise) und des Arc (Maurienne) zwischen Val-d'Isère im Norden und Bonneval-sur-Arc im Süden. Auch wenn man heute am Col de la Bonette ein paar Meter höher hinaus kommt, gehört der 1937 eröffnete Col de l'Iseran zu den wichtigsten »Pflicht-Pässen« der Alpen. Die von Bourg-Saint-Maurice kommende Straße führt durch Dörfer und Wiesenland sowie zahllose Tunnel. Die Luft wird immer dünner, und auf dem Weg in die Berge fühlt sich die Umgebung immer unheimlicher und trostloser

an. Nur 14 Kilometer hinter der Passhöhe zeigt sich im 1850 Meter hoch gelegenen Bonneval-sur-Arc, wie hart das Leben früher in einem Alpendorf gewesen sein muss.

Der das Maurienne-Tal dominierende Col du Télégraphe (1566 m) ist nach einem Fort in der Nähe benannt, das einst der Nachrichtenübermittlung zwischen Frankreich und Italien diente. Er wird überquert, bevor man den Col du Galibier (2645 m) in Angriff nimmt, der von Motorradfahrern geliebt und von den Fahrern der Tour de France gehasst wird. Am Gipfel steht ein Denkmal für den ersten Tour-Direktor Henri Desgrange. Die unglaublich schöne Straße überquert am Pass auch die Grenze zwischen den Départements Savoie und Hautes-Alpes. Sie verbindet die nördlichen mit den südlichen Alpen und wird seit Jahrhunderten als Handelsroute genutzt. Der Anstieg zum Pass bietet viele großartige Ausblicke, sodass die Fahrt besser genüsslich als sportlich angegangen werden sollte. Es bleibt jedoch kaum Zeit für Pausen, denn nach dem Abstieg vom Galibier befindet man sich bereits am Col du Lautaret (2057 m), an dem das *Hotel des Glaciers* daran erinnert, dass sich hier einst ein Gletscher entlang schob. Der Pass ist eines der Tore zum Nationalpark Ècrins, dessen abgelegene Täler und Wälder die Heimat vieler Wildtiere sind. Anschließend rollt man ins 1323 Meter hoch gelegene Briançon – eine der höchstgelegenen Städte Europas. Die befestigte Altstadt ist von steilen und schmalen Gassen durchzogen und bietet Besuchern gewaltige Ausblicke auf die umliegenden Täler.

Von Briançon nach Menton

Hinter Briançon wird es Zeit, den furchteinflößenden Col d'Izoard (2361 m) anzugehen – und damit einen weiteren »Pflicht-Alpenpass« zu überqueren –, um ins Guil-Tal im Queyras zu gelangen. Der schroffe, dramatische und anspruchsvolle Anstieg zur Passhöhe schlängelt sich über kahle Hänge und durch die Zinnen erodierter Felsen, die im *Casse Desert* (»menschenleeres Geröll«) eine Mondlandschaft bilden. Auch die Abfahrt ins Tal wird nicht langweilig, denn die Straße schlängelt sich durch das wunderschöne Guil-Tal Richtung Guillestre und den ins obere Ubaya-Tal führenden Col de Vars (2111 m). Das über dem Tal liegende Fort de Tournoux erinnert an ein in den Berg gebautes Himalaya-Kloster.

Während man in die nordöstliche Provence kommt, kann man weiter der Route folgen und den Col de la Cayolle (2327 m) anfahren, der am Fuße des Mont Pelat vom Tal der Ubaya in das der Var führt. Anschließend geht es über den wieder im Département Alpes-Maritimes liegenden Col de la Couillole. Ein weiterer gerade von Motorradfahrern gern genommener Abstecher führt zum Col de la Bonnette (2715 m) im Mercantour-Nationalpark, der dank einer auf 2802 Meter Höhe führenden Schleife fälschlicherweise als »Höchste Straße Europas« bezeichnet wird. Manchmal geben an der Aussichtsplattform die Wolken den Blick auf das fantastische Bergpanorama frei, manchmal bringen sie aber selbst im Hochsommer noch Schnee.

Von hier aus fallen die Seealpen zum Mittelmeer ab. Die Nähe der Mercantour-Berge zur Riviera erzeugt eine einzigartige Landschaft, die sich auf nur 30 Kilometer von »alpin« zu »mediterran« verwandelt.

Roadbook: Durch die Alpen ans Mittelmeer

Route: Startpunkt ist das Südufer des Genfer Sees, von wo es über diverse Alpenpässe auf der *Route des Grandes Alpes* zum Mittelmeer geht. Nach der Côte d'Azur geht es auf der *Route Napoléon* durch die Provence nach Grenoble.

Tipps:

• Wie bei jeder Fahrt durch dünn besiedelte Landschaften muss vorausschauend getankt werden. Manche Tankstellen nehmen nur Bargeld.

• Plane einen Tag im 685 Quadratkilometer großen Mercantour-Nationalpark ein, in dessen Herzen gewaltige Berge stehen (darunter der 3143 Meter messende Cime du Gélas als höchste Erhebung der Seealpen) und das Vallée des Merveilles zu besichtigen ist.

• Wenn im Juli die Tour de France hier entlang führt, ist mit viel Verkehr und Straßensperrungen zu rechnen.

Beste Reisezeit: Mitte/Ende Juni bis September – alle Pässe sollten geöffnet sein.

Gesamtdistanz: 1100 km

Einzuplanende Zeit: 5 bis 7 Tage

GPS-Startpunkt: Thonon-les Bains 46.372576, 6.483221

GPS-Ziel: Grenoble 45.189024,5.724607

Die über die höchsten Pässe der französischen Alpen führende Route des Grandes Alpes ist auf ihren 684 Kilometern Länge gut ausgeschildert.

Ein grandioser Blick vom Col d'Izoard, einem bei Motorradfahrern beliebten Anlaufpunkt (ganz oben).

Unbedingt besucht werden sollten auch das Vallée des Merveilles (*Tal der Wunder*) mit seinen Felsgravuren aus der Bronzezeit sowie verschiedene Hochtäler mit ihren Hügeldörfern. Unabhängig von der gewählten Route ist ein Besuch im stark touristischen, aber immer noch hübschen Ort Saint-Martin-Vésubie mitten im Mercantour-Nationalpark unbedingt empfehlenswert. Schließlich werden die Berge hinter dem Col de Turini (1607 m) verlassen, dessen enge Kehren ein Highlight der Rallye Monte Carlo sind. Über das liebliche Sospel geht es nach Menton und zur Küste, wo man rasch aus der inzwischen viel zu warmen Motorradbekleidung heraus ins erfrischende Mittelmeer springen wird.

Von Menton nach Nizza: Côte d'Azur

Wer auf Spaßgesellschaft und die Yachten der Superreichen steht, kann einige Tage an der türkisfarbenen Côte d'Azur verbringen. Es gibt genügend Restaurants, Bars und Clubs, um auch die anspruchsvollsten Partygänger dieses mediterranen Spielplatzes zu befriedigen – ganz abgesehen vom berühmten Casino des Fürstentums Monaco. Wer von französischen Straßen noch nicht genug hat, kann die drei spektakulären Küstenstraßen zwischen Menton und Nizza ausprobieren – die Grande Corniche, die Moyenne Corniche und die Corniche Infèrieure. Die an den schönsten und teuersten Gebäuden der Riviera entlang führenden Rouen entlang der Hänge sind als Drehorte in Alfred Hitchcocks *Über den Dächern von Nizza* mit Grace Kelly und Cary Grant berühmt geworden und bieten einen wunderbaren Ausblick aufs

Mittelmeer. Allerdings sollte man immer gut auf den Verkehr achten, da die Straßen nicht nur sehr kurvig, sondern auch sehr belebt sind. Für ein entspanntes Fahren sollte man die warme Brise des Mittelmeers genießen und dann einen der glamourösen Küstenparkplätze ansteuern, um die endlose Parade teurer Sportwagen und Motorräder aller Art zu betrachten.

Von Nizza nach Grenoble: die Route Napolèon

Offiziell beginnt die Route Napolèon im 30 km südwestlich von Nizza gelegenen Cannes und führt zunächst in die *Welthauptstadt des Parfüms* Grasse. Viele halten sie für die beste Motorradstrecke Europas, und die ab hier *Route Nationale 85* genannte Straße scheint tatsächlich in erster Linie für Motorräder gebaut worden zu sein. Ihr griffiger Asphalt ist absolut eben und ihre Kurven stellen eine grandiose Kombination aus schnellen Schleifen und herausfordernden Kehren dar. Von Grasse nach Grenoble sind es nur 300 Kilometer, und mit großer Sicherheit wird auf der gesamten Strecke unter dem Helm von einem Ohr zum anderen gegrinst. Nonstop dauert die Fahrt drei bis vier Stunden, doch weil sich diese berühmte Straße durch spektakuläre französische Landschaften windet, empfiehlt es sich, ein gemütliches Tempo einzulegen und gelegentliche Abstecher einzustreuen.

Falls die schon durch die Alpen getragene Kleidung nicht mehr so gut riecht, kann man sich in einer der vielen Parfümerien in Grasse mit Duftstoffen eindecken. Das etwa 65 Kilometer nördlich gelegene Castellane ist das Eingangstor zur gewaltigen Verdonschlucht (Gorges du Verdon). Der 21 Kilometer lange Canyon bildet die Grenzen zwischen den Départements Alpes de Haute Provence und Var. Ab Castellane führt die D952 nach Westen zum Nordufer des Verdons, und ab dem Stausee kommt man über die D953 und D907 nach Châteauredon und zur N85 zurück. Eine volle Runde um die Verdonschlucht führt über 100 bis 130 km auf schmalen Straßen entlang und durch engste Kehren – und wird zu einem unvergesslichen Erlebnis. Wer keine Termine in Grenoble hat, sollte einen oder zwei Tage im Gorge du Verdon verbringen.

Auf der N85 geht es weiter nördlich nach Digne-les Bains und in die alte Stadt Sisteron. In Gap findet sich in der Rue de France 19 eine Gedenktafel, weil Napoléon auf seinem langen Marsch hier eine Nacht verbracht hat. Die letzte Etappe ans Ziel nach Grenoble ist etwa 100 km lang. Hier kann man auf eine wunderschöne Fahrt durch eine großartige Landschaft und die französische Geschichte zurückblicken, die in dieser Kombination eine unvergessliche Erfahrung sind.

Der Verdon ist berühmt für sein türkisfarbenes Wasser. Die riesigen Kalkfelsen seiner grandiosen Schlucht sind durch den Bergfluss freigelegt worden, der inzwischen an mehreren Stellen gestaut wird.

Frankreich und Deutschland

Wald- und Weinstraßen

1200 km

Die berühmte Weinregion Kaiserstuhl bei Freiburg im Breisgau ist vulkanischen Ursprungs und dafür bekannt, dass hier die besten Rotweine Deutschlands gedeihen (rechts).

Die Route des Vins d'Alsace wurde 1953 als eine der ersten Weinstraße Frankreichs begründet. Die 170 km lange Strecke zwischen Thann im Süden und Marlenheim im Norden schlängelt sich durch 70 Wein produzierende Dörfer und Städte entlang der Vogesen (linke Seite).

Der 1300 Kilometer lange Rhein ist historisch und verkehrstechnisch betrachtet einer der wichtigsten Flüsse Europas. Seit dem Einzug der Römer ins Rheintal wird hier der Weinbau kultiviert. Die Route konzentriert sich auf die Regionen im nordöstlichen Frankreich und südwestlichen Deutschland, wo der Rhein als Grenzfluss fungiert. Der aus mehreren Quellen in der südöstlichen Schweiz gespeiste Oberrhein fließt zunächst durch den Bodensee und dann in westliche Richtung nach Basel, von wo er zwischen Weinbergen, Schlössern und malerischen Städten hindurch in nördliche Richtung abbiegt. Das Rheintal weitet sich zwischen den bewaldeten Vogesen im Westen und dem Schwarzwald im Osten.

Weil der Rhein schon immer eine Grenze zwischen Frankreich und Deutschland darstellte, ist die berühmte Vogesenkammstraße (Route des Crêtes) während des Ersten Weltkriegs von der französischen Armee gebaut worden, um die Truppen zwischen (dem französischen) Lothringen und dem (zu dieser Zeit deutschen) Elsass besser versorgen zu können. Unsere Route beginnt in Reims, der Heimat des Champagners. Während sich die Strecke durch die Weingebiete auf beiden Seiten des Rheins schlängelt, trifft sie immer wieder auf verschiedene »Weinstraßen«, die sich durch eine Landschaft aus sanften Hügeln, von Weinreben linierten Hängen und an Märchenschlössern vorbeiziehen.

Von den Wäldern und Weinbergen des Rheins zur historischen Rennstrecke

Die Tour führt durch die bewaldeten Täler der Vogesen und des Schwarzwalds, durchs flache Rheinland bis hin zum berühmten Nürburgring. Auf vielen der nur selten aus dem Wald herausführenden Straßen herrscht nur wenig Verkehr, und der besonders auf der französischen Seite oft hervorragende Asphalt und die zahllosen Kurven und Kehren machen die Fahrt zu einer unvergesslichen Erfahrung. Die Route des Crêtes ist bei jeder Motorradtour durch die Vogesen eine Pflichtveranstaltung. Die Straße liegt hoch genug, dass man über der Baumgrenze eine gute Sicht hat, und verläuft fast ständig am Hang entlang, sodass der Blick ins Tal und auf Seen fallen kann. Die Straße ist sowohl bei Motorradfahrern als auch bei Radsportlern und Wohnmobilisten beliebt, doch sie ist gut ausgebaut, gut asphaltiert und bietet viele Überholmöglichkeiten. Auf der deutschen Seite bietet der Schwarzwald eine wunderbare Landschaft aus dichten Wäldern. Besonders die berühmte Schwarzwaldhochstraße (B500) ist bei Motorradfahrern beliebt, weil sie exzellenten Asphalt mit schönen Panoramablicken verbindet. Die Fahrt geht weiter am Rhein entlang und führt ab Koblenz in die Eifel und zum Nürburgring.

Die berühmte Nordschleife des »Rings« war in den 1920er-Jahren als »Gebirgs-, Renn- und Prüfungsstrecke« erbaut worden und ist bis heute für Privatfahrer gegen Eintritt zugänglich. Zwar gibt es auf den 21 Kilometern keine Geschwindigkeitsbegrenzung, doch müssen alle darauf bewegten Fahrzeuge offiziell zugelassen sein. Wer die 33 Links- und 40 Rechtskurven zügig bewältigen will, sollte seine Knieschleifer nicht zu Hause vergessen. Der Ring ist nicht mit modernen Rennstrecken vergleichbar und verläuft durch blinde Kurven, dicht stehende Leitplanken und über wechselnden Fahrbahnbelag. Dennoch erhält man hier die einmalige Gelegenheit, auf den Spuren berühmter Rennlegenden zu fahren und die Fahrt auf einer der legendären Rennstrecken des Motorsports zu genießen.

Beendet wird diese Etappe mit einer entspannten Fahrt auf der gewundenen Moselweinstraße. Das wunderbare Straßennetz, welches die Weingegenden des Rheins verbindet, sorgt zusammen mit den charmanten Städten und ihren guten Restaurants und Unterkünften dafür, dass man diese Region immer wieder besuchen möchte.

Champagne und Ardennen: von Reims in die Vogesen

Die Universitätsstadt Reims liegt etwa 145 km nordöstlich von Paris und 250 km westlich von Saarbrücken. Die Stadt mit ca. 180 000 Einwohnern ist Hauptstadt der Region Champagne und nur Schaumwein aus dieser Gegend darf sich Champagner nennen. Weltberühmte Marken wie Lanson, Tattinger und Veuve Clicquot-Ponsardin haben hier und im benachbarten Épernay ihre Weinberge und Keller. Wer mag, kann einige Tage in Reims verbringen und Touren zu den berühmten Häusern unternehmen, wo man viel über den Weinanbau und die Champagnerherstellung lernen, spektakuläre Keller besichtigen und die besten Schaumweine der Welt probieren kann. Die 26 Kilometer von Reims nach Épernay führen durch wundervolle Täler, sanfte Weinberge und bezaubernde Dörfer. Reims ist nicht nur für seinen Champagner berühmt, sondern auch für seine Altstadt, die zwar im Ersten Weltkrieg stark zerstört, aber in den 1920er-Jahren wieder aufgebaut wurde. In der prachtvollen gotischen Kathedrale Notre-Dame aus dem 13. Jahrhundert wurden über hunderte Jahre die französischen Könige gekrönt.

Von Reims führt die D931 in östliche Richtung ins 125 km entfernte Verdun, das als Sinnbild für die grausame Schlacht steht, die 1916 nordöstlich der Stadt über 300 000 Todesopfer forderte. Man kann an organisierten Touren zu den Schlachtfeldern teilnehmen oder selbst über die Nebenstraßen D913 und D112 zum ergreifenden Mémorial de Verdun fahren, worin ein Museum und eine Gedenkstätte untergebracht sind. Das nahegelegene Fort de Vaux war eine wichtige französische Festung, und etwas weiter entfernt liegt an der D913 das Beinhaus von Douaumont, in dem die Überreste Tausender gefallener Soldaten aufbewahrt sind.

Südöstlich von Verdun führt die D904 durch den Regionalen Naturpark Lothringen, einem Schutzgebiet mit idyllischen Landschaften, ins 95 Kilometer entfernte Nancy mit seinem prachtvollen Place Stanislas und der berühmten Sammlung von Art Nouveau-Möbeln im Musée de l'École de Nancy. Weiter südöstlich führt die Strecke nach Sainte-Marie-aux-Mines, das den Startpunkt für die Vogesen-Etappe bildet.

Die Vogesen

Der Fahrspaß beginnt, sobald man auf die kurvigen Waldstraßen und die grünen Hänge der Vogesen trifft. Ein unbedingtes Muss ist die berühmte Vogesenkammstraße Route des Crêtes, die Sainte-Marie-aux-Mines im Norden mit Cernay im Süden verbindet. Die Route besteht tatsächlich aus mehreren miteinander verbundenen Sektionen und führt 80 Kilometer über einige Fernstraßen bis über die Baumgrenze hinaus mittig über die Vogesen. Es gibt zahlreiche Plätze, von denen die Aussicht in die Täler und über Gletscherseen genossen werden kann. Bei klarem Wetter reicht der Blick vom Schwarzwald im Osten bis zum Mont Blanc in den Alpen. Die Route des Crêtes führt über den imposanten und mit 1424 Metern höchsten Berg der Vogesen, den Grand Ballon. Am Gipfel gibt es ein belebtes Café und einen fantastischen Aussichtspunkt.

Eine weitere Pflichtübung stellt die von Gérardmer im Westen startende D417 über die Vogesen dar. Sie überquert die Berge über den Col de la Schlucht, kreuzt dort die Route des Crêtes und führt weiter nach Munster am Ostrand der Berge.

Es handelt sich um eine breite und übersichtliche Straße, die ein hohes Tempo erlaubt. Nachdem der Spaß in den Wäldern und auf den Hochstraßen der Vogesen zu Ende ist, geht es hinab nach Mulhouse (Mülhausen) unweit der Grenze zu Deutschland und

Die Route des Crêtes in den Vogesen ist eine historische Militärstraße aus dem Ersten Weltkrieg. Die 80 km lange Strecke passiert den Parc Naturel Régional des Ballons des Vosges und ist bei Motorradfahrern äußerst beliebt. Weil die Straße über weite Strecken auf großer Höhe verläuft, ist sie im Winter oft gesperrt.

Roadbook: Wald- und Weinstraßen

Route: Startpunkt ist Reims im nordöstlichen Frankreich. Von dort geht es über die Vogesen durch den Schwarzwald, das Rheintal und in die Eifel zum Nürburgring. Ziel ist Trier an der Mosel.

Tipps:
• Mit zahlreichen Fähren kann an Rhein und Mosel zwischen den malerischen Städten und Dörfern hin- und hergependelt werden.
• In der Schwarzwald-Region gibt es zahllose motorradfreundliche Unterkünfte.
• Die Route des Crêtes verläuft zum Teil auf über 1000 Metern Höhe, sodass sie oft nur von April bis November geöffnet ist.

Beste Reisezeit: Mai bis Oktober

Gesamtdistanz: 1200 km

Einzuplanende Zeit: 5 bis 7 Tage

GPS-Startpunkt: Reims 49.259571, 4.031811

GPS-Ziel: Trier 49.756872, 6.637115

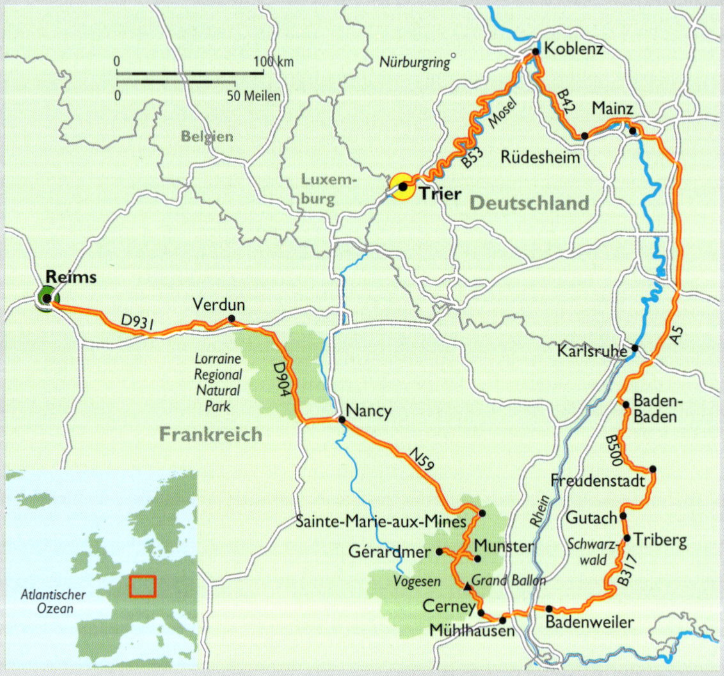

der Schweiz. Liebhaber klassischer Automobile kommen im Musée National de l'Automobile im Norden der Stadt auf ihre Kosten, wo eine stattliche Sammlung klassischer Automobile zu besichtigen ist. Die Ausstellungsstücke reichen von ersten motorgetriebenen Holzkutschen über eine nahezu komplette Bugatti-Sammlung bis zu Rennwagen der Neuzeit. Wem Automobiltechnik nicht reicht, der kann mit einem Kombi-Ticket zudem das nicht weit entfernt liegende größte Eisenbahnmuseum Frankreichs besichtigen.

Von Mülhausen nach Baden Baden

Über die direkt an den Museen entlang führende A36 geht es jetzt über den Rhein in den südlichen Schwarzwald, wo dichte Wälder und breite Straßen auf uns warten.

Das 150 km lange und 50 km breite Gebirge lässt sich im Prinzip relativ zügig durchqueren, allerdings verpasst man dann viele interessante Orte und zahlreiche kleinere Straßen, die sich durch das Mittelgebirge schlängeln. Die ersten 35 Kilometer ab Mülhausen führen zum schon von den Römern gegründeten Kurort Badenweiler, dann geht es 65 km über die gut ausgebaute B317 auf den höchsten Berg des Schwarzwaldes, den Feldberg, und wieder hinab an den Titisee mit dem gleichnamigen Ort. Ab hier geht es in nördlicher Richtung auf die B500 und über den Hauptkamm des Gebirgszuges.

Das geschäftige Städtchen Triberg lädt ein, den höchsten Wasserfall Deutschlands zu besichtigen und eine unvermeidliche Kuckucksuhr zu kaufen. Nur 15 km weiter nördlich kann im Schwarzwälder Freilichtmuseum bei Gutach das Leben in der Vergangenheit studiert werden. Hier können auf einem umgebauten Hof aus dem 16. Jahrhundert eine Bäckerei, eine Schmiede und eine Schnapsbrennerei besichtigt werden. Die Schwarzwaldhochstraße endet in Freudenstadt, doch der Spaß beim Motorradfahren geht weiter, wenn man die 60 kurvigen Kilometer durch das Kinzigtal nach Baden-Baden dranhängt. Dieser mondäne Kurort ist vor allem durch sein glamouröses Kasino bekannt.

Die 1930 eröffnete Schwarzwaldhochstraße gilt als älteste Ferienstraße Deutschlands und wurde vor allem als Panoramastraße für den aufkommenden Individualverkehr geplant. Sie steigt auf über 1000 Meter und bietet spektakuläre Ausblicke bis hin zu den Vogesen. Sie passiert zahlreiche Sehenswürdigkeiten wie den direkt unterhalb der 1163 Meter hohen Hornisgrinde liegenden Mummelsee, aus dem der Legende nach in mondhellen Nächten Wassernymphen aufsteigen.

Der Schwarzwald liegt in der südwestlichen Ecke Baden-Württembergs und wird im Westen und Süden durch das Rheintal eingerahmt. Das größte Mittelgebirge Deutschlands erstreckt sich von Nord nach Süd über etwa 150 km und ist bis zu 50 km breit (linke Seite).

In der Rheingau-Region wird der größte Zufluss der Nordsee von Weinbergen überragt, auf denen berühmte Riesling- und Spätburgunder-Trauben angebaut werden, die bereits vor vielen Jahrhunderten von Mönchen kultiviert wurden.

Von Baden-Baden nach Trier: Der romantische Rhein, der Nürburgring und die Moselweinstraße

Um von Baden-Baden über den Rhein ins 165 km entfernte Mainz zu kommen, empfiehlt sich aufgrund des sehr dicht besiedelten Rheintals die Autobahn. In Mainz sollte man eine Besichtigung des hervorragenden Gutenberg-Museums einfügen, um mehr über die Geschichte und die historische Bedeutung des Buchdrucks zu erfahren. Nur 35 km westlich von Mainz beginnt bei Rüdesheim der Rheingau und der »Romantische Rhein« zwängt sich zwischen zahlreichen Burgen, Schlössern und Weinbergen durch ein enges Tal (s. Foto auf Seite 25). Diese 65 km lange Enge erstreckt sich über die Loreley bis kurz vor Koblenz. An zahlreichen Stellen kann mithilfe von Fähren zwischen der links verlaufenden B9 und der rechtsrheinischen B42 gewechselt werden; auf beiden Seiten lohnen sich Abstecher in die Berge.

Koblenz ist im August Austragungsort des berühmten Feuerwerk-Spektakels *Rhein in Flammen*. Hier fließt am »Deutschen Eck« die aus den Vogesen kommende Mosel in den Rhein, und westlich der Stadt steigt langsam die Eifel mit dem 60 km entfernten Nürburgring an.

In Richtung Frankreich gehört die an ihrer Mündung beginnende (oder endende) Moselweinstraße zu den ältesten und schönsten Ferienstraßen des Landes, und weil sich der Fluss und die Straße stark schlängeln, sind es bis ins eigentlich nur 90 km entfernte Trier beachtliche 195 Straßenkilometer. Wer die Fahrt über die Weinstraßen am Rhein entlang mochte, wird auch Gefallen an den prächtigen Landschaften entlang des deutlich ruhigeren Moseltals finden, wo sich hübsche Ortschaften mit märchenhaften Schlössern und steilen Weinbergen abwechseln. Die in einem Tal 30 km südwestlich von Koblenz versteckte Burg Eltz gehört zu Deutschlands schönsten mittelalterlichen Schlössern. Auch hier kann man mit zahlreichen Fähren zwischen den Ufern wechseln und viele Orte laden zu Weinproben und zum Übernachten ein. Unsere Route endet in Trier, der ehemaligen Hauptstadt des Weströmischen Reichs und ältesten Stadt Deutschlands. Das Amphitheater und die berühmte Porta Nigra zeugen noch heute davon.

Wer die Region mit neuem Wissen über die wunderbaren Wald- und Weinstraßen entlang bedeutender Flüsse nun verlässt, wird mit großer Sicherheit über eine baldige Rückkehr nachdenken.

Die bei Münstermainfeld im Eltztal versteckte Burg Eltz ist anders als viele andere Burgen der Region von Zerstörungen verschont geblieben und gehört noch heute der Familie, die bereits im 12. Jahrhundert hier residierte (links).

Der Blick über gepflegte Weinberge auf die Mosel. An beiden Ufern verlaufen gut ausgebaute Straßen, sodass man gelegentlich mit Fähren und Brücken die Seite wechseln kann.

Deutschland

Auf der Romantischen Straße

600 km

In Süddeutschland machen auf zwei der berühmtesten Ferienstraßen der Region perfekt erhaltene mittelalterliche Städte Platz für malerische Alpendörfer und schneebedeckte Gipfel. Die »Romantische Straße« beginnt am Main in Würzburg und endet am Lech in Füssen. Die 1950 zur Belebung des Tourismus gegründete Straße ist etwa 450 Kilometer lang und führt durch wunderschöne Fachwerkstädte, an fantastischen Schlössern und sogar einem 15 Millionen Jahre alten Meteoritenkrater entlang. In einigen Städten an der vom offenen Hügelland in Richtung Alpen führenden Strecke wurden schon berühmte Filme gedreht. Obwohl sie kaum auf alten Römerstraßen basiert, ist die Route so gestaltet, dass man durch historische Städte und Bauernsiedlungen mit traditionellen Zwiebeltürmen geführt wird. Die Strecke ist mit den typischen braunen Ferienstraßen-Schildern gut erkennbar und eine wunderbare Einführung in Kunst und Kultur Süddeutschlands, wo die Zeit manchmal etwas langsamer läuft, die Menschen aber immer freundlich lächeln.

Die Region ist bekannt für ihre Musik- und Folklore-Festivitäten. Daneben gibt es zahlreiche Ernte-, Bier- und Weinfeste. Die ebenfalls einen Teil dieser Route bildende Deutsche Alpenstraße (»Queralpenstraße«) beginnt in Lindau am Bodensee und führt nach Osten ins Berchtesgadener Land. Ihr Verlauf ist bergiger als der der Romantischen Straße, und statt offener Landschaften erblickt man Bergpanoramen und Almwiesen oder aus Balkonkästen quellende Blumen. Während sich die Route zwischen schillernden Seen durch dichte Wälder und prachtvolle Täler windet, erscheinen am Horizont Schlösser des bayerischen Märchenkönigs Ludwig II., sodass sich immer wieder ein verlockender Blick Richtung Alpen lohnt.

Berühmte Straßen und historische Städte

Motorradfahrer aus dem Ausland sind in Deutschland immer wieder überrascht, wie viele Motorräder hier besonders im Süden unterwegs sind. Ob es am gut ausgebauten Straßennetz, der Nähe zu den Alpen und einfach nur der Technikbegeisterung liegt, weiß keiner, aber die Vielfalt an Fahrer- und Maschinentypen ist beeindruckend. In Deutschland wird man von (fast) allen Motorradfahrern immer und überall gegrüßt, und die Hilfsbereitschaft ist überwältigend. Die meisten Straßen sind gut ausgebaut – oft zu gut zum lustvollen Motorradfahren. Doch man findet immer wieder schmale Nebenstraßen mit gutem Asphalt und wenig Verkehr. Selbst in den abgelegensten Dörfern hat sich inzwischen herumgesprochen, dass heute niemand mehr Motorrad fährt, weil er sich kein Auto leisten kann, und so hängt an jedem zweiten Gasthaus ein Schild »Bikers Welcome« – manchmal um genau die Kundschaft zu locken, die man noch vor 30 Jahren trotz freier Betten im Regen stehen ließ. In den Gaststuben werden oft lokale Spezialitäten angeboten, und zum Zimmer mit Frühstück gibt es meistens auch einen Unterstellplatz fürs Motorrad dazu.

Viele Motorradfahrer planen ihre Reisen durch Süddeutschland im September und Oktober, wo zu den frühherbstlichen Farben der Wälder die vielen Dorffeste hinzukommen, auf denen es sich gut essen, trinken und feiern lässt. Auch wenn es Oktoberfest genannt wird, findet dieses nicht nur in München oft schon im September statt.

Auf der Romantischen Straße

Würzburg ist der Startpunkt der berühmten »Romantischen Straße«, und mit ihrer hübschen Stadtansicht und der Lage unterhalb der Weinhänge des Main ist die sechstgrößte bayerische Residenzstadt ein guter Ort, um eine romantische Route zu beginnen. Die im Barockstil erbaute ehemalige Residenz des Würzburger Fürstbischhofs ist seit 1981 als UNESCO-Weltkulturerbe geschützt und auf jeden Fall einen Besuch wert. Würzburg liegt im Herzen der fränkischen Weinregion, und neben Weinfesten gibt es tägliche Führungen durch den staatlichen Hofkeller neben der Residenz, wo man eine Stadtbesichtigung mit einem Schoppen Frankenwein abrunden kann.

Ab Würzburg geht es auf der B19 über 45 Kilometer nach Süden ins badische Taubertal und die Kurstadt Bad Mergentheim. Von hier führt die Strecke über die Landesstraßen 2251 und 1001 weitere 45 Kilometer an den Weinbergen der Tauber entlang in die noch heute von einer fast vollständigen Stadtmauer umgebene fränkischen Bergstadt Rothenburg ob der Tauber. Nach einer Legende bewahrte der

Bei der Einfahrt nach Berchtesgaden erscheint im Hintergrund das gewaltige Watzmann-Massiv, an dessen Ostwand schon viele Bergsteiger gescheitert sind.

protestantische Bürgermeister Georg Nusch die Stadt im Dreißigjährigen Krieg vor der Zerstörung durch den katholischen General Graf von Tilly, weil er einen 3 ¼ Liter fassenden Weinkrug in einem Zug austrinken konnte. Zu seinen Ehren wird jedes Jahr das Festspiel »Der Meistertrunk« aufgeführt. Rothenburg gehört zu den meistbesuchten Städten der Romantischen Straße, sodass entsprechend viele Unterkünfte vorhanden sind. Etwas ruhiger, aber ebenso schön, ist das 48 km weiter südlich gelegene Dinkelsbühl an der B25. Die Fahrt dorthin geht über breite Straßen durch relativ flaches Land. Solange es auf der parallel verlaufenden Autobahn 7 keinen Stau gibt, hält sich der Verkehr allerdings in Grenzen. Die perfekt erhaltene und irgendwie aus der Zeit gefallene Altstadt von Dinkelsbühl sollte man zu Fuß erkunden. Nach einer kleinen Wanderung lässt sich auch eine zumeist reichlich bemessene Portion lokaler Leckereien besser verdauen.

Auf der B25 geht es weiter Richtung Nördlingen, das sowohl für seine mittelalterliche Altstadt wie auch den 22 mal 24 Kilometer messenden Krater namens Nördlinger Ries bekannt ist, der vor etwa 15 Millionen Jahren durch einen Meteoriteneinschlag entstand. Wenn man auf den Glockenturm der St. Georgskirche in Nördlingen klettert, erhält man einen guten Überblick über den Kraterrand und die umgebende Landschaft. Die B25 führt weiter nach Donauwörth, einer weiteren malerischen Stadt an der Romantischen Straße, die allerdings hier verlassen wird, um auf der gut ausgebauten B16 das 130 km entfernte Kaufbeuren zu erreichen. Auch auf dieser Strecke lassen

Das zur Zeit der Burgenromantik errichtete Schloss Neuschwanstein nahe Füssen und der Grenze zu Österreich gehört heute zu den berühmtesten und meistbesuchten Schlössern der Welt (rechte Seite).

Die mittelalterliche Bergstadt Rothenburg ob der Tauber ist auf der Romantischen Straße ein populäres Zwischenziel. Weil die Stadt seit dem Dreißigjährigen Krieg keine große Bedeutung mehr hatte, ist die Bausubstanz heute so gut erhalten.

Roadbook: Auf der Romantischen Straße

Route: Startpunkt ist Würzburg im Norden Bayerns, ab Donauwörth geht es über die B16 Richtung Füssen. Nachdem man auf die Deutsche Alpenstraße (»Queralpenstraße«) trifft, geht es in östliche Richtung an der österreichischen Grenze entlang ins Berchtesgadener Land.

Tipps:

• Der September ist ein guter Reisemonat, da die meisten Urlauber wieder zu Hause sind und in den Dörfern und Städten an der Strecke die Festsaison beginnt.

• An der Strecke liegen viele Kurbäder und Thermen, die Entspannungsbäder anbieten – eine echte Wohltat nach einem langen Tag auf dem Motorrad.

Beste Reisezeit: Mai bis Oktober

Gesamtdistanz: 600 km

Einzuplanende Zeit: 2 bis 3 Tage

GPS-Startpunkt: Würzburg 49.791627, 9.948635

GPS-Ziel: Berchtesgaden 47.630549, 13.000088

sich zahlreiche hübsche Städte und Dörfer besichtigen und regionale Leckereien naschen. In Kaufbeuren beginnt östlich der Wertach die nach Schongau und in den »Pfaffenwinkel« führende ST2014, wo zahlreiche Kirchen und Kapellen die Landschaft zwischen Rottenbuch, Böbing und Steingaden verzieren. Die Straßen zwischen den Dörfern verlaufen durch sanfte Hügel und Wiesen. Ein kleiner Abstecher führt zur Steingadener Wieskirche, die seit 1983 zum UNESCO-Welterbe gehört.

Die Deutsche Alpenstraße

Ab Steingaden geht es über die ST2059 zur B23, um an die nördlichen Ausläufer der Alpen zu gelangen. Die rund 40 Kilometer nach Oberau werden immer kurviger und führen in die Oberammergauer Alpen. Der Anteil der Motorradfahrer nimmt deutlich zu, und gerade im Spätsommer bieten die sich verfärbenden Bäume und die azurblauen Seen ein wahres Feuerwerk an Farben. Sobald Oberau erreicht ist, kann ein spektakulärer Blick auf die 2962 Meter hohe Zugspitze an der Grenze zu Österreich genossen werden. Die B23 windet sich an der Loisach entlang nach Garmisch-Partenkirchen hinauf, wo erst kürzlich ein Bürgerentscheid dafür sorgte, dass im Ort nach 1936 nicht im Jahre 2022 erneut die Olympischen Winterspiele stattfinden werden. Außerhalb der Skisaison laden zahlreiche Cafés und eine Seilbahn zur Zugspitze zum Besuch ein. Auf der B2 geht es dann zunächst nach Osten, anschließend nach Norden auf die B11, die sich an den kaum erschlossenen Ufern des Walchensees und des Kochelsees entlang schlängelt. Der Walchensee gehört zu den tiefsten (190 m) und größten (16,4 km^2) Alpenseen Deutschlands.

Zusammen mit dem nur ca. 1,5 km entfernt und 200 Meter tiefer liegenden Kochelsee bilden beide Gewässer seit 1924 ein Speicherkraftwerk, das heute 124 Megawatt leistet und zu den größten Deutschlands gehört. Kurz nach dem Kloster Benediktbeuren geht es rechts auf die B472, von der ab Bad Tölz über die B13 eine Schleife zum Sylvensteinsee und an den Tegernsee mit seinen zahlreichen Freizeitmöglichkeiten gefahren werden kann. Von Garmisch-Partenkirchen nach Bad Tölz sind es nur 70 Kilometer, sodass man es nicht eilig haben muss.

Das an der Isar gelegene Bad Tölz hat eine historische Altstadt und ist berühmt für seine Kuranlage und den spektakulären Alpenblick. Die B472 wird in Miesbach nach Süden auf der am Ostufer des Tegernsees verlaufenden B307 Richtung Sudelfeld und die Chiemgauer Alpen verlassen. An der Auffahrt zur Jugendherberge hinter Bayrischzell findet man den berühmten Motorradfahrertreffpunkt am Sudelfeld. Beim Hotel Feuriger Tatzlwurm endet die B307, doch die kleine Tatzlwurmstraße führt ins an der Inntalautobahn (A93) gelegene Oberaudorf. Über

Ein spektakulärer Blick über die Bayerischen Alpen, die sich vom Allgäu im Westen nach Oberbayern im Osten erstrecken. Dem Motorradfahrer bietet sich eine grandiose Mischung aus Kurven, Wäldern, Seen und Berggipfeln.

die Autobahn und den Inn hinweg geht es auf die österreichische Bundesstraße 172 nach Kössen, um nach 25 Kilometern bei Reit im Winkel wieder auf die deutsche B305 zu treffen. Die letzte Sektion der Deutschen Alpenstraße führt jetzt an Inzell vorbei nach Berchtesgaden und in den nach diesem Ort benannten Teil der Alpen. Das Gebiet war aufgrund seiner nur schwer zugänglichen Lage lange Zeit unabhängig, sodass der durch die Salzförderung gewonnene Reichtum im Ort bleiben konnte.

Eine Besichtigung des Salzbergwerks sollte man sich auf keinen Fall entgehen lassen, da hier über eine Rutsche die unterirdische »Salzkathedrale« und ein Grubensee erreicht werden können.

Nicht weit entfernt liegt auch der berühmt-berüchtigte Obersalzberg, auf dem Adolf Hitler ab 1933 das Kehlsteinhaus als seinen »Bergwohnsitz« bauen ließ. Am Ende der Alpenstraße liegt neben dem gewaltigen Watzmann (2713 m) der von Gletschern gespeiste Königssee. Einen großartigen Abschluss der Strecke bietet östlich von Berchtesgaden gelegen die mautpflichtige Rossfeldhöhenringstraße (auch Rossfeldpanoramastraße oder auch B999 genannt) an, die über die B319 erreichbar ist und auf eine Höhe von bis zu 1560 Meter ansteigt. Auf halber Strecke liegt an der B319 ein Dokumentationszentrum zum Obersalzberg.

Der Tegernsee liegt nur 50 km südlich von München. Er ist 6,5 km lang, 1,4 km breit und bis zu 72 Meter tief. Trotz der relativ dichten Uferbebauung zählt der See zu den saubersten Gewässern Bayerns.

Eine Kurve der berühmten Rossfeldpanoramastraße durch die Berchtesgadener Alpen. Eine Runde auf der 16 km langen Piste kostet zurzeit mit dem Motorrad vier Euro, doch solange weder Nebel noch Schnee angesagt sind, lohnt sich diese Investition (rechts)!

Österreich und Italien

Drei Tiroler Pässe

250 km

Bei der Anfahrt zum 2500 Meter hohen Timmelsjoch von der Söldenener Seite lohnt es sich, immer mal wieder einen Parkplatz anzusteuern, um einen spektakulären Blick über die Ötztaler Alpen zu genießen (linke Seite).

Der exzellente Asphalt und die geschwungene Streckenführung macht das Timmelsjoch für Motorradfahrer besonders attraktiv (rechts).

Tirol ist eine Region, um die jahrhundertelang gekämpft wurde. Und obwohl Südtirol seit 1920 zu Italien gehört (und Alto Adige genannt wird), sprechen die meisten Einwohner immer noch in erster Linie Deutsch (mit oft starkem Dialekt). Beschilderungen sind fast immer zweisprachig ausgeführt. Besucher haben den Vorteil, in Südtirol sowohl leckeren Strudel als auch gute Pasta zu bekommen. Der Tiroler Volksheld heißt Andreas Hofer, der im 19. Jahrhundert die Unabhängigkeit von Bayern erstritt. Zugang zur Geschichte Tirols findet man im Zeughaus in Innsbruck (Bundesland Tirol in Österreich) oder an seinem Geburtsort St. Leonard in Passeier. Der andere berühmte Tiroler ist nur unter seinem Künstlernamen Ötzi bekannt, seit er 1991 in den Ötztaler Alpen unweit der Grenze zwischen Österreich und Italien gefunden wurde. Forschungen ergaben, dass die mumifizierte Leiche fast 5000 Jahre im Eis gelegen hatte. Weil er auf der Südtiroler Seite gefunden wurde, residiert Ötzi heute im Museo Archeologico in Bozen.

Achterbahnfahrt über Alpenpässe

Diese Route führt über drei der höchsten Pässe Tirols und schlängelt sich durch das Herz der Alpen, wo fast hinter jeder Kurve neue schneebedeckte Gipfel auftauchen. Jeder Pass präsentiert sich dem Motorradfahrer mit anderen Herausforderungen – und natürlich herrlichen Ausblicken. Unterwegs wird man auf viele andere Motorradfahrer treffen: Tagesausflügler aus der Umgebung, die ihre Fußrasten abschleifen wollen, und Fernreisende aus ganz Europa, die auf der Suche nach den schönsten Straßen der Alpen sind. Die Saison ist für Motorradfahrer nur kurz bemessen, da Pässe je nach Schneehöhe und Wetterlage erst spät geöffnet oder früh wieder geschlossen werden. Wer zu Beginn des Sommers oder an dessen Ende reisen will, sammelt vor Fahrtantritt genaue Informationen im Internet. Das Wetter ändert sich in den Alpen sehr schnell, und an der Passhöhe ist es fast immer sehr windig. Doch man kann auch strahlenden Sonnenschein und blauen Himmel erwarten, und an solchen Tagen sind Alpenpässe einfach prachtvoll. Nachdem eine Passhöhe erreicht ist, kann es aufgrund der hervorragenden Straße leicht passieren, dass man gleich zur nächsten Serpentinen-Sektion weiterfahren will, doch für einen kurzen Halt und einen Blick auf das meist perfekte Panorama sollte immer Zeit sein. Später würde man es ansonsten wirklich bedauern, kein Foto von sich und dem Motorrad vor dem Schild der Passhöhe vorweisen zu können.

Von Innsbruck nach Hochgurgl

Die Route beginnt in der Hauptstadt des österreichischen Bundeslandes Tirol. Eingeklemmt zwischen der Nordkette des Karwendels und der alpinen Zentralkette im Süden war die fünftgrößte Stadt Österreichs 1964 und 1976 Austragungsort der Olympischen Winterspiele und bietet das ganze Jahr über Outdoor-Aktivitäten. Durch die Panoramafenster der berühmten Bergisel-Sprungschanze hat man beim Frühstück einen beeindruckenden Ausblick auf die farbenfrohe mittelalterliche Altstadt mit ihren typischen Cafés.

Etwa 40 Kilometer westlich von Innsbruck liegt unterhalb eines Zisterzienserklosters aus dem 13. Jahrhundert der Ort Stams, in dem einst Tiroler Prinzen beerdigt wurden. Weitere 11 Kilometer westlich kann man nach Süden ins Ötztal einbiegen, wo sich die B186 über 50 Kilometer vom Ötztaler Bahnhof (750 m ü. NN) nach Hochgurgl (2100 m) hinaufwindet. Dazwischen liegt als einzige größere Gemeinde Sölden, dahinter folgen direkt auf die (ab Obergurgl mautpflichtige) Ötztalstraße das Timmelsjoch und Italien.

Das Timmelsjoch (Passo del Rombo)

Die nach dem Großglockner wahrscheinlich berühmteste Passstraße Österreichs ist bei einer Fahrt durch die zentralen Alpen für jeden Motorradfahrer Pflichtprogramm. Trotz seiner Popularität hat man auf der Passstraße nie das Gefühl, im Berufsverkehr unterwegs zu sein. Die zahlreichen Aussichtspunkte sind ausreichend groß bemessen und so gestaltet, dass man immer einen einzigartigen Blick auf die Umgebung hat. Sie ermöglichen auch den Blick auf weiter unten liegende Serpentinen, die gerade erfolgreich gemeistert wurden oder noch vor einem liegen. Die zwölf Kilometer lange Rampe zum Timmelsjoch hat ebenso viele Kehren und eine maximale Steigung von zehn Prozent. Die einfache Fahrt mit dem Motorrad (auf beiden Seiten der Grenze) kostet zwölf Euro.

Die Passstraße wurde 1968 eröffnet, damit Touristen tagsüber auf dem Gletscher Ski fahren und sich abends unter den Palmen in Meran erholen konnten. Das Timmelsjoch ist eine sehr moderne Straße, die über einer bereits 1241 erstmals urkundlich erwähnten Handelsroute errichtet wurde. Die berühmten Ötztaler *Kraxenträger* trugen bis zu 100 kg schwere Ladungen an Flachs, Vieh und Fleisch den Berg hinauf, um sie gegen Wein, Früchte und Essig einzutauschen. Wenn man den Pass von Österreich anfährt, führt einen die Straße durch Alpendörfer und Bergwiesen, bevor es oberhalb der Baumgrenze an schneebedeckten Gipfeln vorbei und ins weit geöffnete Passeiertal nach Südtirol wieder hinuntergeht. Die Fahrt über den Pass ist ein unglaublicher Mix aus ausladenden Kurven und engen Kehren auf erstklassigem Asphalt.

In die Route eingestreut sind fünf massive Gebäude-Skulpturen des Architekten Werner Tscholl, um dem Besucher außergewöhnliche Ausblicke zu ermöglichen. Jedes Bauwerk stellt eine Perspektive des Passes, seiner Geschichte und Geologie dar. An jeder Skulptur gibt es einen Parkplatz, damit man mehr über diese beeindruckende Straße über die Berge erfahren kann. Von Sölden kommend ist die erste als Aussichtsplattform gestaltete Skulptur namens *Steg* nahe

der Mautstation zu besichtigen, von der ein grandioser Blick ins Ötztal genossen werden kann. An der profanen Mautstelle bekommt man für zwölf Euro (einfache Fahrt – Stand 2014) einen Plan vom Pass und einen Aufkleber fürs Motorrad. Die zweite Skulptur namens Schmuggler erzählt die Geschichte der Händler und Schmuggler, die als erste diese Route über die Alpen nutzten. Die Straße wird noch besser, während man durch unendliche Kurvenkombinationen die auf 2509 Meter liegende Passhöhe erreicht, wo es neben einer beeindruckenden Aussicht und einer Taverne auch eine als Passmuseum ausgeführte Skulptur gibt, in der mehr über die Geschichte dieser Alpenstraße zu erfahren ist. Unübersehbar ist zudem die Dauerausstellung auf dem

Auch am Timmelsjoch immer anzutreffen: Souvenirläden und BMW GS-Enduros im Adventure-Trim.

Parkplatz, die einen ständig wechselnden Überblick auf aktuelle und historische Motorräder bietet.

Die Abfahrt nach Südtirol bietet einige wirklich enge Serpentinen. Auf dem Weg in das bewaldete Passeier begegnet man einer Teleskop-Skulptur und etwas weiter einem Ausstellungspavillon. Im Talort St. Leonard in Passeier sollte man sich auf einer der Café-Terrassen ausreichend stärken, bevor es über den zweiten Pass geht.

Jaufenpass (Passo di Monte Giovo)

Wenn der Kaffee ausgetrunken, das Visier gereinigt und der Tank aufgefüllt ist, kann der nächste spektakuläre Alpenpass angegangen werden. Der 2094 Meter hohe Jaufenpass (Passo di Monte Giovo – siehe Fotos auf Seite 40/41) verbindet das Passeiertal mit dem östlich liegenden obere Wipptal bei Sterzing.

Von St. Leonard in Passeier (San Leonardo in Passiria) nach Sterzing (Vipeteno) führt eine 38 Kilometer lange schmale Straße, die streckenweise nicht asphaltiert ist. Die Fahrbahn ist nicht so perfekt wie am Timmelsjoch, macht aber mit vielen Kurven genauso viel Spaß. Aus St. Leonard heraus schlängelt sie sich zunächst durch Wälder und

Die Ostrampe des jetzt Passo del Rombo genannten Timmelsjochs und der Blick auf die Naturpark Texel-Gruppe, wo Murmeltiere und Adler sowie scheue Gämse und Steinböcke leben.

Auf dem Weg zum Jaufenpass (2094 m). Oben bietet sich ein wunderbarer Ausblick.

wird immer schmaler, je höher man kommt. Von der Passhöhe und dem großen Parkplatz samt Berggasthof kann man spektakuläre Ausblicke genießen, bevor es auf einer ebenso schmalen und gewundenen Straße durch Wälder und Almwiesen hinab nach Sterzing geht, wo zahlreiche Hotels und Restaurants bis zur nächsten Skisaison mit »Bikers Welcome«-Schildern die einspurige Kundschaft anlocken.

Der Blick vom Jaufenpass ins Obere Wipptal. Die kurvige und schmale Straße führt durch karge Alpenlandschaft in Waldgebiete und durch Almwiesen (rechte Seite).

Roadbook: Drei Tiroler Pässe

Route: Startpunkt ist Innsbruck, Hauptstadt des österreichischen Bundeslandes Tirol. Nach dem Inntal und dem Ötztal geht es über das Timmelsjoch nach Südtirol (Italien). Dort geht es über den Jaufenpass und das Penser Joch, um das Ziel in Bozen (Bolzano) zu erreichen.

Tipps:
- Wie bei jeder Fahrt durch dünn besiedelte Landschaft muss rechtzeitig getankt werden. Manche Tankstellen nehmen nur Bargeld.
- Beim Start im warmen Tal nie vergessen, wie kalt und windig es auf 2000 Meter hohen Pässen sein kann. Dicke Handschuhe müssen immer bereit liegen.
- Eine Nacht im wunderbaren Bozen und eine Besichtigung des extra für »Ötzi« gegründeten Südtiroler Archäologiemuseums sollten auf keinem Reiseplan fehlen.

Beste Reisezeit: Juni bis Oktober – alle Pässe sollten geöffnet sein.

Gesamtdistanz: 250 km

Einzuplanende Zeit: 1 bis 2 Tage

GPS-Startpunkt: Innsbruck 47.269504, 11.404324

GPS-Ziel: Bozen (Bolzano) 46.499338, 11.363297

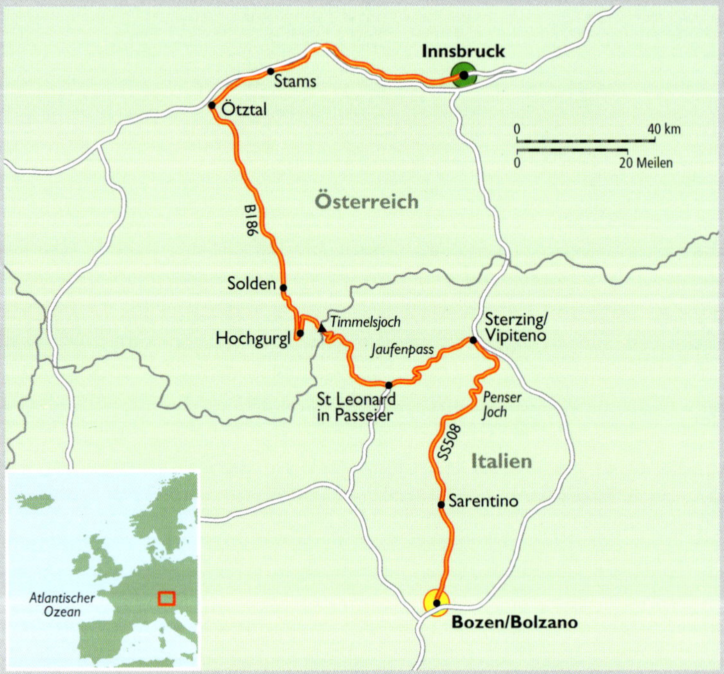

Das Penser Joch (Passo di Pennes)

Zum Schluss kommt das wilde und raue, aber dennoch bezaubernde Penser Joch (2215 m), welches das obere Wipptal mit dem Sarntal verbindet. Von Sterzing (948 m ü. NN) nach Bozen (262 m ü. NN) sind es rund 80 Kilometer. Der Straßenbelag der SS508 ist hervorragend und die Strecke führt über bewaldete Hügel, nebelige Alpengipfel und durch wunderbare weite Täler. Aus Sterzing heraus geht es zunächst über ein schmales und kurviges Stück durch Wälder und kleine Bergdörfer. Sobald man die Baumgrenze hinter sich gelassen hat, wird der Ausblick spektakulär. An der bereits nach 17 Kilometern folgenden Passhöhe kann man einen atemberaubenden Rundumblick genießen, aber auch eine traditionelle Mahlzeit und ggf. ein dringend benötigtes Heißgetränk zu sich nehmen.

Während die Straße sich ins Sarntal hinabschlängelt, schweift der Blick über Almwiesen und pittoreske Dörfer. Überall bieten sich Unterkünfte an, die als Ausgangspunkte für Bergwanderungen genutzt werden können. Im Sommer organisiert das Touristenbüro in Sarentino tägliche Minibus-Transfairs zu vielen Wanderweg-Ausgangspunkten. Aus dem Tal heraus führt die Straße nach Bozen am Fluss Talfer (Talvera) entlang durch zahlreiche Tunnel. Kurz vor der etwa 100 000 Einwohner zählenden Stadt liegt das aus dem 13. Jahrhundert stammende Schloss Runkelstein hoch über der Talfer.

Die aus Sterzing (Vipiteno) zum 2215 Meter hohen Penser Joch führende SS508 hat bis zu 13 % Steigung und ist streckenweise ziemlich schmal.

Bozen ist die Hauptstadt der Provincia Autonoma di Bolzano – Alto Adige. Die Stadt bildet einen Teil der Südtiroler Weinstraße und ist dementsprechend von vielen Weinbergen eingerahmt. Bozen gibt als wichtiger Begegnungsort zwischen Österreich und Italien, und obwohl das Zentrum der historischen Altstadt eher germanisch aussieht, fühlt es sich heute sehr italienisch an. In der wunderschönen Stadt lohn es sich auf jeden Fall, einige Tage zu entspannen und Ötzi im Archäologiemuseum einen Besuch abzustatten. Von den Terrassen der Altstadt-Cafés kann man sowohl das Leben in einer italienischen Stadt als auch die schroffen Gipfel der Dolomiten betrachten, in die das nächste Abenteuer führt.

Das Penser Joch verbindet Sterzing mit Bozen. Am Gipfel ist die Landschaft karg, was dem Blick auf die umliegenden Gipfel eine besondere Dramatik gibt.

Deutschland, Österreich, Schweiz und Italien

Hohe Pässe und versteckte Täler

500 km

Diese Route führt durch vier Länder und über vier großartige Pässe und gibt einen wunderen Eindruck von der Vielfalt der Straßen und Landschaften in den Ostalpen. Sie führt von der bayerischen Grenze durch die österreichischen Regionen Vorarlberg und Tirol, das Schweizer Engadin und schließlich über das Stilfser Joch nach Norditalien. Während man durch die unberührten Schnee- und Gletscher-Landschaften der Berge fährt, kommen in weiter Entfernung Almwiesen ins Blickfeld. Auf Kopfsteinpflaster geht es durch italienische Alpendörfer, und nach mehreren Grenzübertritten steht man plötzlich auf einem der höchsten Pässe der Alpen. Staatsgrenzen wurden in den vergangenen Jahrhunderten immer wieder verschoben, doch die Bewohner haben ihre Identität mit Sprache, lokalen Gebräuchen und traditionellem Essen bewahrt. Wer schnell genug unterwegs ist, kann die Reise mit einem Frühstück aus Schinken- und Mettwurstbroten in Füssen beginnen und zum Abendessen Spaghetti Bolognese in Bormio zu sich nehmen. Verstecktere Täler und Nationalparks lassen sich jedoch nur während einer mehrtägigen Reise entdecken, die über Straßen führt, die scheinbar der Erdanziehungskraft trotzen und nur wenige Monate des Jahres nicht von Schnee bedeckt sind.

Alpine Kehren und Kurven

Auf der Fahrt erwarten einen zahllose schnelle und ausladende Kurven, enge Kehren und sogar einige wunderbare Geraden. Die Landschaft wechselt beständig zwischen Wiesen, Wäldern und schroffen Felsen. Manche Sektionen lassen sich vergleichsweise schnell durchfahren, während andere hohe Konzentration und gute Bremsen erfordern, um das Motorrad heile durch unendliche Abfolgen von Kehren wedeln zu lassen. Der lange Winter hinterlässt seine Spuren auf dem Asphalt. Um die Straßen dieser Region in Schuss zu halten, müssen ständig Bauarbeiten durchgeführt werden, sodass hinter jeder Kurve mit einer roten Ampel gerechnet werden muss. Weil die Kosten dafür manchmal an Mautstationen wieder hereinkommen müssen, sollte das Bargeld gut zugänglich sein.

Gelegentlich wird die Staatskasse auch durch Geschwindigkeitskontrollen aufgebessert, und besonders österreichische Polizisten sind bekannt für ihre Pflichterfüllung. Hohe Pässe lassen sich nur im Sommer erreichen, da sie oft erst Ende Juni geöffnet und bereits Ende September wieder geschlossen werden. Doch selbst in dieser Zeit kann sich das Wetter rasch ändern, sodass warme und wetterfeste Kleidung ein Muss ist. An Unterkünften besteht kein Mangel, und »Bikers Welcome«-Schilder finden sich zuhauf; hier darf zumindest ein abgeschlossener Parkplatz, manchmal auch ein Abstellraum und sogar ein Trockenraum für nasse Kleidung erwartet werden. Viele Hotels verfügen über eine Sauna, in der man sich nach einer »erfrischenden« Passfahrt wieder aufwärmen kann. Manche Wirte bieten geführte Tagestouren an, und die Hotelbar ist ein guter Austauschort mit anderen Motorradfahrern.

Von Füssen zum Flexenpass

Das liebliche Füssen liegt am südlichen Ende der Autobahn 7 und nahe der Grenze zu Österreich. Füssen liegt am Ende der Romantischen Straße (siehe Seite 28), ist Ausgangspunkt für Allgäu-Urlauber und Millionen Schloss-Neuschwanstein-Besucher. Von Füssen geht es über die Grenze auf der Bundesstraße 179 am Lech entlang zur 20 km entfernten Marktgemeinde Reutte. Hier führt die B198 weiter durchs Lechtal.

Die 72 km bis zum Pass auf der B198 führen durch ein breites Tal, durch blumengeschmückte Dörfer und saftige Almwiesen. Auf der Strecke sind bei gutem Wetter viele Motorradfahrer unterwegs, und zahlreiche Cafés und Gasthöfe haben sich darauf eingestellt. Die Anfahrt zum eigentlichen Pass beginnt in Warth, wo es über 17 km und durch das Dorf Lech auf 1773 Meter hinaufgeht. Ab Lech werden die Kurven enger und kahle Felsen fordern erhöhte Konzentration beim Fahren.

Im Winter sind Lech und das nur 5 km entfernte Zürs exklusive Skiorte und im Sommer kommen viele Wanderer und Motorradfahrer, sodass das ganze Jahr über viel los ist. Die Passhöhe des Flexenpasses liegt nur kurz hinter Zürs. Und nur wenige Meter dahinter führt die Straße in eine Galerie, die vor Lawinen schützen soll. Die Straße wird ständig verbessert, ein um die Jahrtausendwende geplanter Tunnel, der sie ersetzen sollte, wird zum Glück aus Geldmangel nicht gebaut.

Die hervorragend ausgebaute B198 führt durchs wunderschöne Lechtal, wo zahlreiche motorradfreundliche Hotels und Gasthöfe um Kundschaft buhlen.

Das hölzerne Gipfelkreuz auf dem 3312 Meter hohen Piz Buin. Die meisten Berge des Silvretta-Hauptkamms sind über 3000 Meter hoch und an den Hängen mit Gletschern bedeckt.

Ein typisches Alpendorf bei Landeck im Oberinntal. Hier zweigt die bei Motorradfahrern beliebte B180 nach Süden ab, wird ab der Schweizer Grenze zur Hauptstraße 27 und führt zum Ofenpass, der Zernec im Engadin mit dem Münstertal verbindet (rechts).

Sobald man die Galerien bei Stuben wieder verlässt und auf die B197 trifft, wird der Blick auf die kleine Berghütte gegenüber fallen, wo es heiße Getränke und Mahlzeiten sowie einen wärmenden Kamin gibt. Wer eine Autobahnvignette hat, kann die S16 Richtung Westen nehmen, alle anderen fahren die 30 Kilometer zur Schokoladenfabrik Suchard in Bludenz auf der parallel verlaufenden Landstraße.

Die Silvretta Hochalpenstraße nach Landeck

Die spektakuläre (und zum Teil mautpflichtige) Silvretta Hochalpenstraße (B188) führt von Bludenz an der Grenze zur Schweiz entlang zurück nach Osten. Zunächst geht es gemütlich durchs Montafon-Tal und an Vandans, Schruns und Tschagguns entlang, dann folgt hinter St. Gallenkirch das 25 km lange Hauptstück zwischen Partenen und Galtür, welches mit seinen 34 Kurven und 10 % Steigung ein wahrer Motorradmagnet ist. Die Haarnadelkurven schrauben sich über die Baumgrenze hinaus zur auf 2032 Metern Höhe liegenden Bielerhöhe mit dem Stausee. Hier kann man den atemberaubenden Blick zum Piz Buin (Bild oben links) oder auch eine leckere Mahlzeit genießen. Die Straße nach Osten folgt dem Vermuntbach ins enge bewaldete Paznauntal und durch die bekannten Wintersportorte Orte Galtür, Ischgl und Kappl. In der flacher werdenden Landschaft trifft man wieder auf die S16 und die Kleinstadt Landeck, die sich gut als Basislager für Ausflüge in die Region und das Erkunden zahlreicher weiterer Pässe eignet.

Das Unterengadin, der Ofenpass und das Münstertal

Für Motorradfahrer ist dies eine nahezu perfekte Route, da die Strecke durch Wälder im Unterengadin, schroffe Felsen im Schweizerischen Nationalpark und dann durch das reizvolle Münstertal führt. Wenn man Landeck nach Süden verlässt, trifft man nach wenigen Kilometern auf die B180 und folgt dem Oberinntal. Wenn der Inn bald darauf die Grenze zur Schweiz bildet, heißt die auf Schweizer Seite verlaufende Straße Hauptstraße 27. Nachdem man dieser Straße mit einem Abstecher ins kleine Dorf Lavin und seinem hübschen Straßencafé gefolgt ist, geht es in Zernec links auf die 28 und ins Oberengadin und den *Parc Naziunal Svizzer* (siehe Foto Seite 49). Dieser bereits 1914 gegründete Nationalpark (mit dem Besucherzentrum bei Zernec) ist der älteste der Alpen und wird streng geschützt. Auf über 170 Quadratkilometern sind neun freie Parkplätze und über 80 Kilometer Wanderweg verzeichnet, die vom gemütlichen Spaziergang bis zur leichten Klettertour reichen. Nach 21 Kilometern ist der 2194 m hohe Ofenpass (Pass dal Fuorn) erreicht.

Die Landschaft hat sich gegenüber den bereits durchfahrenen Sektionen komplett geändert – und ändert sich erneut, sobald man ins weite und grüne Münstertal hinabfährt. Das Gebiet ist auf drei Seiten von Italien umgeben, und neben der räteromanischen Sprache lässt sich italienischer Einfluss erkennen. Ab Santa Maria kann man entweder über den Umbrailpass (mit 2503 Metern der höchste Straßenpass der Schweiz) zum Stilfser Joch gelangen oder über den Umweg über Schlüderns und Prad – wobei letztere die klassische Motorradtour ist, weil von hier aus das gesamte Stilfser Joch überfahren werden kann, um nach Bormio zu kommen.

Die Straße führt immer am kristallblauen Lech entlang durchs Unterengadin (links).

Ab Zernec führt die Hauptstraße 28 in den Schweizerischen Nationalpark und zum Ofenpass. Oberhalb der Baumgrenze wird die Landschaft dramatischer und rauer. Kurz vor der Passhöhe wird auch die Straßenführung anspruchsvoller (rechte Seite).

Roadbook: Hohe Pässe und versteckte Täler

Route: Startpunkt ist Füssen in Bayern, von wo es direkt nach Österreich und über den Flexenpass geht. Ab Bludenz folgt die Silvretta-Hochalpenstraße. Ab Landeck führt die Strecke in die Schweiz ins Unterengadin. Dann geht es über den Ofenpass ins Münstertal und anschließend über das Stilfser Joch nach Bormio.

Tipps:
- Die österreichische Polizei führt an Tunnel-Ausgängen und anderen Verstecken gern Geschwindigkeitskontrollen durch, sodass immer auf das korrekte Tempolimit geachtet werden muss.
- Beim Start im warmen Tal darf man nie vergessen, wie kalt und windig es auf 2000 Meter hohen Pässen sein kann. Dicke Handschuhe müssen immer griffbereit sein.
- Auf den Autobahnen Österreichs und der Schweiz wird eine Vignette benötigt, die zuvor am Motorrad befestigt werden muss. Wer auf Landstraßen bleiben will, muss aufpassen, nicht auf die Autobahn geleitet zu werden.

Beste Reisezeit: Ende Juni bis Oktober – alle Pässe sollten geöffnet sein.

Gesamtdistanz: 500 km

Einzuplanende Zeit: 2 bis 3 Tage

GPS-Startpunkt: Füssen 47.572704, 10.691586

GPS-Ziel: Bormio 46.466714, 10.370493

12 km
2-EEM
012

Das Stilfser Joch (Passo dello Stelvio)
Der höchste Gebirgspass Italiens ist nach dem nur zwölf Meter höheren Col de l'Iseran auch der zweithöchste asphaltierte Gebirgspass der Alpen. Die Straße verläuft zwischen Prato allo Stelvio (Prad am Stilfser Joch) und Bormio durch den Parco Nazionale dello Stelvio, zu dem das gesamte Ortler-Gebirge gehört. Das etwa 50 km lange ingenieurtechnische Meisterstück wurde unter der Leitung von Carlo Donegani von 1820 bis 1826 im Auftrag des österreichischen Kaiserreichs gebaut, um die zu Österreich gehörende Lombardei mit den anderen Reichsteilen zu verbinden. Zwischen Mai und November stellen besonders die 48 nummerierten Kehren von Prad für Rad-, Auto- und Motorradfahrer eine sportliche Herausforderung dar. Hierbei werden alle Sinne benötigt, um in einspurigen Tunneln, auf Schotter und zwischen zahlreichen anderen Verkehrsteilnehmern nichts falsch zu machen. Besonders im August, wenn die meisten Italiener Urlaub haben, muss man am Stilfser Joch einen kühlen Kopf bewahren. Das seit 1969 vom Motoclub Sondrio jährlich zu Saisonbeginn durchgeführte Internationale Motorradtreffen zieht immer Motorradfahrer an, die drei Tage feiern wollen.

Noch stärker als die fantastische Landschaft zieht der atemberaubende Straßenverlauf mit allein 48 Kehren an der Nordostrampe die Motorradfahrer an.

Österreich

Der Großglockner und das Salzkammergut

250 km

Wasserkraft ist in den Alpen reichlich vorhanden und wurde in Österreich schon vor der Elektrifizierung genutzt (rechts).

Die Großglockner-Hochalpenstraße ist über die gesamten 48 Kilometer durch die Berge mit sehr griffigem Asphalt überzogen (linke Seite).

Das österreichische Salzkammergut ist eine einzigartige Seenlandschaft, die von grünen Wiesen und schroffen Gipfeln umsäumt wird. Hier wurde 1965 der amerikanische Film *The Sound of Music* (Meine Lieder – meine Träume) gedreht, der als einer der meistgesehenen Filme aller Zeiten noch heute in vielen Ländern das Image Österreichs prägt. Die Region wurde bereits 1500 v. Chr. durch die Salzgewinnung reich. Im 19. Jahrhundert wurden dann die heilenden und entspannenden Eigenschaften der Salinen entdeckt und die Salzminen durch Kurbäder ersetzt. Seitdem lebt die Region vom Kurbetrieb und dank der wunderschönen Landschaft auch vom Tourismus.

Das Bundesland Salzburg gehört zu Österreichs wichtigsten Touristenattraktionen. Die beeindruckende Großglockner-Hochalpenstraße ist mehr als eine Straße durch die Alpen. Die 48 km lange mautpflichtig durch den Nationalpark Hohe Tauern führende Strecke leitet jedes Jahr 900 000 Besucher durch die höchsten Berge Österreichs. Der namensgebende Großglockner mit seiner markanten Spitze ist mit 3798 Metern Höhe nicht nur der höchste Berg Österreichs, sondern auch einer der bedeutendsten der Ostalpen. Die Mautgebühr (Tageskarte für ein Motorrad: 24 Euro – Stand: 2014) beinhaltet den Eintritt in alle Informationszentren, die sich zusammen mit mehreren Restaurants an der Strecke verteilen und an zahlreichen Aussichtspunkten Ausblicke auf ein atemberaubendes Alpenpanorama bieten.

Entlang der Seen und über der Baumgrenze

Diese Route kombiniert eine entspannte Fahrt durch die Seenlandschaft Salzkammergut mit einem hochoktanigen Ritt durch die Alpen. Die grandiose Landschaft ist kaum zu überbieten, und der Asphalt ist wie in Österreich nicht anders zu erwarten fast durchgehend perfekt. Mit Fahrten entlang der Seen kann man einen ganzen Tag verbringen – oder man findet ein Basislager und entscheidet sich, mit moderatem Tempo größere Teile der Region zu erkunden. Für Menschen aus Salzburg und dem deutschen Grenzgebiet ist das Salzkammergut ein populäres Wochenendziel, sodass es sinnvoller sein kann, seine Fahrten an Wochentagen durchzuführen.

Der Großglockner ist im Sommer ganz auf Motorradfahrer eingestellt und bietet ihnen an den wichtigsten Aussichtspunkten exklusive Parkplätze und an den Besucherzentren der Kaiser-Franz-Josefs-Höhe und des Hochtors sogar »Biker-Safes« zum sicheren Verstauen der Ausrüstung. Auch die Unterkünfte sind sehr motorradfreundlich. Wo bekommt man sonst einen »Bikers Point«, einen exklusiven Treffpunkt an der 2571 Meter hoch gelegenen Edelweißspitze mit reservierten Motorradparkplätzen und ein »Bikers Nest« mit Informationen über die Geschichte der Straße aus Sicht der Motorradfahrer geboten? Das Tagesticket für Motorradfahrer beinhaltet zudem das freie Befahren der nach Tirol führenden Gerlos-Alpenstraße und der nach Kärnten führenden Nockalmstraße in der gleichen Saison, sowie einen Rabatt für die Villacher Alpenstraße in Kärnten.

Wenn im Mai endlich der Schnee geschmolzen ist und das Wetter Fahrten auf über 2000 Meter Höhe erlaubt, wird man überrascht sein, wie gut der stets gepflegte Asphalt trotz der harten Witterungsbedingungen ist. Vor Fahrtantritt sollte jedoch immer auf der Grossglockner-Webseite nachgeschaut werden, ob die Straße tatsächlich geöffnet ist, da in dieser Höhe jederzeit mit Schneefall und dichtem Nebel gerechnet werden muss. Nur Ignoranten begreifen die Großglocknerstraße als Rennstrecke und werden von der unvergesslichen Aussicht nicht viel haben. Alle anderen werden die sich durch die Berge schlangelnde Straße lieben und genießen – und den Begriff »Blumenpflücker« nie mehr als Schimpfwort nutzen.

Österreichs Seen: von Salzburg ins Salzkammergut

Salzburg liegt an der Salzach und zieht das ganze Jahr über Touristen vor allen an deren linkes Ufer, wo Mozarts Geburtshaus in der Getreidegasse besucht und Süßigkeiten wie Salzburger Nockerln oder Mozartkugeln probiert werden können. Die spektakuläre Berg- und Seen-Landschaft des Salzkammerguts liegt weniger als eine Stunde entfernt östlich der Stadt – wenn man die A1 nimmt, geht es noch schneller. Eine Alternative stellt jedoch die B1 Richtung Eugendorf dar, von wo es über 27 km auf der L103 nach Thalgau und zur Gemeinde Mondsee mit dem gleichnamigen Gewässer geht. Hier ist der Startpunkt einer sich um die Seen schlängelnden Tour mit immer wieder schönen Ausblicken. Den Mondsee kann man komplett umrunden und dann den Attersee besuchen, der mit 20 Kilometern der längste See der Gegend ist. Auch der Wolfgangsee ist nicht weit entfernt. Wenn das Wetter gut ist, sollten man möglichst viele Seen besuchen – sie lohnen sich. Irgendwann wird man ins zentral zwischen den Seen gelegene

Hallstatt an den Ufern des Hallstätter Sees im Salzkammergut. Die ersten Bewohner siedelten bereits 800 vor Christus an den Hängen des Dachsteingebirges und begannen mit der Salzgewinnung (oben).

Die zwischen 1930 und 1935 erbaute Großglockner-Hochalpenstraße bietet Motorradfahrern eine unvergessliche Fahrt durch perfekt ausgebaute Kurven und Kehren, sowie atemberaubende Ausblicke (rechts).

Bad Ischl rollen, wo zurzeit des Österreich-Ungarischen Kaiserreichs ein mondänes Kurbad erbaut wurde. Der südlich von von hier gelegene Hallstätter See ist zwar nicht der größte, aber vielleicht der schönste, auch weil direkt dahinter das Dachsteingebirge beginnt. Über die B166, die B99 und die B311 geht es in südwestlicher Richtung zum etwa 100 km entfernten Bruck an der Großglocknerstraße.

Die Großglockner-Hochalpenstraße

In Bruck beginnt die nach Süden führende Großglockner-Hochalpenstraße, die über den Alpenhauptkamm ins Bundesland Kärnten führt. Die 48 Kilometer lassen sich in wenigen Stunden abspulen, doch es gibt so viel zu sehen, dass besser ein ganzer Tag dafür eingeplant werden sollte. Auch wer nicht alle Ausstellungen besuchen will, sollte die an der Mautstation ausgehändigte Broschüre durchlesen und einige Stopps an der Strecke einplanen.

Die Straße beginnt exakt im Ortskern von Bruck an der Brücke vor dem Gasthof Lukashansi mit dem Kilometerstein Null. Von hier aus verläuft die B107 durch Weideland und am Flüsschen Fuscher Ache entlang mit einer sanften Steigung, und niemand erwartet jetzt eine atemberaubende Straßenführung, wie sie dann nach nur 14 Kilometern beginnt. Hier in Ferleiten wird nach dem Zahlen der Mautgebühr die Broschüre eingesteckt und der Aufkleber angebracht. Dann geht es in die Serpentinen einer einzigartigen Berglandschaft. Der Asphalt ist eben und griffig, die Kehren hören nicht auf und hinter jeder Kurve gibt es einen neuen Ausblick. Wenn man Glück hat, bringt einen jede Kehre näher an den blauen Himmel, und die Fahrt wird zum absoluten Highlight jeder Alpenreise.

Nach etwa 13 Kilometern zweigt links der zwei Kilometer lange Abstecher zur Edelweißspitze (mit dem »Bikers Point«) ab, die mit 2571 Metern den tatsächlich messbaren Höhepunkt der Tour darstellt. Von hier hat man einen atemberaubenden Blick auf mehr als 30 Dreitausender. Im familiengeführten »Bikers Nest« hat man Gelegenheit, sich mit Motorradfahrern aus der ganzen Welt auszutauschen.

Zurück auf der Hauptstrecke setzt sich das Geschlängel durch ein wechselhaftes Panorama über 22 Kilometer bis ins südlich gelegene Heiligenblut fort. Wer sich etwas erholen und mehr über den Bau dieser Straße erfahren möchte, sollte an der Fuscher Lacke bei Kilometer 29

(siehe Foto Seite 59) anhalten. Hier ist in einer alten Straßenbauer-Hütte eine Ausstellung untergebracht, in der die Geschichte der Straße von der Konzeption bis zur Eröffnung 1935 erzählt wird. Für den 1930 begonnenen Bau wurden 67 Brücken errichtet und 870 000 Kubikmeter Erde und Felsen von Hand bewegt. Weil die Weltwirtschaftskrise auch in Österreich zu hoher Arbeitslosigkeit geführt hatte, war der Bau der Straße ein wichtiges nationales Projekt, das Tausenden Menschen Lohn und Brot einbrachte. Nach der Ausstellung kann man nach einem kurzen Spaziergang um den See weiterfahren und mit einer gewissen Hochachtung gegenüber der Leistung der Arbeiter weitere Kehren und Aussichten genießen. Die eigentliche Passhöhe mit der Landesgrenze zwischen Salzburg und Kärnten liegt am Hochtor auf 2504 Meter. Selbst im Hochsommer kann die Fahrt zwischen meterhohen Schneewänden entlang in den 311 Meter langen Tunnel führen. Archeologische Funde in dieser Gegend bewiesen, dass das Hochtor bereits seit Jahrhunderten genutzt wurde, um Vieh über den Pass zu treiben. Hinter dem Tunnel geht das Geschlängel der Straße durch beeindruckende Landschaften weiter. Nicht verpassen sollte man den in einer Art Kreisel geradeaus führenden Weg zur etwa 8,5 Kilometer entfernten Kaiser-Franz-Josefs-Höhe, wo ein riesiges Besucherzentrum mit Kino und Restaurant sowie einem ausgewiesenen

Vom Motorradparkplatz am Besucherzentrum der 2369 m hoch gelegenen Kaiser-Franz-Josefs-Höhe hat man einen perfekten Blick auf den Großglockner und den Pasterze-Gletscher.

Im Sommer 1968 wurden auf der Großglockner-Hochalpenstraße lediglich 2071 Motorradfahrer gezählt; 2003 waren es bereits über 76 000 (rechts).

Motorradparkplatz seine Gäste erwartet (siehe Foto auf Seite 56). Von hier bietet sich der beste Blick auf den prägnanten Großglockner und den Pasterze-Gletscher. Nirgends kommen sich die Bergsteigen und Motorradfahren näher als hier.

Sobald sich die Straße aus schneebedeckten Felsen ins saftig grüne Tal nach Heiligenblut hinabwindet, kann man sich selbst beglückwünschen, eine der großartigsten Motorradstrecken Europas befahren zu haben.

Um über den Sommer zu kommen, müssen sich die Hotelwirte schon etwas einfallen lassen, um auf besonders motorradfahrerfreundliche Unterkünfte hinzuweisen.

An der Fuscher Lacke auf 2262 Metern Höhe sollte man neben der Ausstellung über den Bau der Straße auch das Restaurant Mankeiwirt besuchen, dessen Inhaber Murmeltiere züchtet (rechte Seite).

Roadbook: Der Großglockner und das Salzkammergut

Route: Startpunkt ist das grenznahe Salzburg, der Mozartstadt an der Salzach. Von hier geht es zunächst an die Seen des Salzkammerguts und dann südwestlich nach Bruck, wo die Großglockner-Hochalpenstraße beginnt.

Tipps:

- Spezielle Tipps zu Österreich und seinen Autobahnen finden sich im vorherigen Kapitel.
- Mit der dampfgetriebenen Zahnradbahn kann man auf den Schafberg fahren, um einen hervorragenden Blick über die Seen des Salzkammerguts zu haben.
- Nach einer Übernachtung in der Edelweißhütte an der Großglockner-Hochalpenstraße kann man morgens zu den ersten Motorradfahrern auf der wunderbaren Strecke gehören.
- In Salzburg lohnt sich ein Ausflug zur Hohensalzburg über der Stadt. Die Burg gehört zu den größten mittelalterlichen Schlössern Europas und nach einer größeren Modernisierung im 19. Jahrhundert auch zu den am besten erhaltenen.

Beste Reisezeit: Juni bis Oktober – alle Pässe sollten geöffnet sein.

Gesamtdistanz: 250 km

Einzuplanende Zeit: 2 Tage

GPS-Startpunkt: Salzburg 47.809465, 13.055019

GPS-Ziel: Hochtor am Großglockner 47.004373, 12.645950

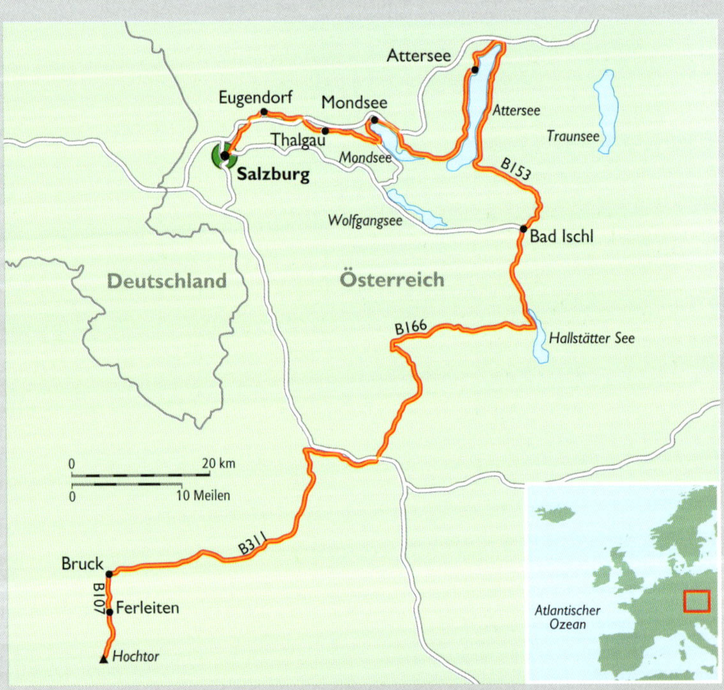

Mittel- und Osteuropa

Rumänien

Im Lande Draculas

1600 km

Eine Motorradtour durch die Karpaten führt einen nach Transsylvanien und Moldawien. Die sich über die Berge windende Strecke bietet feine Aussichten auf weit entfernt liegende Täler und Berge (rechts).

Das Ceahlău-Massiv bildet einen Teil der Ostkarpaten und wird im Osten durch den Fluss Bistrita und den von diesem gebildeten Stausee begrenzt. Die zwei höchsten Gipfel sind der 1904 m hohe Toaca und der 1907 Meter messende Ocolasul Mare. Motorradfahrer haben hier hervorragende Ausflugsmöglichkeiten (linke Seite).

Wer eine Reise nach Rumänien unternimmt, wird dort die größte unberührte Wildnis Mitteleuropas entdecken. Über ein Viertel des Landes sind mit Wald bedeckt und die Heimat vieler seltener Vögel und anderer Wildtiere. Das unglaublich vielfältige Land ist die Heimat von Braunbären, Hirschen, Luchsen, Gämsen und Wölfen. Hier beendet die Donau ihre Reise durch acht Länder im riesigen Donaudelta, das inzwischen ein UNESCO-Biosphärenreservat ist und dessen geschützte Feuchtgebiete Lebensraum seltene Pflanzen und Tiere sind.

Bei einer Fahrt durch Rumänien kommt man um die berühmte Geschichte von Graf Dracula nicht herum, die vom irischen Autor Bram Stoker in Transsylvanien (Siebenbürgen) angesiedelt wurde. Die Figur des berühmten Vampirs war durch die historische Gestalt von Vlad III. (»Vlad der Pfähler«) inspiriert, der im 15. Jahrhundert als grausamer Herrscher der Walachei galt. Die Legende des blutrünstigen Grafen lässt sich durch mittelalterliche Städte und über Bergpässe bis hin zu Vlads Grabstelle bei Snagov verfolgen. Eine andere rumänische Berühmtheit ist die Musik der Roma, die gern auf Hochzeiten und Beerdigungen sowie den zahlreichen Sommerfesten und Festivals gespielt wird. Eine Reise durchs ländliche Rumänien führt auf weiten Strecken durch urige Wälder, überwältigende Schluchten und an schroffen Bergen entlang. Die schönen Städte und verschlafenen Dörfer geben einen Einblick in die Geschichte und Tradition einer Region Mitteleuropas, die wesentlich mehr bietet, als man aus ihrer jüngeren Vergangenheit schließen mag.

Eine Reise in die Vergangenheit

Für eine leichte Einreise per Motorrad empfiehlt sich der Zugang über Ungarn bei Oradea. Wichtig ist, alle erforderlichen Papiere dabeizuhaben, da die rumänische Polizei gern Geldbußen erlässt und Geschwindigkeitsbeschränkungen sehr streng auslegt. Kraftstoff ist überall erhältlich, und größere Tankstellen bieten auch Speisen und Erfrischungen an. Viele Motorradfahrer, die Rumänien nur rasch durchqueren, erleben lediglich verstopfte Straßen und verschmutzte Städte. Um eine Rumänienreise zu genießen, sollte man größere Städte meiden und den Schwerpunkt auf ländliche Gegenden legen. Im Vergleich mit den Alpenländern Westeuropas ist das Fahren auf rumänischen Straßenbelägen anfangs eine gewisse Umstellung. Es gibt kein Autobahnnetz, und die Hauptstraßen sind schlecht gewartet und häufig von Schlaglöchern übersät. Der Verkehr ist oft unberechenbar, und während man durch Dörfer und mittelalterliche Städte rumpelt, teilt man sich die Pisten mit Pferdefuhrwerken und Tierherden, die durch die Landschaft streifen. Wer aber sein Tempo verringert und die nicht perfekten Straßenzustände akzeptiert, wird mit einer Reise durch einen einzigartigen Teil Mitteleuropas belohnt.

In vielen Dörfern zu findende Privatunterkünfte bilden eine gute Einführung in die Traditionen und die Folklore der rumänischen Bevölkerung. Serviert wird Hausmannskost, und man entdeckt viel mehr vom Land als in einem der oft seelenlosen Hotels. Die in fast in jedem Haushalt servierten selbstgebrannten Getränke sollten allerdings mit Vorsicht genossen werden, wenn man am nächsten Tag noch fahren möchte.

Nicht überall gibt es so kurvige Landstraßen. Neben einigen hervorragenden Kurvenpisten durch die Berge gibt es in Rumänien zwei berühmte Motorradstrecken: die grandiose Transfogarascher Hochstraße (*Drumul Transfăgărășan*) und die etwas weniger bekannte Transalpina. Wer durch Kehren in große Höhe schlängeln will, muss diese Straßen ausprobieren. Beide Strecken sind im Winter gesperrt. Rumänien sollte man mit dem Motorrad am besten zwischen Ende

Juni und September bereisen. Eine entspannte und gemütliche Motorradfahrt ist der perfekte Weg, dieses Land kennenzulernen.

Von der Grenze nach Sighişoara

Von Ungarn über Oradea kommend geht es auf der E60 aus der sympathischen schönen Altstadt über etwa 155 km in Richtung Cluj-Napoca. Die Straße führt durch Wälder und Wiesen und am Nordrand des Apuseni-Gebirges entlang nach Transsylvanien und dann nach Norden in Richtung Bistriţa, wo sich in Bram Stokers Roman das Tor zum Reich des Grafen Dracula befindet. Die 94 km lange Straße von Bistriţa nach Vatra Dornei ist noch heute die Hauptstraße durch die Ostkarpaten. Wir folgen den Fußstapfen des Romanhelden Jonathan Harker, bestellen im Kronen-Hotel ein Räubersteak und nehmen anschließend Fahrt in die Folklore des Landes auf.

Während der Fahrt in Richtung des 1116 m hohen Borgo-Passes gibt es herrliche Ausblicke auf bewaldete Berge und Obstplantagen. Im Tal liegen kleine Dörfer verstreut, und in der Ferne tauchen höhere Berge auf. Kurz vor der Passhöhe liegt am Ortsrand von Piatra Fântânele das Hotel Castel Dracula – komplett mit blutroten Teppichen und Tapeten sowie einer Kaffeebar in einer Krypta. Das Hotel ist schön gelegen und bietet einen weiten Ausblick, sodass allein dies schon eine Übernachtung wert ist. Wir genießen auf unserer Tour durch Transsylvanien einfach das gruselige Erlebnis.

Von Vatra Dornei führt eine kurvige 130 km lange Straße namens DN17B am Ufer des Flusses Bistriţa unter tannenbedeckten Gipfeln nach Süden. Dann nehmen wird die Straße, die entlang des Nationalparks Ceahlău und des gleichnamigen Gebirgsmassivs führt (siehe Seite 62) und schauen uns nach Bären, Keilern und prachtvollen Karpaten-Hirschen um. Am südlichen Ende liegt ein Wasserkraftwerk mit dem Stausee Bicaz und am Südufer das gleichnamige Dorf, von wo die DN12C durchs Bicaz-Tal führt, das die Regionen Transsylvanien und Moldova teilt. Es ist eine spannende Fahrt über 58 km durch enge Haarnadelkurven und Kehren zwischen hoch aufragenden Kalksteinfelsen und tiefen Schluchten. Anschließend geht es nach Gheorgheni, von wo ein zweistündiger Ritt auf der DN13B nach Sighişoara führt. Dort kann man zum UNESCO-Weltkulturerbe gehörende Türme und Stadtmauern aus dem 15. Jahrhundert und den Geburtsort von Vlad Tepes besichtigen. Die Stadt war durch den Handel reich geworden, und die Türme der Zitadelle wurden mit den Namen der sie finanzierenden Handelszünfte aus Schuhmachern und Blechschmieden verziert. Das Erklettern des Stundturms wird durch großartige Ausblicke auf die mittelalterlichen Straßen der Stadt belohnt. Anschließend können die Folterkammern und das Waffenmuseum besichtigt werden. Den Spaziergang zum Zitadellen-Platz in der belebten Altstadt kann man mit einer leckeren Mahlzeit abrunden.

Von Sighişoara nach Curtea de Argeş über die Transalpina und die Transfogarascher Hochstraße

Ab Sighişoara folgt die DN14 dem Fluss Ternava Mare nach Westen in Richtung Mediaş, dann geht es nach Süden Richtung Sibiu (Hermannstadt), das von Kirchen und Marktplätzen beherrscht wird, die teilweise aus dem 12. Jahrhundert stammen. Die einst zu den wichtigsten Metropolen Mitteleuropas gehörende Stadt ist noch heute von alten Stadtmauern umzogen. Lohnenswert ist eine Fahrt ins Museum der traditionellen Volkskultur (ASTRA), das als zweitgrößte Freilichtmuseum Europas gilt und von wunderschönen Bergen eingerahmt ist. Sibiu kann als Basislager für zwei der schönsten Motorradstraßen Rumäniens dienen. Zunächst geht es in westliche Richtung über die E81 nach Sebeş, wo die Transalpina beginnt. Die auch als Königsstraße bekannte DN67C führt über 135 km in südliche Richtung über die Parâng-Berge nach Novaci und gilt als höchstgelegene

Straße Rumäniens. Der Urdele-Pass liegt auf 2145 Meter und der Ausblick von dort ist schlicht überwältigend. Der ursprüngliche Zweck der Straße ist unbekannt, doch sie wurde im Zweiten Weltkrieg ausgebaut, um Truppenbewegungen der Wehrmacht zu vereinfachen. Erst 2012 waren größere Reparaturarbeiten abgeschlossen. Jetzt ist die durchgängig asphaltierte Straße für den Tourismus freigegeben. Die Straße wird im Winter gesperrt, aber eine Überquerung im Frühherbst ist besonders grandios.

Der Höhepunkt jeder Rumänien-Reise ist die legendäre Transfogarascher Hochstraße (DN7C), die in den frühen 1970er-Jahren in die Berghänge gesprengt wurde. Auf 92 Kilometern lösen sich hohe Pässe mit 27 Viadukten und Brücken sowie dem längsten Straßentunnel Rumäniens (887 m) ab. Die etwa 45 Kilometer östlich von Sibiu beginnende Straße steigt zwischen den Seen Capra und Bâlea auf bis zu 2034 Meter Höhe an und führt durch die höchsten Bereiche der Karpaten und an den Gipfeln des Moldoveanu und Negoiu entlang. Vor der Fahrt sollte man an warme Bekleidung denken, da es

Der Blick über die gewaltige Transalpina reicht über das gesamte Parâng-Gebirge. Der Straßenbelag wurde vor Kurzem erneuert, und ein Ritt über die wunderbar gewundene Bergstraße ist ein Highlight jeder Rumänien-Reise.

an den Passhöhen oft kalt und neblig ist. Ab dem Abzweig von der E68 windet sich die Straße zunächst durch niedrige Hügel an Wiesen voller Wildblumen entlang und durchquert hübsche Dörfer. An klaren Tagen werden die Gipfel der Fogarascher Berge sichtbar.

Nach etwa zwölf Kilometern wird der Wald dichter, und während die Straße anzusteigen beginnt, umgibt einen der unverwechselbare Duft von Kiefernholz. Auf dem kurvenreichen Weg nach oben werden die Kiefern immer kleiner, und es eröffnet sich ein Panorama aus gezackten Gipfeln und Wasserfällen. Manchmal zeigen sich in der Thermik kreisende Adler. Nach 20 Kilometern konzentrierter Kurverei kommen die Bâlea-Wasserfälle in Sichtweite. Hier gibt es ein Restaurant, eine Seilbahn und eine Herberge. Zumindest der wunderbare Panoramablick sollte ausgiebig genossen werden.

Nach weiteren 13 Kilometern spiralförmiger Kurven mit schwindelerregenden Blicken in tiefe Abgründe ist der höchste Punkt der Straße erreicht. Die Luft ist dünn und die Temperatur merklich gesunken. Der Bâlea-Gletschersee spiegelt in seinem Eiswasser die beiden höchsten Berge Rumäniens, Moldoveanu und Negoiu wider (siehe Foto auf Seite 68). Hier gibt es Unterkünfte und ein Restaurant, und es ist ein perfekter Ort, um eine Mahlzeit zu genießen und die unglaublichen Leistungen von Menschen und Maschinen zu würdigen, die diese Straße durch die Berge getrieben haben.

Direkt am See geht es in den 887 Meter langen Tunnel, der unter dem Gebirgskamm der Karpaten entlang führt. Direkt danach beginnt die Abfahrt über zahlreiche Kehren, die aber im Vergleich zur Nordrampe etwas sanfter ausfallen. Besonders am Vidraru-See gibt es zahlreiche Aussichtspunkte. Am Südufer des Sees liegt hoch auf einem Felsen die Ruine des Poienari-Schlosses aus dem 13. Jahrhundert, das von vielen als Hauptfestung von Vlad dem Pfähler betrachtet wird. Als die Türken 1462 das Schloss angriffen und eroberten, konnte Vlad angeblich über einen Geheimgang durch die Berge in Richtung Norden entkommen. Wer seine Beine strecken muss, kann versuchen, die 1462 Stufen bis zur Ruine zu erklimmen. Die ab dem See weniger kurvige Straße führt 15 Kilometer weiter nach Curtea de Argeş.

Von Curtea de Argeş über Braşov nach Bukarest

Ab Curtea de Argeş folgen weitere 135 Kilometer großartige Motorradstraße zur mittelalterlichen Stadt Braşov (Kronstadt). Zunächst geht es über die D73C und die D73 nach Câmpulung und von dort steigt die D73 in die Berge auf, wo sich in jeder Kurve eine dramatische Landschaft entfaltet.

Die Transfogarascher Hochstraße oder DN7C ist die zweithöchste asphaltierte Straße Rumäniens und verläuft für 92 Kilometer über die höchsten Erhebungen der Südkarpaten und zwischen den beiden höchsten Bergen Moldoveanu und Negoiu hindurch.

Roadbook: Im Lande Draculas

Route: Startpunkt ist die ungarische Grenze bei Oradea. Von dort geht es über den Borgo-Pass und durch das Bicaz-Tal nach Transsylvanien. Es folgen die mittelalterlichen Städte Sighişoara und Sibiu, wo es auf die atemberaubende Transalpina und die Transfogarascher Hochstraße geht, um über den Bran-Pass nach Braşov zu gelangen und das letzte Stück nach Bukarest zu fahren.

Tipps:
- Aufgrund der oft schlechten Straßen sollten die Tagesetappen nicht allzu lang ausgelegt werden.
- Im Piatra Craiului Nationalpark in den Südkarpaten sollte unbedingt Bären beobachtet werden. Braunbären lassen sich sicher von einem zwischen März und November geöffneten Beobachtungspunkt bei Braşov betrachten.
- Lohnenswert ist eine Fahrt ins Donaudelta, wo der längste Fluss Mitteleuropas seine 2800 km lange Reise beendet.

Beste Reisezeit: Juni bis Oktober – alle Pässe sollten geöffnet sein.

Gesamtdistanz: 1600 km

Einzuplanende Zeit: 6 bis 8 Tage

GPS-Startpunkt: Oradea 47.070122, 21.924591

GPS-Ziel: Bukarest 44.433535, 26.103859

Der Bâlea-Gletschersee liegt auf 2034 Metern Höhe in den Fogarascher Bergen, die über die fantastische Transfogarascher Hochstraße erreichbar sind (linke Seite).

Die spektakulärste Sektion der Transfogarascher Hochstraße ist die Nordrampe, wo die kurvenreiche Straße mit steilen Haarnadel-Kehren, langen S-Kurven und sturzflugartigen Abfahrten garniert ist (links).

Das im 13. Jahrhundert erbaute Schloss Bran sollte die Grenze zwischen Transsylvanien und der Walachei schützen. Weil das Gebäude so gut zur fiktiven Geschichte von Bram Stoker passte, wird es heute als Draculas Schloss vermarktet.

In den hübschen Dörfern Dragoslavele und Rucăr können selbstgemachter Käse und geräucherte Würste gekauft werden. Ab Rucăr führen Haarnadelkurven über Podu Dâmbovita in Richtung Bran und den Giuvala-Pass auf einer spektakulären Route zwischen den nördlichen Dambovicioarei- und Plaiu-Schluchten sowie der engen Dâmbovita-Schlucht im Süden hindurch. Nahe der kleinen Stadt Bran (Törzburg) und etwa 28 km südlich von Braşov liegt das Schloss Bran, das weltweit als Draculaschloss vermarktet wird. Beweise für die Anwesenheit von Vlad dem Pfähler gibt es nicht, aber es ist ein wunderbares Schloss, das über einer wunderschönen Landschaft thront. Es wurde im 14. Jahrhundert sowohl als Festung zum Schutz von Braşov und der umliegenden Region wie auch als lukrative Zollstation erbaut. In Râsnov wird der Abzweig nach Zărneşti gesucht, wo sich der Eingang zum Piatra Craiului Nationalpark befindet, einem der letzten unberührten Gebiete Europas und Heimat vieler Wildtiere. Von hier werden geführte Bären- und Wolfs-Beobachtungen angeboten und es gibt wunderbare Wanderwege.

Braşov (Kronstadt) ist mit seiner mittelalterlichen Architektur und der wunderbaren Lage ein beliebter Touristenmagnet. Es lohnt sich, einige Nächte zu bleiben und die Stadt zu erkunden. Es gibt zahlreiche Unterkünfte, Bars und Cafés, die im Sommer auch Straßengastronomie anbieten. Braşov bildete den Kreuzungspunkt einiger Handelsrouten, die vom Osmanischen Reich nach Westeuropa führten, und wurde so ein wichtiges Zentrum für die Siebenbürger Sachsen. Man bewehrte die Stadt mit massiven Schutzmauern, und ihr Wahrzeichen war die Bisdrica Neagră (Schwarze Kirche), die als größte gotische Kirche Rumäniens gilt. Ihren Namen erhielt die Kirche durch die Beschädigungen bei einem Großbrand im Jahre 1689.

Ab Braşov geht es in südlicher Richtung auf der DC1 nach Bukarest. Die 180 km lange Strecke kann in wenigen Stunden bewältigt werden, doch wer Zeit hat, kann an vielen interessanten Orten anhalten. Die Straße windet sich durch die hübschen Bucegi-Berge und das Prahova-Tal. Die wunderschöne Stadt Sinaia und das benachbarte Schloss Peleş sind auf jeden Fall einen Stopp wert. Wer der Spur Vlad des Pfählers folgen will, unternimmt etwa 45 km südlich von Ploieşti einen Abstecher zum Kloster von Snagov, das sich auf einer Insel im gleichnamigen See befindet und per Boot oder Fußgängerbrücke zugänglich ist. Eine Gedenktafel im Boden der

Kirche markiert die mutmaßlichen Überreste des berüchtigten Grafen Vlad.

Die Straße nach Bukarest ist schlecht in Schuss, und man muss sich seine Fahrbahn mit streunenden Hunden, Pferden und Handkarren teilen. Die rumänische Hauptstadt war wegen ihrer eleganten Architektur und den breiten und von Bäumen gesäumten Boulevards einst als Klein-Paris bekannt, doch der kommunistische Autokrat Nicolae Ceauşescu ließ in den 1980er-Jahren große Teile der Stadt abreißen. Sein »Haus des Volkes« (heute: Parlamentspalast) samt integriertem Atombunker gilt als das größte Gebäude Europas und war früher mit über 4000 Kronleuchtern ausgerüstet. Heute ist der Komplex die meistbesuchte Attraktion der Stadt. Bukarest beherbergt eine lebendige Musikszene, die von Clubmusik bis zur Klassik alles bietet.

Ab Bukarest geht es in südliche Richtung nach Bulgarien oder nach Osten ins Donaudelta und ans Schwarze Meer, um am Ende der Reise ein paar Badetage einzulegen.

Slowenien und Kroatien

Berge und Küsten des Balkans

850 km

Die Straße von Bovec bis zum Beginn des Vršič-Passes begleitet den Fluss Sočar, der 138 Kilometer durch West-Slowenien und Nordost-Italien fließt. Der Fluss ist weltweit einer von nur wenigen Flüssen, die über ihre gesamte Länge türkisfarben bleiben (rechts).

Am Scheitel des Vršič-Passes bieten die hohen Felsen der Julischen Alpen und die bewaldeten Täler einen besonders schönen Anblick. Weiter unten schneidet sich die Sočar durch die Schlucht und wilde Täler mit kleinen Bergdörfern (linke Seite).

Slowenien gehört zu den kleinsten Ländern Europas und ist unter Motorradfahrern noch immer ein Geheimtipp. Slowenien und Kroatien gehörten bis in die frühen 1990er-Jahre zur Sozialistischen Föderativen Republik Jugoslawien. Slowenien erklärte bereits am 25. Juni 1991 seine Unabhängigkeit, doch Kroatien musste sich vier Jahre lang durch einen Unabhängigkeitskrieg von Serbien befreien und wurde erst 1995 selbstständig. Beide Länder sind seit der Zeit des Balkankriegs einen langen Weg gemeinsam gegangen, und der Tourismus hat dabei eine große Rolle gespielt. Familienbetriebe florieren und besonders die jüngere Generation ist sehr optimistisch. In Slowenien liegen innerhalb des Triglav-Nationalparks die zerklüfteten Gipfel der Julischen Alpen. Sie sind als östliche Abgrenzung des europäischen Zentralgebirges genauso beeindruckend wie ihre westlichen Nachbarn. Fast die Hälfte des knapp über 20 000 km^2 großen Landes ist von Bergen, kargem Karstgestein und dichten Wäldern bedeckt, sodass es ein beliebtes Ziel für Outdoor-Aktivitäten aller Art darstellt. Lediglich die Küste Sloweniens ist mit 46 km Länge recht übersichtlich.

Kroatien verfügt dagegen allein am Festland über eine Küstenlinie von 1800 km, hinzu kommen noch über tausend Inseln unterschiedlicher Größen. Während der Fahrt an den Küsten und dem Übersetzen auf Inseln lässt sich zumeist mildes, mediterranes Klima genießen.

Überall lassen sich geschützte Buchten entdecken. Kroatiens acht zumeist gebirgige und schroffe Nationalparks sind über das ganze Land verteilt.

Wälder, Berge und die Adria

Sloweniens Straßen sind im Allgemeinen sehr gut ausgebaut, beschildert und erstaunlich ruhig. Fast alle Straßen machen richtig Spaß und die Distanzen zwischen interessanten Orten sind gering. Der letzte Balkankrieg hat auf den Landstraßen im Nordosten Kroatiens seine Spuren hinterlassen, aber die Hauptstraßen werden ständig verbessert. Die zumeist mautpflichtigen Autobahnen verbinden alle größeren Städte des Landes. Wer nur wenig Zeit hat, kann mit einer Kombination aus Autobahnen und Fähren beachtliche Strecken zurücklegen, doch wie fast immer beim Motorradfahren kann man die Reise besser genießen und mehr erleben, wenn man Landstraßen nutzt und nur im Notfall auf die Autobahn fährt. Während die wichtigen Landstraßen in beiden Ländern ähnlich gut ausgebaut sind, muss auf Nebenstrecken mit unasphaltierten Sektionen gerechnet werden. Benzin ist überall verfügbar und deutlich billiger als in Italien.

Zum Befahren der kroatischen Küstenstraße und für Ausflüge auf die Inseln eignen sich die Monate Juni bis September am besten, allerdings sind dann auch die Straßen belebter und die Hotelpreise höher. Ein herbstlicher Ausflug durch dicht bewaldete Regionen bietet nicht nur ruhigere Straßen und moderate Hotelpreise, sondern auch Aussichten auf die spektakulären Farben der Mischwälder. In ganz Slowenien finden sich *Gostisce* genannte familiengeführte Gasthäuser, in denen man freundlich und preiswert empfangen wird. Auch in weniger entwickelten Gebieten entstehen auf Bauernhöfen immer mehr Übernachtungsmöglichkeiten. Unterkünfte in ganz Kroatien reichen von freundlichen, familiengeführten Pensionen bis zum exklusiven 5-Sterne-Resort-Hotel, sodass für jeden Geschmack und Geldbeutel immer etwas dabei ist. Eine beide Länder umfassende Reise verbindet Berge und Küste, sodass man eine Kostprobe dafür bekommt, was die Region zu bieten hat und hoffentlich zurückkehrt, um weitere hervorragende Motorradrouten zu genießen.

Vom Sočar-Tal nach Kranjska Gora

Nur 20 Kilometer nördlich von Cividale de Fruili, einer schönen mittelalterlichen Stadt in der norditalienischen Region Friaul-Julisch Venetien trifft man direkt hinter der Grenze zu Slowenien auf das Sočar-Tal mit seinem kraftvollen und kristallklaren Fluss. Ab der Grenze schlängelt sich die Straße durch dicht bewaldete Hügel und verstreute Weiler mit traditionellen Holzhäusern, von denen fast jedes über ein riesiges Brennholzlager verfügt. Die Straße führt in die freundliche kleine Stadt Kobarid, die auf Aktivurlaub aller Art eingerichtet ist. Zuerst wird man die aus dem Ersten Weltkrieg stammende Kanone wahrnehmen, denn die Front zwischen Österreich und Italien lag direkt vor der Stadt – mehr Informationen gibt es im städtischen Museum. Ernest Hemingway hat in seinem Roman *In einem anderen Land* seine Erlebnisse als Sanitäter an der Sočar-Front beschrieben. Die kurzen, aber sehr schönen 23 Kilometer zwischen Kobarid und Bovec auf der gut ausgebauten Nationalstraße 203 schlängeln sich durch dicht bewaldete Täler und folgen der smaragdgrünen Sočar in Richtung Quelle.

Die Kleinstadt Bovec liegt in einem lieblichen weiten Tal der oberen Sočar und am Rande des *Triglavski narodni park*, dem einzigen Nationalpark Sloweniens. Benannt nach dem mit 2864 Metern höchsten Berg des Landes umfasst der 880 km^2 große Park fast die gesamten östlichen Jurischen Alpen und die meisten der über 2000 Meter hohen slowenischen Berge. Sein karstiges Gelände, die Wälder, Gipfel und Täler bieten zahlreiche Möglichkeiten für Outdoor-Aktivitäten, und Bovec war lange Zeit ein Mekka für Wassersport-Enthusiasten – entsprechend viele Unterkünfte und Restaurants bieten sich an. Auf der Nationalstraße 206 geht es nun in nordöstlicher Richtung aus Bovec heraus und die Route führt erneut für etwa 20 km an der Sočar entlang zum kleinen Dörfchen gleichen Namens, anschließend geht es über Trenta zum berühmten Vršič-Pass.

Der Vršič-Pass

Ab Trenta steigt die Straße steil bis zur höchsten Passhöhe Sloweniens auf 1611 Meter an (siehe Foto auf Seite 70). Der im Ersten Weltkrieg durch russische Kriegsgefangene zur Versorgung der österreichischen Armee erbaute Vršič-Pass erstreckt sich über 25 km zwischen Trenta und Kranjska Gora (Kronau) und sollte der konstanten Waffenlieferung an die Sočar-Front dienen. Dieser kurze Ritt ist ein Highlight aller Motorradreisen nach Slowenien. Die Straße kringelt sich durch dicht bewaldete Täler bergauf. Die Blicke durch das Tal sind besonders im Herbst spektakulär. Die 50 Kehren (26 an der Südrampe, 24 an der Nordrampe) sind nummeriert und mit Höhenangaben versehen. Von Trenta aus ist die Straße schmal, aber breit genug, um Gegenverkehr durchzulassen. Obwohl der etwas unebene Straßenbelag nicht westeuropäischem Standard entspricht, ist die Strecke gut befahrbar. An der Passhöhe befinden sich ein Parkplatz und eine große Berghütte, die Souvenirs und Erfrischungen bereithält. Rundherum sind schneebedeckte Gipfel zu sehen.

Herunter nach Kranjska Gora besteht die Straße teilweise aus Kopfsteinpflaster und ist fast durchgehend einspurig. Im Herbst muss

auf rutschiges Laub geachtet werden. Nahe der Kurve 8 auf knapp über 1000 Metern Höhe liegt etwas abgelegen und unter Bäumen versteckt die hölzerne russische Kapelle. Nach einer Lawine, die 1916 mehr als 300 russische Kriegsgefangene tötete, bauten die Überlebenden diese Kapelle als Erinnerung an ihre Kameraden. Nachdem die Straße sich langsam herunter geschlängelt hat, trifft sie in der Ebene auf den großen künstlichen See Jasna. Bis Kranjska Gora sind es nur noch wenige Kilometer. In diesem wichtigsten Wintersportort Sloweniens finden sich Hotels und Restaurants in Hülle und Fülle.

Kranjska Gora bis Ljubljana

Ab Kranjska Gora führt die 201 nach Osten. Die breite Straße windet sich an steilen Hängen und schneebedeckten Gipfeln entlang und bietet bis zum etwa 40 km entfernten Bleder See (Blejsko Jezero) großartige Ausblicke. Eine Alternativstrecke ist die unasphaltierte und einspurige 907,

Schmal und teilweise mit Kopfsteinpflastern versehen führt die Vršič-Passstraße mit zahlreichen Kehren durch ausgedehnte Wälder. Trotzdem sind immer wieder spannende Blicke auf schneebedeckte Berge zu erhaschen.

Auf einer ruhigen Waldlichtung an der Südseite des Vršič-Pass findet sich die kleine russische Erinnerungskapelle. Die Pyramide rechts von der Kapelle ist ein Gedenkstein (linke Seite).

Auf einem Felsvorsprung über Sloweniens berühmtestem See Blejsko Jezero thront das älteste Schloss des Landes, dessen Ursprung auf das Jahr 1004 zurückgeht. In späteren Jahrhunderten wurden dem romanischen Gebäude Türme und Befestigungen hinzugefügt (rechts).

die nach etwa 14 km hinter Kranjska Gora beim Dorf Mojstrana abzweigt. Die Straße verläuft hauptsächlich durch flaches Land und Wälder nach Bled. Auf beiden Straßen dauert die Fahrt weniger als eine Stunde. Der See gehört mit seiner märchenhaften Inselkirche und dem hoch aufragenden Schloss zu den meistbesuchten Sehenswürdigkeiten Sloweniens. Das Seeufer ist mit Restaurants und Shops übersät, und zur Insel kann man mit einer Gondel übersetzen. Wer Bled etwas zu geschäftig findet, kann den wunderschönen Wocheiner See im Bohinj-Tal besuchen. Die 209 verläuft zwischen den beiden Seen durch dichte Wälder und ist mir ihren schnellen Kurven eine beliebte Motorradstrecke. Mit über 4 km Länge ist der Wocheiner See das größte ganzjährig bestehende Gewässer Sloweniens. Die umgebenden Berge spiegeln sich im ruhigen See wider, und man hat einen fantastischen Ausblick auf den Triglav. Die Ufer-Cafés sind besonders am Wochenende bei slowenischen Motorradfahrern beliebt. Die Umgebung des Sees ist ursprünglicher als am Bleder See, und wenn die Tagesgäste verschwunden sind, wird es hier sehr ruhig.

Östlich vom Wocheiner See zweigt in Bohinjska Bistrica die schmale 909 in Richtung Zgornja Sorica ab. Sobald die Straße ansteigt, sollte man eine der wenigen Ausweichstellen ansteuern und einen Blick zurück auf den See und die umgebenden schneebedeckten Gipfel werfen. An klaren Tagen ist die Aussicht spektakulär – besonders, wenn morgens der Nebel über dem See aufsteigt. Die durch dichte Wälder führenden Kurven zur Kleinstadt Železniki sind zauberhaft. Die Straße schlängelt sich an kleinen Dörfern mit Holzhäusern und hübschen Gärten entlang und trifft auf die 403, um den Fluss Selška Sora zu begleiten. Ab Železniki führt die zumeist ebene 403 nach Škofja Loka, einer wunderbar erhaltenen mittelalterlichen Stadt, die klein genug ist, zu Fuß erkundet zu werden. Nur 22 km weiter südlich liegt Sloweniens Hauptstadt Ljubljana (Laibach).

Das etwa 280 000 Einwohner zählende Ljubljana ist eine hübsche und kompakte Stadt und sollte bei keiner Fahrt durch Slowenien ausgelassen werden. Um eine Kostprobe zu erhalten, können zuerst das Schloss aus dem 16. Jahrhundert und die Altstadt besichtigt werden. Für Motorräder gibt es spezielle kostenlose Parkplätze, sodass die nur für Fußgänger zugänglichen Kopfsteinpflasterstraßen und Plätze der Stadt bequem erwandert werden können. In Ljubljana verbreitet sich ein junges, lebendiges Lebensgefühl. Barocke Bürgerhäuser, Cafés und Bars an den Ufern der Ljubljanica werden durch zahlreiche kunstvolle Brücken aufgelockert. Die Berühmtesten von ihnen sind die Tromostovje (Drei Brücken) und die Schuhmacher-Brücke. In den ehemaligen Kasernen der jugoslawischen Nationalarmee in Metelkova ist inzwischen ein alternatives Kulturzentrum mit Bars, Clubs und Galerien untergebracht. Hier kann man sich auch in einer umgebauten Militärzelle einquartieren, sollte zuvor aber noch das lebendige Nachtleben dieser sehr geselligen und freundlichen Hauptstadt erlebt haben.

Das UNESCO-Weltkulturerbe Plitvicer Seen ist bekannt für die markanten Farben der Gewässer, die je nach der Menge der zufließenden Mineralien und Organismen sowie der Sonneneinstrahlung von Azurblau bis grün variieren.

Von Ljubljana an die Plitvicer Seen in Kroatien

Die nach Süden zur kroatischen Grenze führende 106 ist zwar belebt, aber man kommt gut voran. Die ersten 60 km bis Kočevje sind zwar flach, aber durch die zahlreichen Dörfer und den dichten Wald nicht langweilig. Die 40 km von Kočevje nach Delnice in Kroatien verlaufen auf einer gut ausgebauten und kurvigen Straße durch hügelige Landschaften, sodass die Grenze des inzwischen ebenfalls zur EU gehörenden Kroatiens mit einem Lächeln überquert werden kann. Ab Delnice ist über die Autobahn 6, besser jedoch über die Nebenstrecken D3 und D42 die südöstlich gelegene Kleinstadt Ogulin erreichbar. Der größte Teil dieser Fahrt geht durch tiefe, dicht bewaldete Täler.

Der in Richtung Bosnien deutlich schlechter werdende Straßenbelag ist auf den letzten Balkankrieg zurückzuführen. Neben leer stehenden und zerschossenen Häusern wurden neue Häuser erbaut, sodass immer eine ergreifende Erinnerung an den erst 1995 beendeten Konflikt wachgehalten wird. Die Gegend ist sehr ländlich; in fast jedem Garten wird Gemüse angebaut und teilweise am Straßenrand verkauft. In der kleinen und gemütlichen Stadt Ogulin finden sich Unterkünfte, und man bekommt einen wunderbaren Ausblick auf den 1182 Meter hohen Klek geboten, auf dem sich bei mitternächtlichen Stürmen Hexen und Feen versammeln sollen. Ab Ogulin sind es noch 70 km in südlicher Richtung auf der D42, bis der Nationalpark Plitvicer Seen erreicht ist.

Von den Plitvicer Seen nach Opatija

Der Nationalpark Plitvicer Seen ist UNESCO-Weltkulturerbe und gehört zurecht zu Kroatiens größten Touristenattraktionen. Die zauberhafte Kulisse und die schieren Ausmaße der durch Wasserfälle verbundenen Seen machen einen Besuch unumgänglich. Auf 295 km² finden sich nicht weniger als 16 Seen, die mithilfe von Bussen und Booten, aber auch über zahlreiche Stege und Holzbrücken erreichbar sind. An den zwei Haupteingängen gibt es Schließfächer für Wertsachen, übernachten kann man in Hotels innerhalb des Parks und in familiengeführten Pensionen in der Umgebung.

Das Dorf Plitvička Jezera wird über die gut ausgebaute D1 ins 60 km südlich gelegene Korenica verlassen, wo auf die D25 gewechselt wird, um nach 80 km bei Karlobag die Küste zu erreichen. Dort geht es auf der D8 über 130 km in die Großstadt Rijeka. Die im Süden bis Split führende Küstenstraße ist im Sommer stark von Touristen frequentiert, doch in der Nebensaison ist man auf ihr fast allein unterwegs. Diese Sektion folgt der Kvarner-Bucht und umarmt die Küste und die Klippen des geschützten Velebit-Massivs. Die Straße ist überwiegend gut asphaltiert und schlängelt sich immer wieder um kleine Buchten und an zwischen den Felsen eingeklemmten Fischerdörfern entlang. Vorsicht ist geboten, wenn die Bura (oder Bora) angekündigt ist.

Roadbook: Berge und Küsten des Balkans

Route: Startpunkt ist das Sočar-Tal in den Julischen Alpen, von wo es über Ljubljana nach Kroatien geht. Dort stehen der Nationalpark Plitvicer Seen und die Küste bei Karlobag auf der Liste. An der Küste entlang geht es nach Opatija und zurück nach Slowenien zu den Höhlen von Škocjan und ins Vipava-Tal.

Tipps:
• An den Plitvicer Seen kann man die Motorradausrüstung in Schließfächer packen und so die miteinander verbundenen Seen besser erwandern.
• Die weltberühmten Höhlen von Škocjan sind auf jeden Fall einen Abstecher wert. Zusammen mit dem unterirdisch verlaufenden Fluss Reka bilden die etwa 300 m unter dem Karstboden liegenden Höhlensysteme die größte Unterwasserlandschaft Europas.
• Sowohl in Slowenien wie auch Kroatien gibt es zahllose preiswerte familiengeführte Unterkünfte.

Beste Reisezeit: Mai bis Oktober

Gesamtdistanz: 850 km

Einzuplanende Zeit: 3 bis 5 Tage

GPS-Startpunkt: Cividale de Fruili 46.096448, 13.429585

GPS-Ziel: Ajdovščina 45.887021, 13.909979

Dieser unberechenbare böige Fallwind entsteht hinter den Bergen und entweicht durch die Täler in Richtung Meer, wo er so stark ist, dass die Straße oft für Wohnmobile und Motorräder gesperrt wird. Bevor die Bora einsetzt, bilden sich auf den Gipfeln des Velebit-Massivs verräterische Wolkenkappen. Der Wind reinigt die Atmosphäre, sodass das Wetter anschließend sonnig und klar ist. An schönen Tagen hat man von der Küstenstraße fast ständig schöne Ausblicke auf die wilden und kargen Inseln vor der Küste, darunter Pag, Rab und Krk. Entlang der Küste gelegene Fährhäfen bringen Fahrzeuge auf die Inseln.

Ab Rijeka folgt man der Straße weitere 14 km in westliche Richtung zum wunderbaren Seebad Opatija. Der einst zur österreichischen Riviera gehörende Ort gilt mit seinem milden Klima als einer der ältesten Fremdenverkehrsorte Kroatiens. An einer zwölf Kilometer langen Promenade lösen sich Paläste und Villen ab, von denen viele in Luxushotels umgewandelt wurden (falls das Reisebudget begrenzt ist, bieten sich auch zahlreiche andere Unterkünfte an). Opatija liegt am oberen rechten Rand der Halbinsel Istrien und ist gut als Basis für Entdeckungsreisen in südliche und westliche Richtungen geeignet. Mit Glück findet man einen erschwinglichen Palast für ein paar Nächte und kann das römische Amphitheater in Pula oder verschlafene Bergstädte im Inneren Istriens besichtigen.

Von Opatija ins Vipava-Tal in Slowenien

Ab Opatija führt die D8 über 22 km nach Norden zur slowenischen Grenze, wo der Straßenbelag wieder besser wird. Hier folgt man der E61/7 bis Kozina und fährt dann gemächlich auf der schön geschwungenen 409 zu den herrlichen Höhlen von Škocjan im Unterkrainer Karstgebiet. Die Höhlen von Škocjan gehören zu den bekanntesten Naturdenkmälern Sloweniens und wurden von der UNESCO in die Liste des Weltkultur- und Naturerbes der Menschheit

aufgenommen. Die geführte Wanderung durch das fast sechs Kilometer lange Höhlensystem sollte man sich nicht entgehen lassen. Die Höhlen sind durch ein Netzwerk aus Brücken, Durchgängen und eine herrliche 1,4 km lange unterirdische Schlucht miteinander verbunden.

Wieder an der Erdoberfläche angekommen geht es einige Kilometer in nordwestlicher Richtung durch das fruchtbare Vipava-Tal, das zu den drei slowenischen Weinregionen zählt und bereits vor 2000 Jahren von den Römern entsprechend kultiviert wurde. Mit dieser langen Erfahrung verwundert es nicht, dass besonders der slowenische Weißwein einen hervorragenden Ruf genießt. Die Weinkelterei ist in den kleinen Dörfern des Vipavatals ein wichtiger Erwerbszweig und wer sich dafür interessiert, holt sich im Tourismusbüro des Städtchens Ajdovščina weitere Informationen. An der Vipava-Weinstraße sind zu besichtigende Weingüter durch braune Schilder markiert, und in den zumeist familiengeführten Betrieben darf gern probiert werden. Für Motorradfahrer ist das wunderbare Tal wirklich gut zu befahren, während sich die geschwungene Straße durch die Weinberge und den Duft reifer Trauben in Richtung italienischer Grenze windet.

Herrschaftliche Villen, Palmenhaine und jahrhundertealte Hotels säumen das steile bewaldete Ufer der Opatija-Riviera in der Kvarner Bucht. Opatija liegt am nordöstlichen Rand der Halbinsel Istrien und am Fuße des Učka-Gebirges und ist durch seine geschützte Lage mit einem milden Klima gesegnet.

Tschechien, Polen, Slowakei und Ungarn

Mitteleuropa-Odyssee

1300 km

Auch diese Reise führt zwar durch Mitteleuropa, doch diese spezielle Region war lange Zeit für viele potenzielle Besucher unzugänglich. Erst als sich 1989 Polen, die Tschechoslowakei und Ungarn aus dem Einfluss der Sowjetunion befreiten, konnte jedes Land sich wieder auf seine eigene Geschichte, Religion und Kultur besinnen. Ein kurzer Spaziergang durch die Altstädte der historischen Metropolen Prag, Krakau und Budapest nimmt einen mit auf die Reise durch Jahrhunderte dauernde turbulente Geschichte. Prächtige Burgen und elegante Schlösser finden sich überall, allein in Tschechien sind 200 Gebäude öffentlich zugänglich. Der perfekte Gegensatz zu diesen mittelalterlichen Städten ist eine Fahrt in die zerklüfteten Karpaten, die sich in einem über 1500 km langen Bogen von Tschechien bis nach Rumänien ziehen. Den höchsten Bereich dieser östlichen Verlängerung der Alpen bildet die Hohe Tatra im polnisch-slowakischen Grenzgebiet. Die höchste Erhebung hier ist der 2655 Meter hohe Gerlachovský štít (Gerlsdorfer Spitze) in der Slowakei. Obwohl die Karpaten wesentlich kleiner sind als die Alpen, macht ihre Abgelegenheit sie zu einer wunderbaren Region, die ohne störenden Massentourismus erkundet werden kann.

Historische Städte und Naturwunder

Im Allgemeinen entsprechen die Straßen Mittel- und Osteuropas nicht dem westeuropäischen Standard, aber große Investitionen in die Infrastruktur sollen diesen Zustand bald beenden. Besonders polnische Straßen sind mit ihrer gefährlichen Kombination aus tiefen Schlaglöchern und zu allem entschlossenen Lkw-Fahrern nichts für schwache Nerven. Verkehrsregeln werden ziemlich locker interpretiert, und auf belebteren Straßen scheint oft nur das Recht des Stärkeren zu gelten. Abstecher über Nebenstraßen führen jedoch rasch in ländliche Gegenden und eröffnen die Möglichkeit, Menschen kennenzulernen. Nachtfahrten sollten besonders auf dem Lande besser gemieden werden. Benzin ist überall erhältlich.

Der beste Zeitrahmen zum Bereisen Mitteleuropas ist von Mitte Mai bis Anfang Oktober. Die bei Touristen beliebten Städte Prag, Krakau und Budapest sind das ganze Jahr über belebt, und ihre mittelalterlichen Gassen lassen sich besser zu Fuß erkunden, also möglichst ein Hotel mit sicherem Parkplatz suchen. Diese Route verbindet einige der großartigsten Städte Europas mit einer Fahrt in die Tatra und soll nur ein Vorgeschmack darauf sein, einen Teil Europas zu entdecken, der einst versteckt hinter dem Eisernen Vorhang lag. Jetzt werden Motorradfahrer dazu eingeladen, die Kombination aus historischen Reisezielen und einem Straßennetz zu entdecken, das durch unberührte Nationalparks und uralte Waldgebiete führt.

Tschechische Republik

Die Reise beginnt in der »Goldenen Stadt« Prag, deren Altstädter Ring seit Jahrhunderten als Marktplatz existiert und von verzierten Häusern und grandiosen Palästen umgeben ist. Die das Stadtbild dominierende Prager Burg aus dem 9. Jahrhundert gilt als größte geschlossene Burganlage der Welt und ist seit Jahrhunderten Sitz der tschechischen Herrscher, heute ist sie Residenz des Präsidenten. Die berühmte astronomische Aposteluhr im gotischen Turm des Altstädter Rathauses zeigt seit 1410 nicht nur die Zeit, sondern auch die Positionen der Sonne, des Mondes und der Tierkreiszeichen an. Zu jeder vollen Stunde erscheinen in einem Fenster der Uhr die zwölf Apostel in einer mechanischen Prozession. Die 516 Meter lange Karlsbrücke verbindet seit dem Mittelalter beide Ufer der Moldau (siehe Bild rechts). Seit der Erfindung des Pilsner Bieres im Jahre 1842 hat sich Tschechien einen guten Ruf als Biernation erworben. Wo könnte man dies besser ausprobieren als auf den gepflasterten Straßen der Altstadt, in deren engen Gassen und Bars man sich rasch verlaufen kann. Ob in Tschechien wirklich »das beste Bier Europas« produziert wird, sollte spätestens am nächsten Morgen entschieden sein.

Aus Prag heraus führt die E65 über 90 km in nordöstliche Richtung nach Turnov im sogenannten Bömischen Paradies (Český ráj), einer aus gewaltigen Sandsteinen und tiefen Schluchten bestehenden Mittelgebirgslandschaft. Obwohl die Distanzen kurz sind, eignet sich die Gegend hervorragend für einige landschaftlich wirklich schöne Ausflüge. So lässt sich beispielsweise eine 25 km lange Schleife über die »Felsenstadt« Hrubá Skála und die Ruinen der Burg Trosky nach Jičín genießen. Die Prachovské skály (*Prachauer Felsen*) liegen außerhalb von Jičín und bieten einen guten Übernachtungsstopp. Von Jičín geht es auf der 16 und ab Trutnov auf der 14, dann der 301 und der 30110 weitere 75 km nach Osten zum Dorf Adršpach-Teplice, dem wohl beeindruckendsten auf Felsen errichteten Dorf nahe der polnischen Grenze. Polen ist wieder über Trutnov und die 16 erreichbar – oder aber über den weiter westlich gelegenen Wintersportort Harrachov, in dem

Die Karlsbrücke erstreckt sich im Zentrum von Prag über die Moldau und verbindet die beiden Teile der pulsierenden Stadt. In Auftrag gegeben durch König Karl IV. wurde 1357 der Grundstein gelegt. Zwischen 1600 und 1800 wurden 30 Heiligenstatuen errichtet, inzwischen stehen zwischen den Türmen beider Seiten über 75 Statuen.

Außergewöhnliche Formationen aus Sandsteinfelsen dominieren den bereits 1933 gegründeten Naturpark Prachovské skály, der 2002 in das Landschaftsschutzgebiet Český ráj aufgenommen wurde. Der Park liegt nicht weit von der Stadt Jičín entfernt, Kraftfahrzeuge dürfen den Eingang nicht passieren (unten).

sich sowohl eine der ältesten Glashütten Europas befindet, das aber auch eine gute Basis für Ausflüge ins Riesengebirge ist, wo die höchsten Berge Tschechiens zu finden sind, und das eine natürliche Grenze zum Südwesten Polens darstellt. Hier gibt es von der Kleinstadt Pec pod Sněžkou aus zahllose Wanderwege sowie einen schwierigen Anstieg (oder eine leichte Seilbahnfahrt) auf den mit 1602 Metern höchsten Berg Tschechiens, die Schneekoppe.

Polen

Ab Jelenia Góra, knapp 30 km von Harrachov entfernt in Polen liegend, sind es etwas mehr als 100 Kilometer nach Wrocław (Breslau), Polens viertgrößter Stadt (etwa 630 000 Einwohner) und Hauptstadt der Region Niederschlesien. Die attraktive Stadt liegt an der Oder, die hier stark mäandert, ein Dutzend Inseln bildet und von über 100 Brücken überspannt wird. Breslau hat im Laufe der Geschichte mehrmals den Besitzer gewechselt, und deren unterschiedliche Einflüsse haben der Stadt einen besonderen Charakter gegeben. Die meistbesuchte Attraktion der Stadt ist das Panorama von Racławice, ein 15 x 114 Meter messendes Gemälde aus dem späten 19. Jahrhundert, das den Sieg der polnischen über die russische Armee im Jahre 1794 darstellt. Das ursprünglich in Lemberg ausgestellte Rundbild führt den Besucher mit einer kreativen Beleuchtung durch die Schlacht. Der schöne Marktplatz

inmitten der Stadt überzeugt durch großartige Architektur und gute Restaurants. Die große Universität sorgt u.a. dafür, dass in der Stadt ein lebhaftes Nachtleben stattfindet.

Von Breslau geht es über die A4/E40 ins 270 km entfernte Kraków (Krakau), der wahrscheinlich meistbesuchten Stadt Polens. Biegt man in Mysłowice auf die DW934 ab und fährt etwa 20 km nach Süden, kann man das ehemalige Konzentrationslager Auschwitz besichtigen, in dem sich heute ein Museum und ein Erinnerungszentrum befinden. Während des Zweiten Weltkriegs wurden zahlreiche Juden aus der größten jüdischen Gemeinde Polens in Krakau und dem gesamten Land hierher deportiert und ermordet.

Das majestätische Krakau war ein halbes Jahrtausend polnischer Königssitz und die Straßen protzen entsprechend mit historischer Architektur und Herrlichkeit. Wie in Prag und Breslau sollten die verwinkelten Gassen die Altstadt und der beliebte Marktplatz zu Fuß erkundet werden. Der Wawel und die Kathedrale waren jahrhundertelang die Zentren der Macht, in deren Mauern Polens Könige gekrönt und beerdigt wurden. Die Bars, Restaurants und Clubs der Stadt sind auf den großen Touristenstrom gut vorbereitet, und diese Weltoffenheit ist ein Highlight jeder Polenreise.

Südlich der unterhalb von Krakau verlaufenden Autobahn 4 liegt das zum UNESCO-Weltkulturerbe gehörende Salzbergwerk Wieliczka,

Die polnische Seite des Riesengebirges bildet einen Teil des Sudeten-Gebirgszuges. Über den Hauptkamm verläuft die Grenze zu Tschechien und teilt die Regionen in Schlesien (Polen) und Böhmen (Tschechien) auf.

das auf keiner Reise in die Hohe Tatra ausgelassen werden sollte. Salz war einst wertvoll wie Gold, und nach einer alten polnischen Tradition werden Gäste mit Salz und Brot willkommen geheißen. Seit Mitte des 13. Jahrhunderts wurden über 280 km Stollen gegraben, in denen heute eine unterirdische Konzerthalle, ein Bergwerksmuseum und mehrere Kapellen untergebracht sind – eine wundersame kleine Stadt inklusive Poststation und Kneipen. Viele Kammern sind mit verzierten Salzskulpturen und riesigen Kronleuchtern aus Salzkristallen bestückt. In der Mine kann man problemlos über mehrere Kilometer wandern, sodass zumindest bequemes Schuhwerk oder sogar eine Übernachtung in der einzigartigen Untergrund-Unterkunft angebracht sind.

Die polnische Tatra

Ab Wieliczka (Groß Salze) führt die Fernstraße E77 in südlicher Richtung nach Zakopane, dem Zentrum der polnischen Tatra. Die 110 Kilometer führen einen durch das hübsche Myślenice und nach Rabka, einem Kurort, der in einem Tal an den Nordhängen der Gorce-Berge liegt, und in dem für die letzten 45 Kilometer auf die DK47 gewechselt wird. Diese interessante Stadt liegt zwischen hohen Bergwiesen, bewaldeten Hängen und schroffen Gipfeln. Es ist ein beliebtes Touristenzentrum, da hier der perfekte Eingang zum polnischen Tatra-Nationalpark und dem Nationalpark Pieninien liegt. Die Berge der Tatra bilden die natürliche Grenze zwischen Polen und der Slowakei und gehören zu den höchsten der gesamten Karpaten. Es kann nicht schaden, sich in der Gegend für einige Tage einzuquartieren und Fahrten auf den Bergstraßen rund um Zakopane zu genießen. Die Südgrenze des ländlichen Polens ist mit dichten Wäldern und schroffen Bergen gesäumt. Hier kann man die traditionelle Seite Polens entdecken, das sich hier ganz anders als in den zuvor besuchten geschäftigen Städten anfühlt.

Im Mai 2013 fand in Breslau das Treffen aller europäischen Harley-Davidson-Clubs statt und zog einige Zehntausend Teilnehmer an.

Die Straße zum polnischen Tatra-Nationalpark, der bereits 1954 gegründet wurde und 212 km² umfasst. Im Welt-Biosphärenreservat sind Felsen, schroffe Gipfel und zahlreiche Gletscherseen zu besichtigen (rechte Seite).

Die slowakische Tatra

Von Zakopane geht es auf der DK47 zurück nach Porodin, um auf der 961 in östlicher Richtung ins hoch gelegene Bukowina Tatrzańska zu fahren. Die Straße steigt weiter an, bis sie bei Lysa Polana die Grenze zur Slowakei erreicht. Von hier führt die Staatsstraße 67 durch hübsche Täler und Dörfer weiter nach Osten in die weite Belianske-Region der Tatra. Direkt hinter dem kleinen Örtchen Tatranská Kotlina geht es rechts auf die 537 Richtung Starý Smokovec, der wichtigsten Siedlung dieser Region. Die Straße führt durch ein Waldgebiet, das 2004 bei einem Sturm stark gelitten hat, dafür aber einen guten Ausblick auf den 2634 Meter hohen Lomnický štít ermöglicht.

Von Starý Smokovec ist es nur eine kurze Fahrt auf der 534 nach Poprad, dem Eingangstor zur slowakischen Tatra. Eine gut 65 Kilometer lange Schleife von Poprad über die Nationalstraße 18 führt durch hügelige Landschaft zur von Mauern umgebenen mittelalterlichen Stadt Levoča. Von hier geht es über die 553 durch ein enges Tal nach Süden und dann auf der 536 nach Westen zum in einem weiten Tal liegenden Dörfchen Čingov, das den Eingang zum Nationalpark »Slowakisches Paradies« (Slovenský raj) bildet. Nach Poprad zurück führt dann ab Spišský Štvrtok die Nationalstraße 18.

Um von Poprad in die westliche Tatra zu gelangen, wird die Stadt über die 18 und durch das Tal der Váh in Richtung der hübschen Stadt Liptovský Mikuláš und der Industriestadt Ružomberok verlassen. Die Straße folgt dem Váh-Tal bis zur historischen Stadt Martin und führt dann in eine schmale Schlucht. Auf Strečno mit seinem hoch über der Váh liegenden Schloss aus dem 14. Jahrhundert gibt es einen wunderbaren Blick von der Befestigungsmauer herab. Falls die kleine Seilfähre über die Váh gerade fährt, kann man sich hiermit eine Fahrt durch die Stadt Žilina ersparen. Wenn man die Fähre in Nezbudská Lúčka verlässt, geht es über Varín auf der 583 nach Nordosten zur Gemeinde Terchová, die den Eingang zum Malá Fatra Nationalpark bildet – einer atemberaubenden Landschaft aus Schluchten, Wasserfällen und Felsspitzen. Nachdem man die Ruhe dieser Landschaft hinter sich gelassen hat, geht es weiter auf der 583 nach Osten, bis die Straße auf die Nationalstraße 70 trifft, die zusammen mit der 18 zurück nach Ružomberok und zur ungarischen Grenze führt. Bis nach Budapest sind es 230 km.

Roadbook: Mitteleuropa-Odyssee

Route: Startpunkt ist die tschechische Hauptstadt Prag. Von hier geht es über das Riesengebirge nach Polen, wo Breslau und Krakau besichtigt werden. Anschließend führt die Strecke über die Tatra in die Slowakei und zum Schluss in die ungarische Hauptstadt Budapest.

Tipps:
- Die Altstädte der mitteleuropäischen Metropolen lassen sich am besten zu Fuß erkunden.
- Zwischendurch kann die MotoGP-Rennstrecke im tschechischen Brno (Brünn) besichtigt werden.
- Falls die Tour gegen Ende des Jahres stattfindet, ist das im Oktober stattfindende Pálinka- und Wurstfest in Budapest einen Besuch wert.
- Besonders im ländlichen Polen sind viele Straßen in einem schlechten Zustand.

Beste Reisezeit: Juni bis September

Gesamtdistanz: 1300 km

Einzuplanende Zeit: 5 bis 7 Tage

GPS-Startpunkt: Prag 50.07543, 14.43655

GPS-Ziel: Budapest 47.498242, 19.040337

Budapest

Die zauberhafte Hauptstadt Ungarns liegt an der Donau und entstand erst 1873 aus dem Zusammenschluss der Städte Buda und Pest. Schön verzierte Brücken verbinden die beiden Stadthälften. Zunächst geht es am Westufer ins hügelige Buda und seine Altstadt sowie zur Burg mit ihren geheimen unterirdischen Bunkern. Die nachgeahmte Befestigung an der Fischerbastei, einer neogotischen Terrasse aus dem späten 19. Jahrhundert, bietet einen hervorragenden Ausblick auf die Stadt. Nun wechselt man über die kunstvolle Kettenbrücke (die älteste Brücke der Stadt) zum Ostufer nach Pest, um das ehemalige Hauptquartier der Geheimpolizei und das Museum für Technik und Verkehr zu besichtigen.

Budapest ist berühmt für seine Kurbäder. Ein Besuch in einer der zahlreichen Thermalquellen lohnt sich – wo kann man besser das Ende einer Reise genießen als im schönen im Jugendstil erbauten Gellért-Bad oder dem Széchenyi-Heilbad, das mit seinen 16 Becken, einem Outdoor-Wlrlpool, Dampfbädern und Kaltwasserbecken als größtes Bad Europas gilt. Nachdem hier die Schmerzen der Straße verschwunden sind, geht es in die »Ruinengärten«, die mit Bars und Restaurants bestückt und bis in die Nacht belebt sind.

Die Széchenyi-Kettenbrücke verbindet seit 1849 die damals noch selbstständigen Städte Buda und Pest über die Donau. Vor ihrem Bau war eine Überquerung des Stroms nur per Fähre oder bei starkem Frost auf dem Eis möglich (oben).

Der 226 km² große Malá Fatra-Nationalpark in den slowakischen Westkarpaten ist die Heimat von Wölfen, Luchsen und Bären.

Türkei

Türkischer Honig

2000 km

Die große und kulturell sehr vielfältige Türkei liegt am äußersten Rand Europas und verbindet die Kontinente Europa und Asien. Über Jahrhunderte haben hier viele Armeen und Religionen um Einfluss gekämpft. Diese Einflüsse zeigen sich heute in der einzigartigen Kultur und Küche des Landes – und in einer von antiken Monumenten dominierten Landschaft. In der Türkei sind einige der ältesten Siedlungen der Menschheit zu besichtigen und für viele Motorradfahrer fühlt sich ein Besuch wie eine Reise durch ein Freilichtmuseum an. Allein die Größe des Landes bietet sich für endlose Motorradtouren an. An den türkischen Küsten brechen sich die Wellen des Marmarameers, des Schwarzen Meeres, der Ägäis und des Mittelmeers. Man kann an der Küste entlang fahren und moderne Ferien-Resorts besuchen oder im Landesinneren traditionelle Dörfer und den abgelegenen Osten des Landes erkunden. Die Türkei ist ein sehr sicheres Land und die Gastfreundschaft und Herzlichkeit der Menschen macht Fahrten durch die Türkei zu einer sehr angenehmen und lohnenswerten Erfahrung.

Entlang der Küste

Wenn man sich einmal an die individuelle Auslegung von Verkehrsregeln gewöhnt hat, macht das Fahren viel Spaß und man merkt, dass Motorräder in der Türkei immer willkommen sind. Um durch das Chaos in den Städten zu kommen, sind eine laute Hupe und gute Nerven nötig, doch auf dem freien Land teilt man sich die Straße freundschaftlich mit Bauern und ihren Herden oder der fünfköpfigen Familie auf einem Moped. Fahrten bei Nacht sollten besser vermieden werden, da viele Verkehrsteilnehmer ohne Licht unterwegs sind. Der Zustand der Straßen ist meist gut, zwischen größeren Städten gibt es moderne Autobahnen und Schnellstraßen.

Wer sich die Zeit nimmt, die Hauptverkehrsadern zu umfahren und Nebenstrecken nutzt, wird durch Wälder und verschlafene Dörfer geführt. Die dabei »verloren« gehenden Stunden werden mit einer wirklich genussreiche Fahrt und der Möglichkeit, neue Freunde kennenzulernen, mehr als ausgeglichen. Die türkische Gastfreundlichkeit wird die Fahrt bereichern und das Verständnis für das Land und seine Menschen vertiefen. Ein kurzer Stopp, um nach dem Weg zu fragen, endet nicht selten mit einer Einladung zum Essen oder der Unterstützung bei der Suche nach einer Unterkunft. In jedem Dorf gibt es ein Teehaus (*Cay*), wo die Männer sich zum Diskutieren oder Backgammon treffen – und man gern zum Tee eingeladen wird. An fast jeder Tankstelle bekommt man neben Benzin im benachbarten Lokal (*Lokante*) auch preiswertes und leckeres Essen. Man ist fast immer willkommen und es wird nirgends stressig, sodass man die Gelegenheit nutzen sollte, eine Stunde auszuruhen und die Köstlichkeiten der türkischen Küche kennenzulernen.

Unterkunftsmöglichkeiten gibt es von familiengeführten Pensionen bis zum Luxushotel in allen Preisklassen. Wann immer möglich sollte man ein *Hamam* (türkisches Bad) besuchen. Besser kann man sich nach einer heißen, staubigen Fahrt kaum entspannen. Solange nicht nur eine kurze Fahrt entlang der Küste geplant ist, können die Wetterbedingungen je nach Route sehr unterschiedlich sein, sodass man immer auf alle Eventualitäten vorbereitet sein sollte. Egal, ob man die Türkei von Osten oder Westen bereist und welche Route man wählt, bald wird man feststellen, dass dieses fabelhafte Land für Motorradfahrer einfach perfekt ist.

Gelibolu und die Ägäis

Wer von Griechenland oder Bulgarien aus einreist, muss durch die durch das Marmarameer vom Hauptgebiet der Türkei (Anatolien) getrennte Region Thrakien reisen. Das ist eine angenehme und entspannte Fahrt durch sanfte Hügel und Weingebiete. Die Landschaft wird von Besuchern oft übersehen, sodass man die gemütliche Fahrt einfach genießen sollte. Die wilde und schöne Halbinsel bei Gelibolu ist über die Nationalstraße D550 erreichbar. Friedhöfe und Schlachtfelder auf der gesamten Halbinsel erinnern daran, dass hier eine der erbittertsten Schlachten des Ersten Weltkriegs stattfand, die mit einer tragischen Niederlage der Alliierten endete. In Kabatepe gibt es ein Museum mit Fundstücken, die noch heute von Bauern ausgegraben werden. Nachdem eventuell in dieser Gegend einige Tage verbracht wurden, geht es ab Eceabat mit der Fähre über die Dardanellen nach Çanakkale. Die Überreste der antiken Stadt Troja liegen etwa 15 km südlich von

Straßen in den türkischen Bergen winden sich oft durch traditionelle Dörfer, und holperige Pfade zweigen von ihnen ab. Oft muss man sich die Straße mit Viehherden und hoffnungslos überladenen Mopeds teilen.

Çanakkale und sind über eine schöne Waldstraße erreichbar. Bis zu den Ausgrabungen durch Heinrich Schliemann in den 1870er-Jahren war die Geschichte über die Stadt für eine Legende gehalten worden. Und obwohl hier im Vergleich zu anderen historischen Sehenswürdigkeiten der Region wenig zu sehen ist, erzeugt die bekannte Geschichte von der Entführung Helenas und dem Trick der Griechen mit dem hölzernen Pferd eine gewisse Atmosphäre. Wer an der ägäischen Küste nach Süden reist, sollte diesen kurzen Abstecher keinesfalls auslassen.

Von Troja führt eine kleinere Küstenstraße zum malerischen und lebhaften Hafenstädtchen Assos auf dem legendären Berg Ida. Vom Hügel genießt man einen atemberaubenden Blick über die Ägäis. Weiter nach Süden ist über die D550 die berühmte Akropolis von Pergamon nahe dem heutigen Bergama erreichbar, und schließlich führt die Straße nach Izmir, wo Fähren aus Griechenland und Italien ankommen.

Wer nicht in Eile ist und die Hauptstraßen verlassen kann, sollte den industriellen Großraum Izmir meiden und auf unmarkierten Nebenstraßen durch ruhiges Hinterland fahren. Die Straßen können etwas holprig und schlecht ausgeschildert sein, doch gerade dadurch kann sich die Landschaft gut vor einem entfalten. Wer sich verfährt, hält einfach an und fragt sich nach Selçuk durch, das ein guter Ausgangspunkt für einen Besuch der antiken Stadt Ephesus ist.

Wer in der Türkei nur einen wichtigen historischen Ort besuchen möchte, ist mit Ephesus gut bedient. Dies war die Hauptstadt der römischen Provinz Kleinasien und eine der schönsten Städte der römischen Antike. Der Ausgrabungsort ist eine riesige Baustelle, und man kann mit Wanderungen zwischen den Tempeln, Theatern und Badehäusern leicht ein paar Stunden verbringen. Es lohnt sich allerdings, den Besuch auf den Nachmittag zu verschieben, wenn die Reisebusse wieder abgefahren sind und der Staub sich gelegt hat. Zurück auf der Straße ist die kurze Fahrt nach Kusadasi ein aufregendes Unternehmen, das mit einem fantastischen Blick auf die Ägäis belohnt wird. Von hier geht es in gemütlicher Fahrt auf der D525 nach Süden, um in Bodrum haltzumachen. Die Straße führt am Bafa-See vorbei – ein großartiger Platz für eine Pause. Bodrum ist als attraktiver Ferienort sehr geschäftig, bietet daher eine gute Auswahl an Restaurants und Hotels. Seine oberhalb des alten Hafens liegende Kreuzritterburg beherbergt ein Museum für Unterwasserarchäologie und zeigt fabelhafte versunkene Schätze aus den nahen Gewässern der Ägäis und des Mittelmeeres.

Das Mittelmeer und die Türkische Riviera

Ab Bodrum führt die Strecke in südöstlicher Richtung an der spektakulären Mittelmeerküste entlang, die auch als »Türkische Riviera« oder »Türkisküste« bekannt ist. Über den Buchten und Inseln sind die Wälder des Taurusgebirges zu sehen. Die Fahrstrecken sind gering, da es immer wieder Orte zum Verweilen gibt. Auf der hervorragend ausgebauten D400 sind von Marmaris nach Antalya etwa 400 km in sechs Stunden zu fahren, falls es Nonstop gehen soll. Wer mehr Zeit hat, kann öfter anhalten, Abstecher unternehmen oder ein paar Tage am Meer entspannen. Wer längere Zeit im Inland unterwegs war, wird die in den malerischen Buchten wehende Brise und die lebhaften Küstenstädte genießen. Der Spaß mit dem Motorrad beginnt, wenn man die kleinen kurvigen Bergstraßen fährt, auf denen ansonsten nur noch ein paar Kinder mit ihren Ziegen unterwegs sind. In den bewaldeten Bergen wird die Luft kühler und an den obligatorischen Teehäusern der Dörfer kann man gutes Essen und die Gastfreundschaft der Bevölkerung genießen.

Etwa drei Stunden auf der Küstenstraße von Bodrum entfernt liegt der kleine Ferienort Göcek, in der vor allem der Yachtbau und Bootsausflüge florieren. Auf dem Weg nach Göcek kann in Dalyan anhalten werden, um sich die 3000 Jahre alten in den Fels

In der Nähe des 85 km östlich von Marmaris gelegenen Dalyan sind vor 2500 Jahren Felsengräber in den Berg gemeißelt worden. Die nahe gelegenen Überreste eines Theaters, eine Akropolis und Bäder waren Teil der antiken Handelsstadt Kaunos.

Es ist leicht, die belebte Küste hinter sich zu lassen und staubigen Pisten zu versteckten Seen zu folgen (linke Seite).

geschnittenen Gräber anzusehen, zudem gibt es einen schönen Strand, an dem Meeresschildkröten zwischen Mai und Oktober ihre Eier ablegen. Nach einer 40-minütigen Fahrt entlang der Küste erreicht man Fethiye, und nach weiteren 90 Minuten kommt man nach Kaş.

Beides sind beliebte Urlaubsorte, wo Aktivitäten wie Kajakfahren, Canyoning, Rafting, Trekking und Gleitschirmfliegen angeboten werden. Direkt hinter Kaş kann man das Motorrad in Üçağiz abstellen und eine Bootsfahrt zu den teilweise versunkenen Ruinen der antiken Stadt Simena unternehmen. Zurück auf der Straße geht es an der Küste entlang Richtung Antalya, doch zwischendurch lädt auch die antike Stadt Olympos zum Verweilen ein. Wer die mythischen Flammen der Chimaera sehen will, muss abends kommen – auch wenn es sich hierbei lediglich um austretendes Erdgas handelt. Zur antiken Stätte Phaselis, die direkt am Meer um zwei Buchten herum gebaut wurde und in der Alexander der Große vor der Eroberung des Ostens den Winter des Jahres 334 v. Chr. verbrachte, sind es nur wenige Kilometer Umweg.

Von Antalya nach Anatolien über die türkischen Seen

Eingerahmt von Bergen liegt im Westen auf einem Plateau über einer riesigen Bucht die Stadt Antalya. Lohnenswert ist ein Besuch im alten von Stadtmauern umgebenen Kaleici mit seinen kurvigen Straßen, restaurierten Hotels und dem Zugang zum alten Hafen. Ab Antalya geht es auf der D685 Richtung Isparta und dann nach Eğirdir, das zwischen dem Taurusgebirge und dem gleichnamigen See liegt, der als zweitgrößter See der Türkei gilt. Ein etwas über 1000 Meter langer Damm verbindet die kleine Insel Yeşilada mit dem Festland. Auf Yeşilada kann man Quartier beziehen und von hier aus Touren an die türkischen Seen unternehmen.

Der Konyaalti-Strand westlich von Antalya ist vor allem bei Einheimischen beliebt. Zahlreiche Bars und Cafés bieten Erfrischungen an. Wer sich etwas entspannen möchte, spaziert am sieben Kilometer langen Strand entlang und wirft einen Blick auf die eindrucksvollen Beydaglari-Berge im Westen.

Die Straßen durch das Taurus-Gebirge bieten Motorradfahrern hervorragende Möglichkeiten. Gelegentlich führt die Strecke an bewaldeten Hängen entlang, wo der Duft von Kiefern und Zedern in der Luft liegt. Die Berge sind reich an Bodenschätzen, darunter Silber, Kupfer, Braunkohle, Zink, Eisen und Arsen (rechte Seite).

Roadbook: Türkischer Honig

Route: Startpunkt ist die Region Thrakien an der Grenze zu Griechenland und Bulgarien. Die Route führt über Gelibolu an die Ägäis und das Mittelmeer, dann geht es nach Kappadokien in Zentralanatolien.

Tipps:
- Lokantas neben Tankstellen bieten hervorragendes Essen zu günstigen Preisen.
- Wer dem Touristenrummel an der Küste entkommen will, muss in die Berge flüchten.
- In belebten Innenstädten sind eine laute Hupe und gute Nerven nützlich.
- Die Aufführung der tanzenden Derwische in Konya sollte man nicht verpassen. Die örtlichen Mevlevis sind Anhänger des Sufismus und führen den wirbelnden Tanz als aktive körperliche Meditation aus.

Beste Reisezeit: Mai bis Oktober (hohe sommerliche Temperaturen!)

Gesamtdistanz: 2000 km

Einzuplanende Zeit: 8 bis 10 Tage

GPS-Startpunkt: Ipsala 40.920258, 26.38298

GPS-Ziel: Nevşehir 38.624113, 34.712505

Ab Eğirdir geht es über die D320 ans Nordufer des Sees und dann herunter zum Beyşehir-See; dabei wird man eine fantastische Fahrt und großartige Ausblicke erleben. Wer den See umrundet, kann irgendwo am Strand eine Pause einlegen oder ein Boot mieten, um zu den Überresten des Inselpalasts von Kubadabad zu gelangen. Ab der Stadt Beyşehir geht es etwa eineinhalb Stunden nach Osten, um Konya zu erreichen, das als spirituelle Heimat der mystischen Sekte der »tanzenden Derwische« gilt. Weit besser konserviert als die Ferienorte am Mittelmeer ist diese Stadt in der gesamten muslimischen Welt berühmt und ein weiteres Antlitz dieses faszinierenden Landes. Wer ein echtes Gefühl für die traditionelle Türkei bekommen möchte, sollte hier eine Übernachtung einplanen.

Die 300 km durch das dünnbesiedelte ländliche Flachland der Zentraltürkei sind rasch bewältigt. Dabei kommt man am Tuz-See vorbei auf das zerklüftete anatolische Plateau und in die Vulkanlandschaft von Kappadokien. Die Stadt Nevşehir ist das Eingangstor zu diesem Gebiet, doch besser übernachtet man ein paar Kilometer entfernt in Göreme oder Ürgüp, weil hier ein größeres Angebot an Unterkünften besteht. Einen Höhepunkt des Besuchs kann man in einem Höhlen-Hotel erleben, wo die Räume in Felsformationen geschlagen wurden. Warum nicht ein paar Tage in der Höhle verbringen, das Gepäck abladen und Ausflüge durch eine geheimnisvolle Mondlandschaft unternehmen? So kann man in den umliegenden Tälern ein einzigartiges Gebiet mit ständig wechselnden Farben und Formen auf eigene Faust und mit dem eigenen Tempo erkunden. Es finden sich selsam erodierte Felsformationen und Höhlenkirchen mit alten Fresken. Wer das Motorrad ein paar Stunden abstellt, kann die ins weiche vulkanische Gestein geschnitzten unterirdischen Städte Derinkuyu und Kaymakli besichtigen. Nachdem die Sehenswürdigkeiten besucht sind, packt man sich ein Lunchpaket ein und verabschiedet sich von den Touristenmassen. Nun kann man seiner Nase folgen und sich durch die Täler der Feen-Kamine oder unter Felsnasen entlang treiben lassen, bis ein friedlicher Ort gefunden ist, an dem man sein Picknick und den Sonnenuntergang in dieser wirklich unglaublichen Landschaft genießen kann.

Das zentralanatolische Plateau ist berühmt für seine einzigartige Vulkanregion Kappadokien. Durch natürliche Erosion entstanden hier spektakuläre geologische Formationen, darunter die »Feen-Kamine«, Felsenkirchen, Höhlendörfer und unterirdische Städte. Eine Reise durch diese dramatische Landschaft ist der Höhepunkt jeder Türkei-Reise.

Türkei

Vom Schwarzen Meer zur Seidenstraße

2500 km

Die malerische Stadt Amasra liegt auf einer Halbinsel im Schwarzen Meer und gehört zu den schönsten und beliebtesten Ferienorten der türkischen Schwarzmeerküste. Die als byzantinische Festung ausgebaute Stadt wurde im 13. Jahrhundert von den Genuesen übernommen, um den Handel im Schwarzen Meer zu kontrollieren (rechts).

Istanbuls Bosporus-Brücke bei Nacht. Die 1973 fertiggestellte Hängebrücke überspannt 1560 Meter und bildet eine Verbindung zwischen Europa und Asien. Die Bosporus-Meeresenge verbindet das Marmarameer mit dem Schwarzen Meer (linke Seite).

Die Reise beginnt in Istanbul und führt in östlicher Richtung durch die grünen Hügel der südlichen Schwarzmeerküste, bevor es ins Landesinnere auf eine trockene Hochebene und zu den schneebedeckten Gipfeln im östlichen Anatolien geht. Diese abenteuerliche Fahrt führt in eine touristisch wenig erschlossene Region der Türkei. Wer zuvor an der Ägäis oder dem Mittelmeer gewesen ist, wird eine völlig andere Küste erleben. Das Schwarze Meer grenzt an die sechs Länder Türkei, Bulgarien, Rumänien, Ukraine, Georgien und Russland und seine Häfen sind seit Tausenden von Jahren wichtige Handelsplätze. Dadurch gibt es auch eine umfangreiche Vermischung von Kulturen und Religionen. Die Geschichte von der Arche Noah hat ihren Ursprung ebenso in der Türkei wie die Mythen von den kriegerischen Amazonen. Auch Jason und die Argonauten waren bei ihre Suche nach dem Goldenen Vlies im Schwarzen Meer unterwegs. Die Landschaft ist ein Flickenteppich aus sanftem Hochland, grünen Wäldern, Fischerdörfern und fast menschenleeren Stränden. Etwas weiter von der Küste entfernt gedeihen im milden und üppigen Klima Tee, Tabak und Haselnüsse, um das Einkommen der Menschen in der Schwarzmeerregion aufzubessern.

Ostanatolien macht fast ein Viertel der Türkei aus, ist jedoch nur dünn besiedelt und liegt weit entfernt von den Nachtclubs Istanbuls und den Stränden des Mittelmeers. Es ist eine Region der Hochebenen, der trockenen Bergsteppen und der schneebedeckten Gipfel. Viele Berge sind erlosche Vulkane, darunter befindet sich auch der 5137 Meter hohe Berg Ararat, die höchste Erhebung der Türkei, die als Anlegeort für Noahs Arche gilt. Auf der Reise wird man bröckelnden Zitadellen und Karawansereien begegnen, die auf alte Handelsrouten hinweisen. Wenn man sich alten Städten Anatoliens nähert, bilden hohe Minarette die Skyline. Die Basare begrüßen Händler und Reisende seit vielen Jahrhunderten. Die geheimnisvolle Landschaft ist karg, aber wirklich schön und hinterlässt nachhaltige Erinnerungen an ihre gastfreundlichen Bewohner.

Nach Osten Richtung Asien

Eine Reise von Istanbul an der Schwarzmeerküste entlang wird durch die Straßen und die Menschen, die man unterwegs trifft, etwas ganz besonders. Je nach persönlichem Zeitrahmen können Tagesdistanzen ziemlich lang werden, aber dafür bieten sich ein gutes Fernstraßennetz und hervorragende Nebenstraßen an. Etappen auf der Küstenstraße werden oft unglaublich langsam, da die schmalen Pisten sämtlichen Buchten und Landzugen folgen. Dafür bieten sie aber hervorragende Ausblicke und machen die Fahrt zum Genuss. Das Tankstellennetz mit den zumeist angeschlossenen Lokalen (*Lokantas*) ist ausreichend dicht und Dorfbewohner freuen sich fast immer, den Weg zu weisen. Weil streunende Hunde in Dörfern eine gewisse Gefahr darstellen, sollte vor der Abfahrt über die Montage einer lauten Hupe nachgedacht werden, die dann auch im dichten Stadtverkehr dafür sorgt, dass man sich bemerkbar machen kann.

Wer nicht sein eigenes Motorrad in die Türkei fahren oder transportieren möchte, kann in Istanbul oder Ankara eines mieten oder an einer der zahlreichen angebotenen Gruppenreisen samt gestelltem Motorrad teilnehmen. Besonders in Ostanatolien müssen sämtliche Papiere immer schnell zur Hand sein, da in dieser Grenzregion zu Georgien, Armenien, Iran, Irak und Syrien mit massiver, aber zumeist freundlicher Militärpräsenz gerechnet werden muss. Als positiver Effekt sorgt dies dafür, dass sich die Straßen entlang der wichtigsten Transportrouten in einem vergleichbar guten Zustand befinden. Nachtfahrten sollten generell gemieden werden, aber ein Start früh am Morgen stellt gute Fernsicht in die Berge sicher.

Diese Region sollte nur zwischen Juni und September bereist werden, da am Schwarzen Meer nur ein kurzer Sommer, aber ein regenreicher Winter herrscht, und obwohl die Luft oft noch mild ist, kann es schnell bewölkt und neblig werden. Im äußersten Osten der Türkei wird es durch spätes Tauwetter und einen frühen Winteranfang oft empfindlich kalt. Ostanatolien hat einen langen, kalten und schneereichen Winter und oft kühle Sommer. Tatsächlich sind hier die Tagestemperaturen im Sommer sehr moderat, während es im Rest der

Türkei unerträglich heiß wird. Auch wenn sich die Türkei seit Jahren bemüht, Mitglied der Europäischen Union zu werden, führt die Reise zweifellos in die westlichen Ausläufer der asiatischen Steppe. Wer noch weiter nach Osten reisen will, bekommt hier eine Kostprobe von dem, was ihn dort erwartet.

Istanbul – Tor nach Asien

In der wunderbaren Stadt mit dem geschäftigen Hafen am Bosporus (siehe Foto auf Seite 94) treffen in einem Chaos aus Lärm und Farben Traditionen und moderne Zivilisation aufeinander. Wer als Westeuropäer zum ersten Mal die Stadt besucht, bekommt in den alten Gassen und zwischen den hohen Minaretten oft das Gefühl, wirklich auf dem Weg Richtung Osten zu sein. In den Basaren trifft man auf in Jeans gekleidete Teenager, die ihre Handys umklammern, aber auch auf Frauen in Burkas und alte Männer mit Atatürk-Kappen. Im Straßenverkehr der Stadt ist eine laute Hupe unerlässlich, und der dichte Verkehr ist nervenaufreibend, aber man wird immer jemanden finden, der einem den richtigen Weg weist. Die beste Art, Istanbul kennenzulernen, ist es, das Motorrad am Hotel abzustellen und die Straßen und Basare zu Fuß zu erkunden. Die Skyline Istanbuls ist unvergesslich, und am besten versteht man die Stadt, wenn man am Hafen ein Boot über den Bosporus nimmt. In Istanbul stehen Sehenswürdigkeiten dicht an dicht, darunter die Blaue Moschee, die Hagia Sophia, der Topkapi-Palast, die unterirdischen Zisternen und der Große Basar, unter dessen Dächern seit über 500 Jahren Handel getrieben wird.

Von Istanbul nach Samsun

Istanbul in der Hauptverkehrszeit zu verlassen, ist nichts für schwache Nerven. Wer den Stadtverkehr auf ein Minimum reduzieren will, nimmt als Alternative zur Autobahn die Schnellfähre ab Yenikapi in der Altstadt, um über das Marmarameer nach Yalova zu gelangen. Wenn man hier das Schiff verlässt, gelangt man direkt auf die schöne Bergstraße, die sich über 300 km am Iznik-See entlang Richtung Bolu windet. Diese etwa 50 km vom Schwarzen Meer entfernt liegende Stadt ist berühmt für ihre Küche und ihre landschaftlich reizvolle Lage am Yedigöller Nationalpark, sodass viele Istanbuler hier ihr Wochenende verbringen. Yedigöller bedeutet »sieben Seen«, und diese sind über einen staubigen Waldweg erreichbar. Die relativ kleinen Seen und ihre umgebenden Wälder sind besonders im Herbst atemberaubend. Etwa 150 km nordöstlich von Bolu liegt das gut erhaltene osmanische Städtchen Safranbolu, das zum UNESCO-Weltkulturerbe zählt. An der Karawanenstation auf der wichtigen Ost-West-Handelsroute ließen wohlhabende Kaufmannsfamilien viele der inzwischen restaurierten Herrenhäuser erbauen, die heutigen Reisenden einzigartige Unterkunftsmöglichkeiten bieten. Von Safranbolu geht es auf der D755 über knapp 100 km zum verschlafenen Badeort Amasra an der Schwarzmeerküste. Sobald die Küste erreicht ist, erscheinen die roten Dächer der auf einer Halbinsel erbauten Stadt mit ihren zwei Häfen. Um die Stadt herum sind alte Festungsanlagen angelegt und eine byzantinische Brücke führt zur winzigen Insel Boztepe und ihrer Wachturm-Ruine. In der bezaubernden Stadt ist der Markplatz nachts vom Rauch der Hafenrestaurants eingehüllt, in denen der frisch angelandete Fisch gegrillt wird. Eine schöne, aber langsame Reise über die 325 km lange Küstenstraße D010 führt in die reizvolle Stadt Sinop. Für den Trip sollte ein ganzer Tag eingeplant werden, da die schmale, aber auch verkehrsarme Straße sich um viele Landzungen und Buchten sowie durch schöne Dörfer und an einsamen Stränden entlang windet. Das 75 km von Amasra entfernte Cide und die etwa zehn Kilometer davor gelegene gut geschützte Gideros-Bucht laden mit ihren Strandcafés zu einer Pause ein.

Sinop liegt an der nordöstlichen Spitze einer Halbinsel im Schwarzen Meer. Der Legende nach leitet sich der Name von Sinope, der Königin der Amazonen ab. Sinops wunderschöner und gut geschützter Naturhafen war über Jahrhunderte ein wichtiges Handelszentrum und ein strategischer Stützpunkt. Die wiederholten Eroberungen haben in der Architektur der Stadt ihre Spuren hinterlassen, und hinter deren Mauern finden sich neben Moscheen auch Tempel und Kirchen. Die Kriegsschiffe der Antike sind heute durch Yachten ersetzt worden, und eine Fülle an Hotels und Café laden moderne Eroberer ein, mindestens eine Nacht zu bleiben.

Bei der Fahrt über die Küstenstraße nach Bafra und Samsun fallen die zahlreichen Tabakfelder auf. Nach der Verarbeitung des Tabaks wird dieser über den geschäftigen Hafen von Samsun in alle Welt verschifft.

Von Samsun nach Erzurum

Ab Samsun geht es auf die Fernverkehrsstraße E70, um nach 325 Kilometern in östlicher Richtung im bereits im achten Jahrhundert v. Chr. gegründeten Trabzon einzutreffen, in dessen Hafen dank der zeitweise hier entlangführenden Seidenstraße seit langem ein florierender Handel getrieben wird.

Die Kopfsteinpflasterstraßen der etwas heruntergekommenen Stadt sind nach Schuhmachern und Sattlern benannt, die hier einst ihr Gewerbe ausübten. Einmal die Woche kommt eine Fähre aus dem gegenüberliegenden Sotschi an, und auf dem Basar werden entsprechend viele russische Waren vertrieben. 45 km südlich liegt im Altindere Nationalpark auf 1071 Metern Höhe das im 4. Jahrhundert in den Fels des Zigana-Gebirges gebaute griechisch-orthodoxe Kloster Sumela. Die Fahrt hierher führt durch ein hübsches Tal und der Blick fällt auf das Kloster, das sich dramatisch an die Felswand klammert.

Von Trabzon nach Erzurum, der größten Stadt der Osttürkei, führt entweder die geschäftige E97 oder eine schönere, aber auch längere

Das Kloster Sumela südlich von Trabzon ist auch als Mutter-Maria-Kloster bekannt. Der im vierten Jahrhundert rund 300 Meter oberhalb des Altindere-Tals teilweise in den Fels geschlagene Komplex besteht aus einer Kirche, einer Kapelle, einer Bibliothek mit Studienräumen, Gästezimmern und einer heiligen Quelle.

sich durch das Ikizdere-Tal und am Fuße des Pontischen Gebirges entlang schlängelnde Alternativstrecke. Die D925 quetscht sich ab der Stadt Ikizdere zwischen hohen Gipfeln über den auf 2640 Metern gelegenen Ovi-Dagi-Pass, um sich dann durch eine herrliche Berglandschaft nach Erzurum zu winden. Dieser Umweg führt an eisigen Gebirgsbächen und von steilen Hängen überschatteten Bergdörfern entlang. Wer die Zeit hat, diese Nebenstraßen zu erkunden, wird mit Ausblicken in stille Täler belohnt, deren Urbevölkerung eine völlig andere Lebensweise pflegt als die Einwohner der Westtürkei.

Das auf fast 2000 Metern liegende Erzurum gilt als höchstgelegene Stadt der Türkei und ist für viele ein guter Zwischenstopp auf dem Weg nach Osten. Für Frauen, die in den Iran reisen wollen, bietet sich diese konservative Stadt als perfekter Ort an, sich geeignete Kleidung zuzulegen. Der aus dem 16. Jahrhundert stammende Rüstem-Pascha-Bedestini-Bazar lag jahrhundertelang an den Kamel-Handelsrouten aus Zentralasien und Indien und war in den 1960er-Jahren bei Hippies ein beliebter Treffpunkt. Wer hier einen oder zwei Tage verbringt, wird eine freundliche und angenehme Stadt entdecken, die ihre Gäste willkommen heißt. Erzurums Architektur ist atemberaubend. Die 30 Meter hohen Minarette der Cifte Minareli Medrese und die aus dem 12. Jahrhundert stammende Ulu Cami-Moschee ragen wunderbar vor der Steppe auf, und ein Spaziergang zur ebenfalls aus dem 12. Jahrhundert stammenden Zitadelle und dem benachbarten Uhrenturm Tepsi Minare wird mit einem fantastischen Blick über die Hochebene belohnt.

Von Erzurum nach Doğubeyazıt

Im Osten der Türkei liegt der 3755 km² große Van-See, der größte See der Türkei. Aus dem klaren und bis zu 100 Meter tiefen Wasser ragen zahlreiche kleine Inseln. Im von wunderschönen Bergen umringten See lebt lediglich der İnci kefalı genannte Karpfen – die einzige Fischart, die es geschafft hat, sich an das immer salziger werdende Wasser anzupassen. Der hohe Salzgehalt sorgt auch dafür, dass der auf 1720 m gelegene See trotz der harten Winter nur selten zufriert. Wer von Erzurum nach Tatvan ans Westufer des Sees fahren möchte, hat knapp 300 km auf der D950 und der D955 vor sich. Tatvan liegt am Fuße des Nemrut Dağı, eines 3050 Meter hohen Vulkans, der zum letzten Mal im Jahre 1881 ausgebrochen ist. Eine Asphaltstraße führt bis an den Krater mit gewaltigen 7 km Durchmesser und zwei darin entstandenen Seen, in deren heißen Quellen gebadet werden kann. Van ist die Hauptstadt der Region und liegt am Ostufer des Sees. Während des Sommers ist das Klima am Van-See erstaunlich mild, sodass man hier ein paar Tage verbringen kann, um den See zu umrunden und die Stadt Ahlat und ihre mittelalterlichen Friedhöfe, den Nemrut-Vulkan samt seiner Seen und die per Fähre erreichbare Insel Akdamar mit ihrer armenischen Kirche aus dem 10. Jahrhundert zu besichtigen.

Von der Stadt Van geht es 170 km auf der D975 nach Norden zur Grenzstadt Doğubeyazıt. Die relativ gut ausgebaute Straße führt am Ostufer des Van entlang in die karge Vulkanlandschaft des Grenzgebiets zum Iran. An klaren Tagen ist der Blick zum Berg Ararat unbeschreiblich. 90 km nördlich von Van können die Muradiye-Wasserfälle besichtigt

Roadbook: Vom Schwarzen Meer zur Seidenstraße

Route: Startpunkt ist Istanbul. Die Fahrt führt über Amasra nach Trabzon am Schwarzen Meer entlang. Dann geht es über Erzurum zum Van-See und anschließend zur iranischen Grenze bei Doğubeyazıt.

Tipps:
• In belebten Innenstädten sind eine laute Hupe und guten Nerven hilfreich, die Hupe hilft auch gegen streunende Hunde.
• Fahrten bei Nacht sollten vermieden werden, da viele Verkehrsteilnehmer ohne Licht unterwegs sind.
• Nahe der türkischen Ostgrenzen sollten die Papiere immer griffbereit sein.
• Der İshak-Pascha-Palast bei Doğubeyazıt ist eine Reise wert, da er in der byzantinischen Ära erbaut wurde und sowohl für seine Architektur mit seldschukischen, osmanischen und persischen Einflüssen wie auch für seine Geschichte berühmt ist.

Beste Reisezeit: Juni bis September

Gesamtdistanz: 2500 km

Einzuplanende Zeit: 10 bis 12 Tage

GPS-Startpunkt: Istanbul 41.007884, 28.97747

GPS-Ziel: Doğubeyazıt 39.549192, 44.074316

werden, dann geht es weiter über den spektakulären 2644 Meter hohen Tendurek-Pass.

Die Stadt Doğubeyazıt liegt auf einem 1950 Meter hohen Plateau zwischen Gebirgsmassiven. Nur 35 km von der iranischen Grenze entfernt zeigt sich die typische Militärpräsenz, doch diese stellt für Besucher kein Problem dar; tatsächlich kann man sich bei Fahrten über abgelegene Straßen in dieser Region sogar recht sicher fühlen, weil immer jemand auf einen aufpasst. In Doğubeyazıts Hauptstraße treffen sich Menschen unterschiedlichster Nationen, die in den Iran wollen oder von dort kommen. Neben seiner Nähe zur Grenze ist Doğubeyazıt auch Startpunkt für beschwerliche Wanderungen auf den Berg Ararat und ein Magnet für Forscher, die Spuren der sagenumwobenen Arche suchen. Nur fünf Kilometer außerhalb der Stadt liegt der geheimnisvolle

Die per Fähre erreichbare Insel Akdamar mit ihrer armenischen Kirche zum heiligen Kreuz aus dem 10. Jahrhundert. Diese war von 1116 bis 1895 Patriarchalkathedrale der Armenischen Apostolischen Kirche.

İshak-Pascha-Palast hoch über der Ebene auf einem Felsvorsprung, was den Reiz dieser im 17. Jahrhundert erbauten Festung zur Kontrolle der Seidenstraße noch verstärkt. Hinter dem Palast befinden sich eine restaurierte osmanische Moschee und Felsengräber, darunter das des bekannten kurdischen Philosophen und Dichters Ehemede Xani. Kurz hinter dem Palast hat man einen großartigen Blick über die Ebene, dann dreht man bei und fährt nach Westen in die Mondlandschaft mit den märchenhaften felsigen Schornsteinen von Kappadokien. Noch weiter westlich liegt das warme Mittelmeer, während man nach Osten auf iranischen Wüstenstraßen der alten Seidenstraße folgen kann. Die Möglichkeiten sind faszinierend, und mit etwas Mut und den korrekten Papieren steht einem jeder Weg offen.

Der İshak-Pascha-Palast liegt bei Doğubeyazıt hoch über der Ebene auf einem Felsvorsprung. Von hier aus sollte im 17. Jahrhundert die Seidenstraße kontrolliert werden. Der vor Kurzem restaurierte Palast bietet fantastische Ausblicke auf das Plateau.

Die Straßen im Osten der anatolischen Hochebene sind von schroffen Gipfeln umgeben, die wie allgegenwärtige Wächter auf alle Fahrer aufpassen, die sich der Grenze zum Iran nähern (rechts).

Nordeuropa

Island

Ringstraße Nr. 1

3000 km

Das am nördlichen Polarkreis auf dem mittelatlantischen Vulkanrücken thronende Island bietet dem Biker eine wirklich wilde und raue Landschaft zum Entdecken. Das von den Kräften der Natur geschmiedete Land hat sich seit der Ankunft des Wikingers Flóki Vilgerðarson im Jahre 870 n. Chr. nur wenig verändert. Weil selbst der Wikinger seine Neuentdeckung »Eisland« taufte und für unbewohnbar erklärte, hielt sich das weltweite Interesse zunächst in Grenzen. Noch heute würden viele der immerhin knapp 326 000 Inselbewohner es niemals wagen, in das wilde Herz ihrer eigenen Insel vorzudringen, denn unter Isländern ist ein starker Glaube an das Übernatürliche samt Geistern und Trollen weit verbreitet. Sobald man sich auf den Weg durch das verbotene jenseitige Land macht, das oft im Nebel versteckt liegt, kann man die Isländer verstehen. Vulkanausbrüche und Erdbeben gestalten die Landschaft ständig neu. Auf der Fahrt rund um die Insel kann man herrliche Gletscher, ausgehärtete Lavaströme und sich direkt ins Meer ergießende Wasserfälle beobachten. Menschenleere Straßen winden sich um Fjorde herum und führen dann ins unwirtliche Landesinnere, wo man von schwarzen Sandwüsten und reißenden Gletscherflüssen erwartet wird.

Ein Land von Eis und Feuer

Motorradfahrern, die das Landesinnere besuchen wollen, bleibt als einzige Reisezeit der Sommer. Die Highland- oder Gebirgsstraßen werden nicht vor Ende Juni geöffnet und im September schon wieder geschlossen. Auf den Bergstraßen und einigen der von der Ringstraße Nr. 1 abzweigenden gröberen Nebenstrecken empfiehlt sich eine Enduro mit reichlich Federweg und Bodenfreiheit. Autobahnen gibt es nicht. Wetterfeste Mehrschicht-Bekleidung ist obligatorisch, da man während der Reise mit Sicherheit auf Regen, Nebel und heftige Winde trifft.

Die Ringstraße Nr. 1 umkreist die Insel auf 1340 km Länge. Die Mitte der 1970er-Jahre vollendete Straße ist als einzige Hauptstraße weitgehend asphaltiert, doch vor allem im trostlosen und abgelegenen Nordosten führt sie auch längere Strecken über Schotter, schmale Pässe und durch unübersichtliche Kurven. Während einer Fahrt über die Ringstraße kann man Abzweigungen zu entfernt liegenden Halbinseln und über herausfordernde Bergstraßen nehmen, die ins wilde und unbewohnte Inland führen. Diese von den Wikingern zum Durchqueren der Insel angelegten Wege bestehen aus Schotter, Sand und Steinen

Abstecher ins Gelände können das Abenteuer verstärken, doch beim Durchqueren von Gewässern ist Vorsicht geboten. Nach starkem Regen oder während der Gletscherschmelze können sich kleine Rinnsale rasch in reißende Ströme verwandeln.

Die Ringstraße Nr. 1 ist die Hauptverkehrsader der Insel, über die fast alle Siedlungen mit der Hauptstadt Reykjavík verbunden sind. Sie ist 1340 km lang und durchquert Islands herrliche Gebirge, Plateaus und Ebenen. Die Straße ist nicht durchgehend asphaltiert und wird gelegentlich durch Erdrutsche unterbrochen; im Winter ist sie oft gesperrt (unten).

Der Vatnajökull (»Wassergletscher«) ist der größte Gletscher Islands. Hier wurden 1985 die Eröffnungsszene des James-Bond-Films Im Angesichts des Todes *und 2011 Szenen der Fantasy-Fernsehserie* Game of Thrones *gefilmt.*

Der herrliche Goðafoss im Norden der Insel ist der größte Wasserfall Islands und liegt wie der benachbarte Mývatn-See direkt an der Ringstraße Nr. 1. Der Fluss Skjálfandafljót stürzt hier auf einer Breite von über 30 Metern zwölf Meter in die Tiefe (rechte Seite).

und sie sind oft nur durch die Markierungspfähle von der Umgebung zu unterscheiden. Schiefer, schwarzer Sand und mit Felsen gepflasterte Pisten prüfen die fahrerischen Fähigkeiten genauso wie die gelegentlich notwendigen Flussdurchquerungen.

Wirklich wasserdichte Stiefel machen sich bezahlt, weil man damit zunächst die Tiefe des Gewässers ermitteln kann, bevor es mit dem Motorrad hindurchgeht. Bevor man sich auf den Weg ins Landesinnere macht, sollten die örtlichen Straßenbedingungen überprüft und bei der Hotline des Touristenbüros Informationen über aktuelle Wetterbedingungen und mögliche Streckensperrungen eingeholt werden. Auf der entsprechend angepassten Route muss man dann ausreichend Vorräte und Treibstoff mitnehmen – volltanken an jeder sich bietenden Tankstelle ist ratsam. Obwohl man im Sommer fast rund um die Uhr bei Tageslicht fahren kann, ist es klug, für eine Übernachtung im Freien vorbereitet zu sein.

Niemand sollte sich von den relativ hohen Preisen auf der Insel abschrecken lassen, eine Motorradreise durch Island zu unternehmen. An Tankstellen ist preiswertes Fastfood für lange Tagesetappen erhältlich und die Investition in eine Camping-Card macht es möglich, Island auf relativ preisgünstige Art zu erleben. Auf den meisten Plätzen können ein Swimmingpool mit heißen Quellen und eine Sauna besucht werden. Nach einer langen Fahrt gibt es kaum etwas Besseres, als an der frischen Luft in ein heißes Becken einzutauchen und sich entfernt liegende Gletscher anzuschauen.

Für Motorradreisen in Island gibt es zwei grundlegende Möglichkeiten: nach Reykjavík fliegen und ein Motorrad für eine geführte oder individuell durchgeführte Reise mieten, oder sich samt Maschine per Fähre ab dem dänischen Hirtshals einzuschiffen. Die über die Färöer-Inseln verkehrende Fähre legt in Seyðisfjörður an, das ziemlich genau gegenüber von Reykjavík an der Ostküste liegt.

Nordost-Island

Von Seyðisfjörður führt die Straße über knapp 28 km nach Egilsstaðir. Weiter auf der Ringstraße Nr. 1 nach Norden. Nach etwa 130 km geht es beim Dörfchen Grímsstaðir auf die 864, eine grob geschotterte Straße, die zum donnernden Dettifoss-Wasserfall und dem Jokulsargljufur Nationalpark führt. Wer nach der langen Fährfahrt das Gefühl hat, sich etwas erholen zu müssen, kann dies in diesem beliebten Wandergebiet tun. Eine einstündige Fahrt nach Norden führt zur Halbinsel Tjörnes, deren nördlichster Leuchtturm Hraunhafnartangi exakt 2,5 Kilometer nördlich des Polarkreises liegt. Die nach Westen abzweigende 85 führt an einsame Strände und nach Húsavík, das sich für Walbeobachtungs-Bootsfahrten anbietet. Neben Zwerg- und Buckelwalen können hier sogar Orcas und Blauwale gesichtet werden. Zurück auf der Ringstraße kommt man an den See Mývatn, dessen Name sich durch die riesigen Mückenschwärme herleitet, sodass auf der etwa 35 km langen Umrundung das Visier besser geschlossen bleiben sollte. Die heißen Quellen und Lavatürme sind beeindruckend, der nur einen Kilometer vom See entfernt liegende inaktive Hverfjall-Vulkan kann zu Fuß erkundet werden. Am zwischen dem Mývatn und Akureyri liegende Godafoss (Wasserfall der Götter) soll im 10. Jahrhundert der Gesetzessprecher Þorgeir Ljósvetningagoði das Christentum zur offiziellen Religion Islands erklärt und Statuen der heidnischen nordischen Götter in den Fluss geworfen haben. Ab hier führt die zunächst 842 und dann F26 genannte Nebenstrecke in das Sprengisandur genannte Hochland, um im Südwesten der Insel bei Selfoss wieder auf die Ringstraße zu treffen. Die 250 km lange Straße führt durch eine öde und unfruchtbare Wüste und auf der unheimlichen Reise müssen Flüsse durchwatet und Sand- und Felswüsten umfahren werden. Wer auf der Ringstraße bleibt, kommt bald nach Akureyri, Islands zweitgrößter Stadt, die auf halber Strecke der nördlichen Ringstraßen-Sektion und nur 100 km südlich des Polarkreises liegt. In der lebhaften Stadt laden zahlreiche Bars, Restaurants und Unterkünfte zum Verweilen ein. Sogar ein Motorradmuseum kann hier besichtigt werden.

Westliche Fjorde und Reykjavík

Die wahrscheinlich am wenigsten besuchten Gebiete Islands sind die im Nordwesten liegenden Fjorde. Nur zwei Straßen führen zu den wenigen abgelegenen Gemeinden der Westfjorde, wo auf 9400 km^2 Fläche kaum mehr als 7000 Menschen leben. Wer von Akureyri über einen Abstecher nach Siglufjörður im Norden anreist, kann sanfte Hügel und

windige Straßen genießen. Zurück auf der Ringstraße muss auf die 68 abgezweigt werden, um über Steingrimsfjardharheidhi nach Ísafjörður, der größten Ansiedlung der Westfjorde, zu gelangen, wo man ein paar Tage übernachten kann. Wer einige Stunden in die Welt der isländischen Folklore eintauchen möchte, sollte zuvor in Hólmavík das Museum für Zauberei und Hexerei besuchen.

Von hier windet sich die Straße entlang der zahlreichen Landzungen im Ísafjörðardjúp, dem größten Fjord im Westen. Kurvige Straßen bringen einen zu den Seevogel-Klippen bei Látrabjarg, dem westlichsten Ort Europas. Bei Breidafjordur kann eine Fähre zur Halbinsel Snæfellsnes genommen werden, die vom Vulkan Snæfellsjökull beherrscht wird, der durch Jules Vernes Reise zum Mittelpunkt der Erde berühmt geworden ist. Bevor es bei Borgarnes wieder auf die Ringstraße geht, kann man im Schatten des Vulkans in einem der hübschen Fischerdörfer übernachten. Bis nach Reykjavík sind es jetzt noch 75 km, doch wer etwas Zeit hat, nimmt nicht den Tunnel unter dem Hvalfjörður, sondern umfährt diesen Fjord auf der 47 und genießt die herrliche Landschaft.

Reykjavík ist Islands pulsierende Hauptstadt, in der nach der fast durchgängigen Dunkelheit im Winter während der Sommermonate das gesamte Leben nachgeholt wird. Das Nachtleben der Stadt ist intensiv. Restaurants servieren neben internationalen Gerichten natürlich reichlich Fisch und Meeresfrüchte. Wer sich traut, probiert Hakari (Grönlandhai), der zunächst ein halbes Jahr im Sand vergraben werden musste, damit sich sein Gift abbaut. Der Geschmack ist auf jeden Fall lohnend. Wer die Geschichte des Landes erleben möchte, kann

Das kleine Fischerdorf Arnarstapi liegt am Fuße des Vulkans Stapafell, während im Hintergrund der eisbedeckte Snæfellsjökull zu sehen ist. Im August 2012 war die Eiskappe dieses Vulkans erstmals seit Beginn der regelmäßigen Beobachtungen abgeschmolzen (rechte Seite).

einen ganzen Tag im Nationalmuseum verbringen. Im benachbarten Siedlungsmuseum können die Überreste einer Wikingersiedlung unter den Straßen der Stadt besichtigt werden. Als kulturelle Abrundung des Tages kann man sich einen Besuch im Phallusmuseum antun.

Wer erst auf dem Flughafen Keflavík gelandet ist, um sein Mietmotorrad in Empfang zu nehmen, beginnt die Reise mit einer kurzen Fahrt zur Blue Lagoon, einer der berühmtesten Touristenattraktionen Islands. In dem nahe des Flughafens auf der Halbinsel Reykjanes gelegenen Heilbad wird erwärmtes Meerwasser aus dem benachbarten Geothermie-Kraftwerk in einem Becken aus Lavagestein gesammelt. Wer etwas wirklich Überwältigendes erleben will, fährt eine halbe Stunde aus der Stadt heraus und wandert anschließend eine Dreiviertelstunde auf den zurzeit schlafenden Vulkan Thrihnukagigur, um anschließend über 120 Stufen in die Magmakammer hinabzusteigen.

Islands Südspitze

Die von Rejkjavík nach Osten führende 36 bringt einen nach Thingvellir und in das als »Goldener Kreis« bekannte Gebiet. Das über 800 Jahre als parlamentarischer Tagungsort der Insel geltende Thingvellir ist heute ein UNESCO-Weltkulturerbe und liegt auf einer großen tektonischen

Roadbook: Ringstraße Nr. 1

Route: Startpunkt ist Seyðisfjörður im Osten. Von hier aus geht es nach Norden und über die Ringstraße nach Westen und in die abgelegenen Westfjorde. Eine Fähre bringt einen auf die Halbinsel Snæfellsnes und in die Hauptstadt Reykjavík. Über den Golden Circle mit seinen Geysiren führt die Straße an Vulkanen und dem Jökulsárlón-Gletscher entlang zurück nach Seyðisfjörður.

Tipps:
- Ein geländetaugliches Motorrad erlaubt auch Abstecher ins Inland der Insel.
- Island ist einer der besten Orte Europas für Walbeobachtungen. Touren sind ab Reykjavík und Húsavik im Norden möglich.

Beste Reisezeit: Mitte/Ende Juni bis Mitte September (Sperrungen der ins Inland führenden Straßen beachten). Ende Juni/Anfang Juli hat man fast 24 Stunden Tageslicht.

Gesamtdistanz: 3000 km

Einzuplanende Zeit: 12 bis 14 Tage

GPS-Startpunkt und Ziel: Seyðisfjörður 65.263172, -14.009628

GPS-Zwischenziel: Reykjavík 65.263172, -14.009628

Bruchlinie. Im umwerfend schönen Nationalpark gibt es unter anderem die sprudelnden Quellen des Geysirs Strokkur zu besichtigen, der alle zehn Minuten eine 30 Meter hohe Fontäne aus Wasser und Dampf ausstößt (siehe Foto auf Seite 111). Beim benachbarten Gullfoss-Wasserfall stürzt sich der Fluss Hvítá in eine tiefe Schlucht.

Von hier kann man den als Kjölur bekannten Hochlandweg F35 nehmen, der durch das Landesinnere nach Akureyri führt. Deutlich einfacher zu befahren und etwas weniger dramatisch als die Sprengisandur-Strecke verläuft diese Straße nur etwa 200 km über die Insel. Bei Selfoss kann man wieder auf die Ringstraße Nr. 1 gelangen. Von hier aus muss man etwa eine halbe Stunde fahren, um zum südlichen Ende der Sprengisandur-Strecke F26 zu gelangen.

Wer eine Enduro fährt und gerne auf den Schotterpisten oder Vulkansandwegen spielen möchte, aber nicht ins Landesinnere fahren will, kann wie viele Isländer ein paar Tage am Bergrücken Þórsmörk und dem Berg Hekla verbringen. Beachtenswert auf dieser Reise sind die Wasserfälle Seljalandfoss und Skogafoss, zudem nähert man sich dem 2010 ausgebrochenen Vulkan Eyjafjallajökull, der seinerzeit mehrere Tage den gesamten Flugverkehr Europas lahmlegte. Weiter östlich geht es zur Südspitze Islands, wo man mit dem Motorrad gegen starke Winde ankämpfen muss, um in der Spur zu bleiben. Unter der Eiskappe des Mýrdalsjökull brodelte Katla, der aktivste Vulkan Islands, im Sommer 2014 besonders stark, sodass die Gegend vorübergehend gesperrt wurde. Die schwarzen Strände der Südküste erreicht man beim Dorf Vík í Mýrdal.

Islands Südosten

Der südöstliche Abschnitt der Ringstraße wird vom Vatnajökull-Nationalpark und seinen riesen Eiskappen dominiert (siehe Foto auf Seite 106), deren Gletscher fast bis an die Straße reichen. Dieser größte Gletscher Europas bedeckt fast zehn Prozent der Insel. Die Reise kann durch einen Aufenthalt in der Nähe von Höfn unterbrochen werden, um einen Bootsausflug zu den in der tiefen Jökulsárlón-Lagune schwimmenden Eisbergen zu unternehmen. Anschließend verlässt man die flache Südküste und klettert in die schroffe Berglandschaft der Ostfjorde.

Der letzte Abschnitt der Ringstraße führt über den Almannaskar-Pass ins Fjordland, wo sich die spektakuläre Straße in zahlreichen Buchten zwischen den Bergen und dem Meer entlang windet, um nach Seyðisfjörður zurückzuführen.

Ein Motorradausflug durch Island kann eine anstrengende Fahrt sein, doch die Landschaft ist gewaltig und dramatisch. Island ist mit keinem anderen Ort auf dieser Welt vergleichbar. Wer gern Bergstraßen erkundet, kann sich hier den härtesten denkbaren Bedingungen stellen. Motorradfahren auf Island ist die offene Konfrontation mit den Elementen. Wer die Herausforderung akzeptiert, wird mit einer der aufregendsten Fahrten seines Lebens belohnt werden.

Der Mýrdalsjökull-Gletscher mit den Vulkanen Katla (rechts) und Eyjafjallajökull (links), der 2010 eine riesige Aschewolke ausstieß und in Richtung Europa entließ.

Motorradfahren in Island ist eine großartige Erfahrung. Atemberaubende Ausblicke gibt es entlang der Strecke ohne Zahl. Allerdings kann diese schöne und zerklüftete Landschaft auch eine gewisse Herausforderung darstellen, die man aus anderen Ländern nicht kennt. Besonders auf die Wetterbedingungen muss man gut vorbereitet sein (links).

Der Geysir Strokkur im Südwesten der Insel gehört zu den berühmtesten Sehenswürdigkeiten. Der Geysir wurde 1789 erstmals aktiv, nachdem er durch ein Erdbeben an die Erdoberfläche gelangte. In den folgenden Jahrhunderten hatte er eine wechselhafte Aktivität, zurzeit bricht er alle zehn Minuten aus (rechts).

Norwegen

Von den Fjorden zum Nordkap

3000 km

Wer die Menschenmassen Südeuropas hinter sich lassen will, fährt über hohe Berge und an eisblauen Fjorden entlang zum nördlichen Polarkreis. Größe und Pracht der Natur Norwegens sind kaum vorstellbar und lassen sich nur durch eine Motorradreise aufnehmen. Die Reise führt durch unglaubliche Landschaften, wo turmhohe Wasserfälle ins Meer stürzen und Granitfelsen von ihren Regenbögen eingerahmt werden. Norwegens Fjorde – lange Meeresfinger, die sich tief ins Land krallen – haben tausende Kilometer Küstenlinie geschaffen. Die nie endende Folge aus Gletschern, Buchten, Seen und Bergen sorgt dafür, dass eine einzigartige Landschaft entstanden ist.

Fast ein Drittel des Landes liegt nördlich des Polarkreises, die Küste erstreckt sich um Finnland herum bis nach Russland und die Barentssee. Gletscher ziehen sich durch sattgrüne Landschaften und über spektakuläre Berge, die direkt aus dem Ozean aufsteigen. Wer sich an den Rand eines Gletschers stellt, kann unter den Füßen das Knirschen der sich ständig verändernden blauen Eismassen fühlen. Entlang der Küste verteilen sich kleine Inselgemeinden und bis an den Rand des Ozeans gebaute Ortschaften. Im hohen Norden leben die indigenen Sami noch heute ihr Nomadendasein, das sich seit Jahrhunderten kaum verändert hat. Im Gegensatz hierzu sind die wenigen Großstädte des Landes modern und lebendig und verfügen über eine blühende Kunstszene sowie stilvolle Restaurants. In ganz Norwegen fällt die innovative Architektur auf, die oft perfekt mit der Natur harmoniert. Norweger haben einen ganz besonderen Weg gefunden, ihr Land zu modernisieren, ohne dabei seine Schönheit zu zerstören.

Berge und Fjorde

Norwegen ist ein perfektes Reiseland, und solange man sich gut auf das Wetter vorbereitet hat, erlebt man es am besten mit dem Motorrad. Die beste Reisezeit ist natürlich der Sommer, da dann fast rund um die Uhr die Sonne scheint und alle Bergstraßen geöffnet sind. Wahrscheinlich wird es irgendwann regnen, sodass neben entsprechender Schutzkleidung auch ein Paar Ersatzhandschuhe mitgeführt werden sollte. Wenn es auf den Bergstraßen zu kühl wird, kann man sich eines der nützlichen Souvenirs des Landes zulegen – den Norwegerpullover. Die verschiedenen Landschaften und die sich hinter jeder Kurve verändernden atemberaubenden Aussichten lassen sich nur genießen, wenn man nicht allzu schnell unterwegs ist. Die Reise an den nördlichsten Punkt Europas wird einen auf spektakuläre Straßen, in Serpentinen über Berge, über das Meer und durch verwinkelte Flusstäler führen.

Selbst die abgelegensten Regionen sind durch unglaubliche technische Meisterleistungen im Tunnel- und Brückenbau erschlossen worden. Und auch wenn es sogar Tunnel gibt, die sich über 360-Grad-Kehren im Berg hochschrauben, gelten Tunnel nie als Höhepunkte von Motorradtouren. Hier lohnt es sich, nach längeren Alternativen zu suchen und diese zu befahren. Motorradvermietungen gibt es zurzeit nur selten oder sie sind sehr teuer, sodass man besser die eigene Maschine entsprechend vorbereiten sollte, um damit per Fähre die Überfahrt anzutreten.

Die Fernstraßen sind mit einem E (Europastraße) versehen, die Nebenstrecken mit RV (Riksweg). Ausschau sollte man auch nach den braunen Hinweisen auf Tourismus-Straßen halten, da diese insgesamt 18 Strecken speziell für Kraftfahrer konzipiert wurden und durch die landschaftlich schönsten Gegenden des Landes führen. Es wurden junge Architekten beauftragt, entlang der Strecken Aussichtsplattformen und Raststätten zu entwickeln, sodass diese innovativen Kunstwerke neben den schönen Landschaften zusätzliche Blicke anziehen.

Im Land der Fjorde sind Fähren unumgänglich. Mit ihnen kann man einigen der schönsten Landschaften Norwegens ganz nahe kommen. Motorradfahrer dürfen immer zuerst hinauf- und wieder herunterfahren, um vor den Reisebussen auf der Straße zu sein. Während der Überfahrt selbst besteht immer genügend Zeit, mit anderen Leuten Erfahrungen auszutauschen. Nur zehn Minuten Unterhaltung reicht oft aus, mehr über die Route, das Wetter und auf keinen Fall auszulassende Nebenstrecken zu erfahren. Norwegen ist ein recht teures Land, sodass Camping zu den beliebtesten Übernachtungsmöglichkeiten gehört. Wer in Gruppen reist, kann sich nach mietbaren Holzhütten (Hytter) umschauen – diese können billiger als Zelten auf dem Campingplätze sein, und man hat die Möglichkeit, seine Kleidung über Nacht zum Trocknen aufzuhängen, während man beim Abendessen die Strecke des nächsten Tages plant.

Norwegen ist ein fantastisches Reiseland und bietet eine unglaubliche Mischung aus beeindruckenden Landschaften, einer faszinierenden Tierwelt und einigen der aufregendsten Straßen überhaupt. Hier wartet eine anspruchsvolle Kurve auf Flakstadøy, einer der Inseln des Lofotenarchipels, auf engagierte Fahrer.

Von Oslo nach Geiranger

Von der Hauptstadt auf der RV7 kommend kreuzt die Straße die Hardangervidda, Europas größte Hochebene, die sich dem Betrachter als fast mondähnliche Landschaft päsentiert. Anschließend führt sie an den Ufern des wunderschönen Hardangerfjords nach Bergen, dem Tor zu den Westfjorden. Bergen ist eine entspannte Stadt mit einem lebhaften Nachtleben. Ein Spaziergang ins Hafenviertel Bryggen und zum Torget-Fischmarkt lohnt sich auf jeden Fall. Die gepflasterten Straßen sind von bunt bemalten Holzhäusern gesäumt, in denen Kunsthandwerksgeschäfte, Bars und Restaurants, aber auch Museen und Kunstgalerien untergebracht sind.

Ein Besuch Bergens ist erst mit einer Fahrt in der Fløibane perfekt, einer Standseilbahn, die auf den 320 m hohen Fløyen führt, der wiederum einen weiten Blick über die Stadt ermöglicht. Ab Bergen geht es über etwa viereinhalb Stunden auf der E39 nach Norden, bis man im längsten und tiefsten Fjord der Welt, dem Sognefjord ankommt. Während die Fähre zur anderen Seite übersetzt, genießt man unglaubliche Perspektiven auf steile Klippen und Wasserfälle. Ab dem Nordufer geht es auf der Sognefjell-Straße RV55 weiter, einer von Norwegens ältesten Handelsstraßen, die von Ost nach West führt und mit bis zu 1434 Metern über dem Meer als höchste Bergstraße Nordeuropas gilt. Als eine der zuvor erwähnten Touristenstraßen verläuft sie zwischen dem Sognefjord und dem Gudbrandsdalen, dem längsten Tal des Landes. Sie windet sich zwischen den schroffen Gipfeln des höchsten Gebirges des Landes (Jotunheimen) zum Jostedalsbreen, der Norwegens größter Gletscher ist.

Die außergewöhnlich schöne Straße zieht weiter am Lustrafjord entlang und kreuzt dann die Berge. Sie führt durch üppige Täler und an herrlichen Wasserfällen zu Bergbauernhöfen, zerklüfteten Berggipfel, eisblauen Gletschern und smaragdgrünen Seen. Es ist eine unglaubliche Einführung in Norwegens wunderbares Straßennetz und doch nur ein Vorgeschmack auf das, was noch kommt. Von Lom geht es 73 Kilometer in nordwestlicher Richtung zum Anfang der Gamle Strynefjellsvegen-Bergstraße RV258, einer 27 km langen schmalen Straße, die sich durch Steinmauern und am Rand aufgereihte Findlinge auszeichnet und sich durch eine echte Wildnis über das Bergplateau windet. Die Straße ist über 100 Jahre alt und wurde von Reisenden zu Fuß und auf Pferden genutzt, um das Land zu durchqueren. Selbst im Sommer säumen oft hohe Schneewände den Straßenrand.

Die Goldene Route zur Atlantikstraße

Die 80 km auf der »Goldenen Route« (RV 63) von Geiranger nach Åndalsnes lassen sich etwas schneller bewältigen, aber man sollte die grob geschotterte Mautstraße, die von der RV63 zum Aussichtspunkt Dalsnibba führt, nicht verpassen. Hier hat man eine beeindruckende Aussicht auf den Geirangerfjord: spektakuläre Wasserfälle, die sich über steile Klippen in den türkisfarbenen Fjord stürzen; an die Felsen geklebte Berghöfe ... Weiter oben liegt der Ornevegen (Adlerstraße), ein serpentinenreicher Abschnitt der RV63, der noch mehr Fernsicht bietet. Von Eidsdal gibt es eine kurze Fährverbindung nach Linge und zum Beginn der berühmten Trollstigen, einer straßenbaulichen Meisterleistung mit elf Haarnadelkurven über einen 850 Meter hoch gelegenen Pass. Wenn man anschließend nach Åndalsnes herunterrollt, hat man eine der besten Motorradstrecken Nordeuropas bewältigt. Wer dabei gerade noch dachte, es könne kaum besser sein, darf bald darauf die Schönheit und hervorragende Konstruktion der Atlantikstraße bewundern, die nach ihrer Fertigstellung 1989 zu Norwegens Bauwerk des Jahrhunderts gewählt wurde. Das auf Norwegisch Atlanterhavsveien genannte Teilstück der RV64 ist ein beliebter Drehort für Autowerbung und bildet einen Teil der 36 Kilometer langen Touristenstraße von Bud nach Kristansund. Die auf 8 km über sieben Brücken und kleine

Die Hardangervidda ist die größte Hochebene Europas und zeichnet sich durch karges, baumloses Moor und zahlreiche Becken, Seen, Flüsse und Bäche aus. Die Felsen sind die Reste der Berge, die während mehrerer Eiszeiten abgetragen wurden (rechts).

Die malerische Bergstraße Gamle Strynefjellsvegen windet sich eingefasst von Schutzsteinen durch raue Wildnis über das Bergplateau.

Inseln führende Straße ersetzt heute eine Fährverbindung. Norweger lieben es, diese Route per Auto im Winter zu befahren, wenn sie vom Meer umbrandet wird, doch Motorradfahrern ist sie bei Sturm nicht zu empfehlen.

Nach Norden zum Nordkap

Jetzt wird es beim Fahren ernst und die Distanzen zwischen Städten und Siedlungen wachsen beträchtlich an. Es sind entsprechende Vorbereitungen zu treffen und man sollte den Tank bei jeder Gelegenheit auffüllen. Die Umgebung in Nord-Norwegen ist extrem. Ab Kristiansund geht es auf der E39 in die Domstadt Trondheim. Die drittgrößte Stadt Norwegens bietet sich zum Übernachten an. Wer weiter nach Norden will, sollte sich hier alles Notwendige zulegen und das Motorrad einer Durchsicht unterziehen, denn von hier sind es immer noch 1630 km durch wildes und unwirtliches Land bis zum Nordkap.

Wer allzu lange an den Westfjorden verbrachte und es jetzt eilig hat, kann den gesamten Weg über die E6 fahren. Fragt man jedoch norwegische Motorradfahrer nach ihrer Lieblingsroute zum Nordkap, werden sie fast immer zum Kystriksveien (Küstenstraße) RV17 raten, die ab Steinkjer zur Küste führt und dieser durch dichte Wälder, hohe Bergketten und Fischerdörfer folgt. Die Landschaft unterscheidet sich stark vom Fjordland. Dies ist natürlich die längere und reizvollere Straße zum Nordkap, die auch wegen der zahlreichen Aussichtspunkte deutlich mehr Zeit erfordert. Sie besteht aus einem Netz von Straßen, Tunneln, Brücken und Fähren, das die von Inseln gesäumte Küste zwischen Steinkjer und Bodø durchzieht und bis über den Polarkreis reicht.

Bodø ist der Fährhafen zu den atemberaubenden Inseln der Lofoten und Vesterålen. Das Polarlicht wirft hier einen ganz besonderen Glanz über die farbenfrohen, zwischen dem Meer und den schroffen Gipfeln der Lofotenveggen (einer 160 km langen Bergkette) eingeklemmten Fischerdörfer.

Die Inseln sind malerische und friedvolle Orte, in denen man sich nach einer wochenlangen Fahrt erholen kann. Wenn man bedenkt, wie weit nördlich man unterwegs ist, ist das Klima mild. Man kann sich ein Rorbu (Fischerhütte) oder ein Shohus (Ferienhaus) mieten und Fahrten entlang der Küste zu hübschen Dörfern und Sandstränden unternehmen. Im an der Spitze der Vesterålen liegenden Andenes werden Walbeobachtungsfahrten angeboten. Die Inseln sind über die E10 miteinander verbunden, die kurz hinter Narvik von der E6 abzweigt. Während des Zweiten Weltkriegs fanden in der Stadt grausame Kämpfe um die Kontrolle des Hafens statt. Die Stadt wurde durch deutsche Bomben weitgehend zerstört, aber nach 1945 fast vollständig wieder aufgebaut.

Vom Aussichtspunkt Dalsnibba aus kann man den Verlauf der Trollstigen-Straße gut einsehen. Sie bietet eine fantastische Fahrt durch spektakuläre Landschaften mit tiefen Fjorden, üppigen Tälern und steilen Serpentinen.

Roadbook: Von den Fjorden zum Nordkap

Route: Startpunkt ist Oslo. Zunächst geht es quer durchs Inland nach Bergen im Westfjordland. Weiter über die Goldene Route und den mächtigen Trollstigen. Ab Åndalsnes geht es nach Trondheim und über die Küstenstraße nach Bodø. Das letzte Teilstück führt von Narvik durch die arktische Wildnis der Finnmark zum Nordkap.

Tipps:
- Fähren eignen sich als Abkürzung, Zwischenstopp und zum Informationsaustausch mit anderen Motorradfahrern.
- Die Inselgruppe der Lofoten hat eine reiche Tierwelt. Es gibt viele Seeadler, Kormorane und farbenfrohe Papageientaucher sowie Millionen anderer Seevögel. Auch Fischotter und Elche sind auf den größeren Inseln verbreitet.

Beste Reisezeit: Mitte Juni bis Mitte September. Ende Juni/ Anfang Juli hat man fast 24 Stunden Tageslicht.

Gesamtdistanz: 3000 km

Einzuplanende Zeit: 12 bis 14 Tage

GPS-Startpunkt: Oslo 59.908790, 10.708770

GPS-Ziel: Nordkapp 71.167483, 25.781307

In Norwegen leben über 200 000 Rentiere, die meistens im Besitz der Sami sind, die sie für Fleisch, Felle und Geweihe nutzen. Halbwilde Rentiere wandern oft auf Straßen umher oder kreuzen diese.

Die Storseisundet-Brücke ist mit 260 Metern Spannweite die längste Brücke der Atlantikstraße. Die elegante Auslegerbrücke steigt auf 23 Meter an und erzeugt eine optische Illusion, die mehr an eine Achterbahnfahrt erinnert als an eine absolut sichere Straße, was sie in Wirklichkeit aber ist (links).

Hinter Narvik führt nur noch die E6 nach Tromsø und in die Finnmark sowie die weite Wildnis der Arktis. Die Finnmark ist der flächenmäßig größte Verwaltungsbezirk des Landes und besteht aus einem Bergplateau mit Seen, Flüssen und viel Himmel, nur Bäume lassen sich kaum ausmachen. Bis nach Alta kann man immer wieder die Aussicht über die Küste und das Nordmeer genießen. Die 20 000 Einwohner große Stadt Alta ist durch die prähistorischen Felsritzungen bekannt, die zum UNESCO-Weltkulturerbe gehören. Sie kann als Basis für Ausflüge ins Hochplateau Finnmarksvidda dienen, der Heimat der halbnomadischen Sami. Diese leicht an ihren farbenfrohen Trachten erkennbaren Ureinwohner der Region leben von dem, was das Land und die Rentierzucht hergeben.

Bald kommt das Nordkap in Sicht. Die letzten 130 km geht es auf der E69 durch zerklüftetes Land zu den windzerzausten Klippen des Nordkaps. Wenn man noch wach genug ist und nicht gerade Nebel herrscht, kann man hier um Mitternacht der Sonne direkt entgegensehen.

Schottland

Highlands und Inseln

750 km

Die von Folklore und Legenden durchdrungenen Highlands und Inseln Schottlands fühlen sich bereits für Engländer äußerst wild und abgelegen an. Das relativ kleine Land kann mit dem gewaltigen Great Glen, einer von Fort William bis Inverness verlaufenden tektonischen Verwerfung, bis zu den einsamen Ufern versteckter *Lochs* großartige Landschaften vorweisen. Die Pracht der Berge wird von der Ruhe der zerklüfteten Küste mit den dazu passenden Hafenstädten begleitet. Viele Menschen leben vom Fischfang, und nötigenfalls kann man sich sein Abendessen auch selbst fangen. Die mehrere tausend Kilometer messende Küste mit vielen einsamen Stränden ist oft nur über einspurige Straßen oder versteckte Pfade erreichbar, dafür lässt sich die üppige marine Tierwelt gut von hier besichtigen.

In den Highlands löst sich der morgendliche Nebel nur langsam auf, um Granitgipfel und durch Gletscherbewegungen geschnitzte geheimnisvolle Schluchten freizulegen, die seit tausenden Jahren unverändert geblieben sind. Während der Sommermonate liegen die Hügel und Täler in einem magischen Licht, das erst kurz vor Mitternacht erlischt. Man kann lernen, *Grahams* (Berge zwischen 2000 und 2500 Fuß Höhe) von *Corbetts* (2500 bis 3000 Fuß) und *Munros* (Berge über 3000 Fuß = 914,4 Meter) zu unterscheiden. Für mindestens einen Tag sollte man die Motorradstiefel durch Wanderstiefel ersetzen, um auf ein Paar der jeweiligen Erhebungen hinaufzuklettern und einen großartigen Ausblick auf die Straßen zu genießen, die unten auf einen warten.

Hohe Hügel und versteckte Täler

Die Kombination aus großartigen Straßen und herrlicher Landschaft macht Schottland zu einem beliebten Ziel für Motorradreisende. Fähren vom europäischen Festland fahren bis in den Norden Englands, sodass es bis zur schottischen Grenze nur noch 250 km sind. Es gibt Motorradvermietungen und man kann an zahlreichen geführten Touren teilnehmen. Selbst im Sommer ist auf den meisten Straßen des zerklüfteten Landes kaum etwas los. Wer dann noch auf einer einspurigen Straße (Single Track) felsige Landzungen oder Hügel ansteuert, landet zumeist in echter Einsamkeit. Das Fährnetz erlaubt Insel-Hopping nach Lust und Laune. Die Landschaften der Inseln unterscheiden sich oft dramatisch voneinander – man sollte daher die Fähren nutzen, um noch mehr Eindrücke zu sammeln. Die Entfernungen zwischen den Städten sind gering, erfordern aber oft viel Zeit, da die Straßen nur selten der Luftlinie folgen. In welche Richtung man auch immer unterwegs ist, es wird ein großartiger Tagestrip werden.

Das Tankstellennetz ist ausreichend dicht, doch abseits der Hauptstraßen darf kein Rund-um-die-Uhr-Service erwartet werden. Oft steht die Zapfsäule vor dem Dorfladen oder der Post und wird am späten Nachmittag geschlossen. Die im Allgemeinen sehr gut gewarteten *A-Roads* (Fernstraßen) sind meistens endlos geschwungene Kurven, die sich über hunderte Kilometer um Seen und durch Täler ziehen. Leere Straßen schlängeln sich im Schatten schroffer Berge durch wilde Moore und Heidelandschaften. Kleine Mücken (*Midges*) können eine echte Plage sein, und mit Regen muss ständig gerechnet werden, doch selten ist man weit von einem gemütlichen Pub oder einem »Bikers Welcome«-Schild entfernt, wo man samt Fahrzeug herzlich willkommen geheißen wird. Viele ihrer Besitzer sind selbst Motorradfahrer, sodass man sich bei einem Glas vor Ort destillierten Whiskys Insiderwissen holen kann.

Vom Loch Lomond zum Glen Coe

Startpunkt dieser Tour ist das eine Stunde nördlich von Glasgow an der A82 liegende Loch Lomond (siehe Foto auf Seite 122). Nachdem man den Stadtverkehr und das Mündungsgebiet des River Clyde hinter sich gelassen hat, erreicht man bald das Ufer des größten Sees Großbritanniens, dessen Uferlänge 153 km beträgt. Der See liegt im *Loch Lomond and The Trossachs National Park*, der wegen seiner Nähe zu Glasgow und Edinburgh bei Einheimischen und Besuchern gleichermaßen beliebt ist. Der *Munro* Ben Lomond liegt östlich des Sees und ist der südlichste aller Berge über 3000 Fuß Höhe. Waldwege ermöglichen unkompliziertes Wandern, ein Teil davon kann auf dem zu den klassischen Fernwanderwegen gehörenden West Highland Way zurückgelegt werden. Die angenehm befahrbare A82 verläuft am gesamten Westufer des Sees und während der einstündigen Fahrt

Glen Coe gilt als berühmtestes Tal Schottlands. Im »Tal des Weinens« spielten sich mehrere Tragödien mit viel Blutvergießen ab, doch die sich durch die unwirtlichen Berge windenden Straßen sind alles andere als ein Trauerspiel.

Die ruhige Sanna-Bucht an der schönen Halbinsel Ardnamurchan wird von weißem Muschelkalk und einem türkisen Meer dominiert. Mit etwas Glück lassen sich von hier Wale und Delfine beobachten.

In den schottischen Highlands und auf den Inseln mit dem Motorrad unterwegs zu sein, ist eine tolle Erfahrung. Kurvige Straßen winden sich unaufhörlich um abgelegene Seen, durch einsame Moore und über steile Bergpässe (rechts).

Der Blick vom 974 Meter hohen Ben Lomond auf das Loch Lomond. Der sich am Ostufer des Sees erhebende Berg ist der südlichste Munro (Berge über 3000 Fuß) Schottlands (unten).

kann man an verschiedenen Stellen anhalten, um den Ausblick auf das Gewässer und die Berge zu genießen. Nicht weit von der Nordspitze des Lochs entfernt liegt der Ort Tyndrum, wo man im seit langer Zeit sehr motorradfreundlichen Green Welly Stop einen Zwischenhalt einlegen kann.

Ab Tyndrum geht es 50 km über eine spektakuläre Motorradstrecke mit langgezogenen Kurven und herrlichen Ausblicken durch dramatische Moore zum schönen Glen Coe, einem stimmungsvollen Tal mit blutrünstiger Historie (siehe Foto auf Seite 121). Wer im Schatten des Glens bleibt, hat es nicht schwer, sich Geschichten aus Intrigen und blutigem Verrat vorzustellen.

Die Halbinsel Ardnamurchan

Hinter dem Glen Coe beginnt die sehr angenehme Umrundung des Loch Leven auf der B863. Bei Keppanach kann man die Fähre über das Loch Linnhe nach Corran nehmen, um auf die Halbinsel Ardnamurchan und damit zum westlichsten Punkt des schottischen Festlands zu gelangen. Diese lange und schmale Landzunge ist nahezu unberührt und daher ein perfekter Ort, um Frieden und Ruhe zu finden. 2011 wurde hier ein Wikingerboot aus dem 10. Jahrhundert samt der Überreste eines mit Axt und Schwert begrabenen Wikingers gefunden. Highlight für Motorradfahrer ist die Fahrt über die 46 km lange B8007 bis zur Spitze der Halbinsel. Hierfür sollte man am besten in Strontian am Ostufer des Loch Sunarts auftanken und zunächst der am Nordufer verlaufenden A861 folgen, um nach knapp 15 km links auf die einspurig ausgeführte B8008 abzubiegen, die sich entlang des Loch Sunart durch alte Eichenwälder windet. Die Straße ist teilweise so schmal, dass man sogar mit dem Motorrad an Passing Places anhalten muss, um den (seltenen) Gegenverkehr durchzulassen. Zahlreiche Parkplätze laden dazu ein, Spaziergänge zu unternehmen und im Loch Fischotter zu beobachten.

Irgendwann öffnet sich die Straße für ein kurzes Stück und gibt den Blick zum Ben Hiant frei, dem mit 528 Metern höchsten Berg der Landzunge. Einige Minuten später kommt man in Kilchoan an, der größten Siedlung auf Ardnamurchan. Im Gemeindezentrum findet sich ein Touristenbüro, wo man gern dabei behilflich ist, eine Unterkunft zu finden. Nach weiteren zehn Minuten Fahrt erreicht man den Leuchtturm der Halbinsel und kann den Blick auf den wilden Atlantik genießen. Der weiße Sand und die Felsenpools der Sanna-Bay bilden den perfekten Ort für den Abschluss der Tagesetappe.

Wer ein paar Tage auf der Halbinsel verbringen möchte, wird mit leeren Stränden und dem Anblick seltener Tiere – darunter Adler, Baummarder und Wildkatzen – belohnt. Gut erholt hat man nun die Möglichkeit, zur A861 zurückzufahren und nach Norden über die A830 nach Mallaig zu kommen und dort mit der Fähre zur Insel Skye überzusetzen.

Isle of Skye

Die Fähre überquert den Sound of Sleat und erreicht die größte Insel der Inneren Hebriden in Armadale. Der Name Skye ist wahrscheinlich aus den altnordischen Wörtern Ski (Wolke) und Ey (Insel) zusammengesetzt, sodass man besser auf feuchtes Klima vorbereitet sein sollte. Man kann die Insel an einem Tag durchqueren, doch die dramatische Landschaft und fast 645 km Küstenlinie fordern einen längeren Aufenthalt. Die Insel ist besonders im Sommer ein beliebtes Reiseziel, doch mit dem Motorrad kann man den Touristenattraktionen leicht entfliehen und in die Berge ausweichen. Nach der Ankunft in Armadale reicht die kurze Schleife über das nordwestlich gelegene Tarskavaig aus, um mit herrlichen Ausblicken über die Cullin-Hills belohnt zu werden, in denen der spektakulär gezackte Gipfel des 993 Meter hohen Sgùrr Alasdair die gesamte Insel überragt. Die einspurige durch Wälder und Moorlandschaften verlaufende Straße führt über Tarskavaig und Tokavaig zur Sandstrand-Bucht bei Ord, bevor sie bei Broadford auf die A851 trifft.

Fährt man weitere 20 Minuten nach Sligachan, trifft man auf einen Abzweig, der entweder nach Dunvegan im Westen oder nach Portree, der Hauptstadt der Insel führt. Sligachan ist ein Zentrum für Outdoor-Aktivitäten und ein idealer Ausgangspunkt für die Erkundung der Cullin-Hills, die trotz ihrer geringen Ausmaße nicht weniger als 20 Munros (Berge über 914 m) bereithalten. Herrliche Berglandschaften lassen sich über die Glen Brittle-Road entdecken. Eine kleine Straße führt zunächst in einen Forstwald und fällt dann in eine Talsohle ab, wo man parken und ausgeschilderten Wanderwegen folgen kann.

Wieder auf der A863 folgt man der Straße zum Dunvegan Castle, bevor es über die A850 und die A87 auf die Trotternish-Halbinsel geht, die man in einer Schleife umrunden kann. Nach 4 km auf der A87 sind bei Kensaleyre die Standing Stones of Eyre zu besichtigen. Die Straße führt nach Uig und damit zum Fährhafen zu den Inseln Lewis und North Ulist, die zu den Äußeren Hebriden gehören. Nur wenige Kilometer nördlich von Uig liegt ein Museum, in dem der Bau eines Highland-Bauernhofs erklärt wird. Die das Rückgrat der Halbinsel bildenden Steilhänge sind die Heimat zweier unvergesslicher Formationen und das Ergebnis durch abkühlende Lava verursachter Erdrutsche. Quiraing ist ein Bergsturz östlich des Meall na Suiramach, des nördlichsten Gipfels des Trotternish-Kamms, eines Gebiets mit hohen Felsnadeln und tiefen Schluchten. Der Storr ist der höchste Punkt dieser Bergkette.

Während man auf der A855 in südlicher Richtung auf Portree zusteuert, dominiert die 48 Meter hohe Felsnadel *Old Man of Storr* die Landschaft und droht der Straße mit einer eindringlichen, melancholischen Intensität. Anfang August finden in Portree die Highland-Games statt, bei denen Kilts tragende Riesen unter dem Klang des Dudelsacks ständig neue Rekorde im Baumstamm- und Hammerwerfen aufstellen. Die Straße von Portree nach Broadford führt zur beeindruckenden Skye-Brücke bei Kyle of Lochansh (siehe Foto auf Seite 126), die seit 1995 das Loch Alsh überquert.

Der »Old Man of Storr« ist eine bekannte Sehenswürdigkeit im Nordosten der Isle of Skye. Im Januar 2012 wurden Szenen des Science-Fiction-Films Prometheus *in dieser ikonenhaften Felsformation gedreht (rechts).*

Eine Fahrt entlang der Trotternish-Gebirgskante an der Spitze der Isle of Skye gehört zu den Höhepunkten jeder Motorradreise zu den schottischen Inseln.

Die 1995 eröffnete Skye-Bridge verbindet Skye über die kleine Insel Elean Bán mit dem schottischen Festland. Bis dahin mussten die 500 Meter von Kyle of Lochalsh nach Kyleakin per Fähre zurückgelegt werden (oben).

Das weltberühmte Eilean Donan Castle wurde 1719 nach einem jakobitischen Aufstand zerstört, im 20. Jahrhundert aber restauriert (rechte Seite).

Vom Eilean Donan Castle nach Fort William

Nach einer kurzen Fahrt erreicht man Eilean Donan Castle, eine von Schottlands berühmtesten und am meisten fotografierten Sehenswürdigkeiten. Von hier führt eine gut ausgebaute Straße an den *Five Sisters of Kintail* entlang durch das Glen Shield zum Loch Cluanie.

Kurz hinter dem See führt die A887 durch das Glen Moriston zum Ufer des beeindruckenden Loch Ness, das aufgrund seiner Tiefe von bis zu 230 Metern mehr Süßwasser enthält als alle Seen in England und Wales zusammen. Während man die Reifen für die nächste Sektion dieser Route abkühlen lässt, kann man den Fotoapparat bereithalten, um endlich den Beweis für die tatsächliche Existenz des berühmtesten Seebewohners zu erbringen. Die A82 schlängelt sich in südlicher Richtung durch das Great Glen.

Nördlich von Spean-Bridge liegt ein Denkmal für im Zweiten Weltkrieg getötete Kommando-Soldaten. Ab hier führt die A82 rechts nach Fort William und an das südliche Ende des Great Glen. Eine 125 km lange Fahrt bringt einen zurück ans Loch Lomond und nach Glasgow. Wer jedoch noch nicht genug von den unglaublichen Straßen Schottlands hat, fährt südlich von Fort William auf die A828 und nach Oban, einer sehr touristischen Stadt, von wo Fähren zu den Inseln Mull, Colonsay, Jura und Islay übersetzen. Die Routen hier scheinen endlos zu sein. So ein Ausflug durch die Highlands und auf die Inseln gehört definitiv zu den besten Motorradreisemöglichkeiten Europas.

Roadbook: Highlands und Inseln

Route: Startpunkt ist Loch Lomond. Die Route führt Richtung Norden nach Glen Coe, auf die Halbinsel Ardnamurchan und über den Sound of Sleat zur Isle of Skye. Zurück geht es über Loch Ness nach Fort William.

Tipps:
- Wetterfeste Kleidung und Mücken-Abwehrmittel sind auf dieser Reise lebenswichtig.
- Auch wenn es schon viele andere getan haben, ist eine Besichtigung des Eilean Donan Castle, das schon eine Hauptrolle im Film *Highlander* (1986) spielte und im James-Bond-Film *Die Welt ist nicht genug* (1999) als schottisches Hauptquartier des MI6 diente, unausweichlich.
- Auf dem Programm sollte der Besuch mindestens einer Whisky-Destillerie stehen. Die einzige Destillerie auf Skye (Talisker) liegt am Loch Harport im Örtchen Carbost. In Oban wird der gleichnamige Whisky hergestellt und in Fort Williams gibt es die Ben-Nevis-Destillerie.
- An langen Sommerabenden lässt es sich auf den ruhigen Straßen Schottlands am besten fahren.

Beste Reisezeit: Mai bis Oktober

Gesamtdistanz: 750 km

Einzuplanende Zeit: 3 bis 4 Tage

GPS-Startpunkt: Loch Lomond 56.063603, -4.647217

GPS-Ziel: Fort William 56.820987, -5.105124

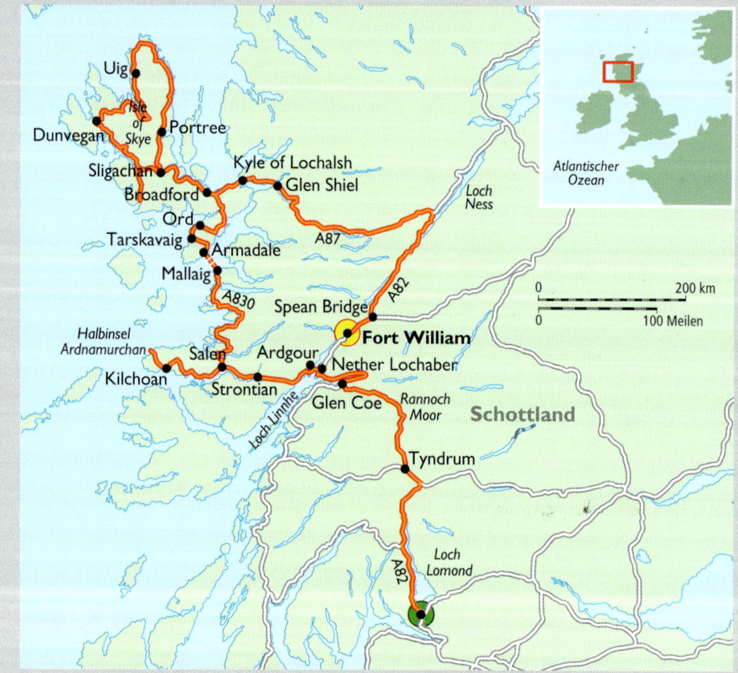

England und Schottland

Vereinigt im Königreich

700 km

Eine Ansammlung mächtiger Burgen, Klöster und beeindruckender bröckelnder Festungsanlagen ist alles, was nach jahrhundertelangen Kriegen um die Gebiete entlang der schottischen Grenze und Northumberland im Nordosten Englands übriggeblieben ist. Zu den berühmtesten Festungen gehört der bereits von den Römern erbaute Hadrianswall, der das riesige Reich vor den rothaarigen Horden schützen sollte. Entlang der Küste von Northumbria erschienen regelmäßig die Langboote der Wikinger, deren Stoßtrupps dann Dörfer und Städte sowie das Kloster bei Holy Island (Lindisfarne) heimsuchten. Die nördlichen Lords des mittelalterlichen Englands ließen mächtige Burgen erbauen, um ihr Land zu schützen. Viele von ihnen überstanden die Zeit und Alnwick Castle, die Festung der mächtigen Familie Percy, ist noch heute die Heimat der Herzöge von Northumberland. Das von schönen Gärten umgebene Anwesen ist inzwischen allerdings bekannter als Kulisse der Schule eines gewissen Harry Potters: Hogwarts. Die Stadt Berwick-upon-Tweed an der schottischen Grenze hat in den letzten 300 Jahren dreizehnmal die Grenzen gewechselt und wurde erst 1974 offiziell Northumberland zugeschrieben. Ihre Stadtmauern zeugen von einer gewalttätigen Geschichte. Die Region nördlich der Grenze heißt folgerichtig Scottish Borders und war früher ständig belagert – entweder im Kampf gegen die Engländer oder wegen Kriegen zwischen den Clans. Inzwischen hat sich in beiden Ländern das demokratische System durchgesetzt und nach einem relativ knappen Referendum im Herbst 2014 bleibt Schottland bis auf Weiteres Teil des Vereinigten Königsreichs.

Die Landschaft wird von Klosterruinen dominiert. Verlässt man Northumberland und die Borders Richtung Südwesten, weicht die Landschaft den Wäldern und der geschützt liegenden Küste von Dumfries and Galloway. Die Buchten und flachen Hügel am Solway Firth, der zusammen mit dem River Eden die Grenze zwischen England und Schottland bildet, sind ruhig und abgeschieden und scheinen von der Hektik der britischen Städte meilenweit entfernt zu sein.

Eine in die Cheviot Hills in Northumberland führende Straße. Die nur eine Stunde von Newcastle entfernt im Norden des Northumberland-Nationalparks gelegene Hügellandschaft liegt direkt an der Grenze zu Schottland.

Burgen, Festungen und Grenzgeschichte

Eine Fahrt durch Northumberland, die Borders und durch Dumfries and Galloway wird zu einer Reise durch sanfte Hügel und ruhige Landschaften. Der Blick fällt auf lange, geschwungene Strände und historische Burgen Northumberlands sowie die sanften Landschaften und Wälder im südlichen Schottland. Dies ist keine Vollgas-Tour, sondern mehr ein genüssliches Rollen über Landstraßen und durch die turbulente Geschichte des britischen Nordens. Man kann jeden Tag fahren und die Landschaft vom Sattel aus genießen, oder man nimmt sich etwas Zeit, um die Burgen, Klöster und Wälder entlang der Route zu besichtigen.

Vom niederländischen Fährhafen Ijmuiden kommt man nach Newcastle upon Tyne und damit zum Startpunkt dieser Rundreise. Wer weiter im Süden anlegt, fährt auf der A1 bis Alnwick durch. Wer an die Westküste Schottlands reisen möchte (siehe Seite 120), sollte zumindest Teile dieser Route in seine Tour aufnehmen. Eine Reise in diese Region im Spätfrühling oder Frühherbst sorgt dafür, dass man viele der ruhigeren Straßen ganz für sich allein hat. Der Galloway Forest Park ist bei Motorradfahrern, die diesen Teil Schottlands kennen, sehr beliebt und besonders im Herbst ein atemberaubender Anblick. In dieser Region sind Pubs und Gasthäuser am Ende eines langen Tages immer ein erfreulicher Anblick, das gilt besonders, wenn das Wetter nicht so erfreulich war. Oft gibt es Zimmer und Parkmöglichkeiten, sodass man nach dem Abladen des Gepäcks noch einen kurzen Spaziergang in die Bar unternehmen kann, um gut zu essen und sich um den persönlichen Flüssigkeitshaushalt zu kümmern.

Von Newcastle upon Tyne nach Berwick upon Tweed

Die Stadt Newcastle ist berühmt für ihre Brücken, das Brown-Ale und ein lebendiges Nachtleben. Die Gateshead Millennium-Fußgängerbrücke (siehe Foto auf Seite 130) verbindet das Gebiet rund um das moderne BALTIC-Zentrum für zeitgenössische Kunst mit dem alten Hafenviertel. An beiden Ufern tobt abends das Leben. Wer aus dem Süden über die A1 kommt und das Zentrum von Newcastle lieber meiden möchte, sollte sich im 55 km weiter nördlich gelegenen Alnwick eine Unterkunft suchen. Alnwick ist eine reizvolle Stadt mit einem hübschen gepflasterten Marktplatz. Ohne einen Besuch der Burg, deren Ursprünge aus dem 9. Jahrhundert stammen, und ihrer umfangreichen Gärten sollte man Alnwick nicht verlassen. Die A1068 führt in südöstlicher Richtung aus Alnwick heraus zur Küste bei Alnmouth, einem hübschen Dorf mit einem langen weißen Sandstrand. Nördlich des Dorfes geht es über die B1339 weiter nach Norden. Die gut ausgeschilderte Küstenroute windet sich durch malerische Dörfer.

Die Küste Northumbrians ist atemberaubend, ihre langen Sandstrände und ihre wilde Schönheit bietet die perfekte Kulisse für die überall erbauten Burgen. Solange man nicht in der Hochsaison kommt, muss man sich den Strand mit nur wenigen Menschen, Hunden und Seevögeln teilen. Im winzigen Fischerdorf Craster sollten unbedingt *Smoked Kippers* (geräucherte Bücklinge) und ein Krabbensandwich geordert werden. Nördlich des Dorfes befinden sich die Ruinen von Dunstanburgh Castle (siehe Foto auf Seite 132). Die Straße führt an der wunderschönen Beadnell-Bucht entlang nach Seahouses, wo man per Boot auf die Farne-Inseln übersetzen kann – ein Paradies für Papageientaucher und Seehunde. Man kann etwas über die Geschichte von Grace Darling lernen, die als Tochter des Leuchtturmwärters 1838 viele Überlebende aus dem an den Klippen zerschellten Raddampfer Forfarshire rettete. Fährt man nördlich auf der B1340 weiter, kommt bald das herrliche Schloss ihres Geburtsortes Bamburgh in Sicht. Das hoch über der Küste auf einem Felsen erbaute Schloss gehört zu den ältesten bewohnten Burgen des Landes und ist für Besucher geöffnet.

Nachdem man im Dorf geparkt und seine Motorradstiefel gegen komfortableres Schuhwerk getauscht hat, kann man einen Spaziergang zum wunderbaren Strand unternehmen.

Weiter westlich verläuft die Straße um die Budle-Bay herum. Hier geht es kurz wieder auf die A1, um ab dem Lindisfarne Inn nach Holy Island zu kommen (siehe Foto auf Seite 133). Ein langer Damm verbindet die Insel mit dem Festland, doch befahrbar ist er nur bei Ebbe. Wer den Tidenkalender nicht genau studiert hat, findet sich eventuell auf einem der Rettungstürme wieder – oder nimmt voller Stolz ein Bad in der Nordsee. Auf Holy Island gibt es nur wenige Straßen, und Besucher werden gebeten, ihr Fahrzeug auf dem Parkplatz abzustellen und das Dorf und die Insel zu Fuß zu erkunden. Wer genügend Zeit hat, kann hier ein paar Tage verbringen. Wenn die Tagesbesucher die Insel verlassen haben, muss man sich den Strand nur noch mit Seehunden und Seevögeln teilen.

Die Border-Abteien

Nach der sicheren Rückkehr auf das britische Festland geht es über 15 km auf der A1 nach Berwick-upon-Tweed, einer der einst am stärksten befestigten Städte Nordeuropas. Die gewaltigen elisabethanischen Stadtmauern umgeben die Stadt noch heute. Die B6461 führt in westlicher Richtung zur schottischen Grenze und in die Stadt Kelso. Die Region ist mit Abteien übersät und malerische Nebenstraßen verbinden diese historischen Gebäude. Das Herz von Robert the Bruce (Robert I.), im 14. Jahrhundert König von Schottland, ist im Melrose Abbey beige-

setzt. Maria Stuart lebte eine Weile in Jedburgh. Das zu Ehren dieser Königin von Schottland errichtete Museum verfügt über eine interessante Ausstellung und sogar eine ihrer Totenmasken. Von Jedburgh geht es auf der B6357 in südlicher Richtung über Bonchester Bridge und durch den Wauchope Forest in die wilde Landschaft des Liddersdale-Tals. Hier muss man auf den Abzweig zum Hermitage Castle achten, einem alten Schloss mit einer Geschichte aus Verrat, Folter und sogar einem königlich-romantischen Stelldichein, als Maria Stuart, Königin von Schottland, im Jahre 1566 hierher reiste, um ihren Geliebten, den Earl of Bothwell zu treffen.

Eine Linkskurve bei Saughtree führt auf die C200, einer unmarkierten Zufahrtsstraße zum Kielder Forest Park hinter der Grenze zu Northumberland. Dieses Waldstück mit seinem Stausee und dem Observatorium ist auf jeden Fall einen Besuch wert. Innerhalb des Parks gibt es Unterkünfte und viele Möglichkeiten für Outdoor-Aktivitäten. Die durch den Kielder Forest führenden Straßen führen zur A68 und zurück nach Newcastle upon Tyne.

Die an der Route liegende Ruine von Melrose Abbey gehört zu den berühmten Border-Abteien Schottlands. Hier befindet sich die Grabstätte von Robert the Bruce, der von 1306 bis 1329 König von Schottland war.

Die Gateshead Millennium Bridge ist die jüngste Tyne-Überquerung in Newcastle. Die 2002 eröffnete Brücke für Fußgänger und Radfahrer kann gekippt werden, damit größere Schiffe passieren können (links).

Wer ab dem Wauchope Forest auf der schottischen Seite bleibt, fährt über die B6357 ins weiter südlich gelegene Newcastleton, um von dort nach Langholm zu kommen, wo es über die B7068 nach Lockerbie und weiter über die A709 nach Dumfries geht.

Dumfries und Galloway

Lässt man die Burgen hinter sich, führt der nächste Abschnitt der Fahrt durch den Südwesten Schottlands. Diese Gegend ist eine genauso schöne, aber ruhigere Alternative zu den Highlands und den Inseln. Ab Dumfries geht es Richtung Castle Douglas und dann am bewaldeten Ufer von Loch Ken entlang zum Galloway Forest Park, dem größten Waldgebiet Großbritanniens. Am besten lässt sich der Park genießen, indem man sich einfach auf das Motorroad setzt und Nebenstraßen oder Waldwege abfährt. Der über zahlreiche Parkplätze verfügende Park ist gut ausgeschildert, sodass auch der nur grob geschotterte Raiders Road Forest Drive auffindbar sein sollte, über den man 15 km tief in einen magischen Wald eintauchen kann. Größtenteils verläuft der Weg auf der alten Straße. Am Himmel sind Milane und Bussarde zu sehen, während Eichhörnchen durch die Baumwipfel hüpfen. Nördlich vom Loch Ken zweigt bei New Galloway die A712 von der A762 ab und führt zum Clatteringshaws Loch. Die Queen's Way genannte Straße führt über 35 km durch Wälder und an von Farn bedeckten Hügeln entlang. Man kann überall anhalten und den Ausblick genießen – oder auch einen der gut ausgeschilderten Wanderwege ablaufen. Im Herbst leuchtet der Wald in den schönsten Farben, und wenn man den Motor abschaltet

Die Ruinen von Dunstanburgh Castle aus dem 14. Jahrhundert liegen auf einer spektakulären Landzunge an der Küste von Northumberland und dominieren als Wahrzeichen die Küstenstraße nach Norden.

Lindisfarne Castle auf Holy Island an einem nebligen Morgen. Vom ehemaligen Vulkan Beblowe Craig kann das Schloss aus großer Entfernung betrachtet werden. Nach der Auflösung der Klöster durch Heinrich VIII. wurde das Schloss aus den Steinen der abgerissenen Lindisfarne-Probstei aufgebaut (rechte Seite).

und eventuell eine der an der Straße aufgebauten Beobachtungshütten aufsucht, hört man die über die umliegenden Hügel erklingenden Brunftrufe der Hirsche.

Entweder in der Nähe von Newton Stewart oder weiter östlich bei Gatehouse of Fleet kann man den Park wieder verlassen und auf der A75 nach Osten fahren. Kirkcudbright ist eine direkt an der Mündung des River Dee gelegene Stadt, in der 1973 der Kultfilm *The Wicker Man* gedreht wurde. Beim jährlich Ende Juli stattfindenden Wickerman-Festival wird eine sieben Meter hohe Figur verbrannt. Ab Kirkcudbright geht es auf der A711 am Solway-Firth entlang, wobei man die Cumbrian Hills auf der anderen Seite betrachten kann. Die Fahrt zur Auchencairn Bay führt an einer spektakulär zerklüfteten Küstenlinie entlang. Im 18. Jahrhundert war die Gegend berühmt für den Schmuggel, und der Legende nach wurde das Balcary House – jetzt ein Hotel am Balcary Point – aus den Erlösen dieses Schwarzhandels erbaut. Auch Delfine sind von dieser Küste begeistert, sodass man sie gelegentlich beobachten kann.

Bei Dalbeattie führt die A710 im großen Bogen über Southerness Point nach Dumfries zurück. Der Leuchtturm von Southerness wurde 1749 erbaut, um Schiffen den sicheren Weg in den Solway-Meeresarm zu weisen. An klaren Tagen hat man einen großartigen Blick auf die Cumbrian Hills. Die A710 verläuft unterhalb des 569 Meter hohen Criffel und am Loch Kindar entlang, bevor die 1273 von der trauernden Lady Dervorgilla von Galloway in Erinnerung an ihren Mann gegründete Sweetheart-Abtei ins Blickfeld gerät. Bei Dumfries geht es für eine halbe Stunde auf die A75, um ins schottische Gretna Green zu kommen, wo seit dem 18. Jahrhundert aus England geflüchtete minderjährige Paare ohne die Erlaubnis ihrer Eltern verheiratet werden.

Roadbook: Vereinigt im Königreich

Route: Start und Ziel ist Newcastle upon Tyne. Die Rundreise führt an der Küste Northumberlands entlang über die schottische Grenze und zweigt dann über Jedburgh nach Dumfries und Galloway ab, bevor es über den Hadrianswall nach Newcastle zurückgeht.

Tipps:
- Unbedingt eine Fahrt über den Raiders Road Forest Drive im Galloway Forest Park machen!
- Bei der empfehlenswerten Fahrt zur Holy Island und dem Lindisfarne Castle muss man den Gezeitenkalender und die Wettervorhersage beachten, wenn man den Damm ohne Salzwasserduschen überstehen will.
- Wer genügend Zeit hat, kombiniert diese Route mit Ausflügen durch Cumbria und North Yorkshire.
- Am Hadrianswall kann das römische Kastell Vindolanda und das dazugehörende Museum besichtigt werden. Im Sommer kann man hier Archäologen bei ihrer Arbeit beobachten.

Beste Reisezeit: Mai bis Oktober

Gesamtdistanz: 700 km

Einzuplanende Zeit: 3 bis 4 Tage

GPS-Start- und Zielpunkt: Newcastle upon Tyne 54.982933, -1.617737

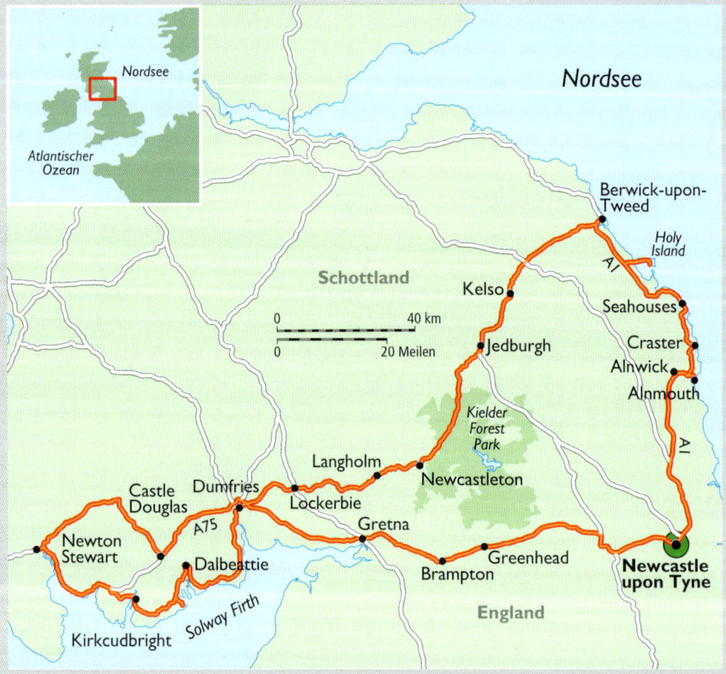

Vom Hadrianswall nach Wallsend

Von Gretna Green ist es nur ein kurzer Weg auf der A6071 über die Grenze nach Longtown in England. Dann führt die Route zu einem Abschnitt des heute zum UNESCO-Weltkulturerbe zählenden Hadrianwalls. Dieser im Auftrag des römischen Kaisers Hadrian errichtete Wall sollte die römisch besetzten Gebiete vor den Barbaren aus dem hohen Norden schützen und erhebt sich aus einer dramatisch zerklüfteten Landschaft aus Hügeln und Klippen. Der Wall schlängelt sich im Norden Englands durch Flüsse und Täler – von Bowness on Solway an der Mündung des River Eden im Westen bis nach Wallsend an der Ostküste.

Ab Brampton geht es auf die A69, die auf der Südseite parallel zum Wall verläuft. Die Fahrt auf der schnellen und offenen Straße ist angenehm, doch in Greenhead sollte man auf die B6318 abbiegen, um in Once Brewed im Nationalpark-Zentrum Informationen zu Wanderungen zum Kastell Vindolanda und dem Housesteads Roman Fort & Museum einzuholen. Der Wall ist ab Once Brewed oder dem Parkplatz bei Housesteads, dem am besten erhaltenen Fort der gesamten Anlage, zu Fuß zu erreichen. Beim Ausblick über die zum Northumberland Nationalpark gehörende abgelegenen Moorlandschaft bekommt man ein Gefühl für das Leben der römischen Soldaten, die am äußersten Rand des römischen Imperiums patrouillieren mussten. Über die A39 geht es zurück nach Newcastle, wo ebenfalls noch heute Reste des Walls erkennbar sind. Der Hadrianswall endet in einer östlich von Newcastle gelegenen Stadt, die den passenden Namen Wallsend trägt.

Der Hadrianswall in der Nähe von Steel Rigg in Northumberland. Der Wall wurde im 2. Jahrhundert erbaut, um den äußersten Rand des römischen Imperiums zu schützen und England vor Plünderern zu bewahren.

Sycamore Gap am Hadrianswall in Northumberland. Der markante Baum war 1991 im Film Robin Hood – König der Diebe *zu sehen (rechts).*

England

Der Lake District

200 km

In dieser spektakulären Landschaft namens Cumbrian Lake District gibt es nicht weniger als 150 Berge, 16 Seen und über 50 Täler, obwohl sich das Gebiet im Nordwesten Englands über lediglich 2214 km^2 erstreckt. Hier befinden sich Englands höchster Berg (Scafell Pike – 978 m), tiefster See (Wastwater – 149 m) und längster See (Windermere – 17 km). Der über eine Steigung von 33 % erreichbare Hardknott-Pass wetteifert mit dem Roesdale Chimney in der Grafschaft North Yorkshire darum, England steilste Straße zu sein. Die dramatische Bergkulisse mit den an Seeufern gelegenen Dörfern zieht Besucher aus der ganzen Welt an, manche werden durch die Wassersport-Aktivitäten und anspruchsvolle Wanderwege angelockt, andere durch ihre Liebe zu Malern und Schriftstellern, die sich aus der majestätischen Landschaft ihre Inspirationen holten. Und diese Landschaft ist heute noch das ganze Jahr über wirklich atemberaubend. Wenn im Winter die schneebedeckten Berge an den Seeufern ruhen, kann ein Besuch genauso lohnenswert sein wie im Frühling, wenn zwischen den Dörfern Teppiche aus Narzissen und Schneeglöckchen ausgebreitet sind. Im Sommer kann es am Lake District mit zahlreichen Veranstaltungen und langen sonnigen Abenden sehr lebhaft sein. Und wenn im Herbst das Farbenspiel der Blätter beginnt, ist diese Show wirklich atemberaubend.

Seen und Berge

Dramatische Bergpässe verbinden die Täler, während gewundene Straßen die hügelumsäumten Seen umarmen. Verbindungsstraßen führen wiederum durch ständig neue Landschaften. Während man einen malerischen Pass hinauffährt, erscheint in der Ferne eine weitere verlockende Straße, die in ein neues schönes Tal führt. Viele der schönsten Straßen sind einspurige *Single Track Roads*, was zusammen mit frei herumlaufenden Schafen dafür sorgt, dass das Tempo im Lake District generell moderat ausfallen sollte. Eine gute Planung ist wichtig, da besonders in den Schulferien die Besucherzahlen im Lake District nach oben schnellen und die Straßen zwischen größeren Ortschaften sehr belebt sind. Wenn möglich, sollte ein Besuch mit dem Motorrad außerhalb der Hauptsaison oder früh am Morgen bzw. später am Nachmittag erfolgen, damit man kein frustrierendes Geschleiche hinter Reisebussen erleben muss. Für Offroadfahrer, die ausgezeichnete Geländetouren mit großartigen Panoramablicken verbinden wollen, bieten sich zahlreiche legale *Green Lanes* an. Die Entfernungen sind

Von Ambleside führt die Straße nach Norden zum Kirkstone-Pass, der höchsten befahrbaren Passstraße des Lake Districts. Sie verbindet das Rothay Valley mit Patterdale und dem Lake Ullswater. In der Nähe der Passhöhe befindet sich ein altes Gasthaus, das bei Reisenden noch heute beliebt ist.

ziemlich kurz, doch man kann leicht ein paar Tage damit verbringen, auf kleinen und kaum befahrenen Straßen die zahlreichen Täler zu erkunden. Bezüglich der ständig mitzuführenden Ausrüstung sollte man bedenken, dass die zahlreichen Seen ihre Ursachen haben.

Cumberland liegt an Englands nordwestlicher Küste und ist damit atlantischen Tiefdruckgebieten ausgesetzt. Allerdings kann nach einem feuchten Vormittag auch ein herrlich sonniger Nachmittag folgen, und eine kurze Fahrt in ein anderes Tal kann dafür sorgen, dass sich nicht nur die Landschaft, sondern auch das Wetter deutlich verändert. Die Popularität der Seen bedeutet, dass es eine Fülle an Unterkünften gibt. Vom einfachen Campingplatz über Hütten bis hin zum Fünfsterne-Hotel ist alles dabei. Angesichts der kurzen Wege ist auch eine einzige Unterkunft als Basislager für sämtliche Ausflüge im District vorstellbar. Eine Fahrt rund um den Lake District führt durch eine magische Umgebung, in der sich hinter jeder Kurve ein gemäldeverdächtiges Panorama eröffnen kann.

Die Ambleside-Schleife: Wrynose und die Hardknott-Pässe

Die Tour beginnt in Ambleside, einem touristischen Zentrum, das sich als Basislager für Entdeckungen im Lake District anbietet. Die hervorragenden Pässe sind nur wenige Stunden vom Ort entfernt. Wer früh genug aufsteht und startet, kann bei wenig Verkehr über die

A593 in Richtung Coniston fahren und nach 6 km rechts in Richtung Wrynose und Langdale abbiegen. Der Beschilderung zum Wrystone- und Hardknott-Pass folgend beginnt die Straße durch Waldgebiete und später in offenen Bereichen an Höhe zu gewinnen. Der 393 Meter hohe Wrynose-Pass verbindet Little Langdale mit dem malerischen Doddon-Tal und ist eine alte Römerstraße, über die in einem Kastell am Hardnott-Pass stationierte Soldaten versorgt wurden. Teile der alten Straße verlaufen parallel zur neuen Straße. Der Name Wrynose ist mit »Pass des Hengstes« übersetzbar, was darauf hinweist, dass zur Überquerung der steilen Anhöhe durchaus ein zuverlässiges Pferd nötig war.

Wrynose ist eine unebene und einspurige Bergstraße. Sie ist eng, kurvig und schmal. Trotz des zeitweise recht dichten Reiseverkehrs mit Autos, Radfahrern und Fußgängern gibt es nur wenige Ausweichplätze. Zudem haben die überall anzutreffenden Hardwick-Schafe generell Vorrang. Nur eine vorausschauende Fahrweise sorgt dafür, dass man keine Notbremsungen einleiten muss, um den Gegenverkehr durchzulassen. Die Ausblicke über die Langdale Fells und einige der höchsten Gipfel des Lake Districts sind herrlich, auch wenn das Auffinden eines geeigneten Parkplatzes schwierig werden kann. Der an der Wrynose-Passhöhe zu besichtigende Three-Shire-Stone markiert die Stelle, an der die drei historischen Grafschaften Lancashire, Cumberland und Westmoreland aufeinandertreffen. Während die Straße ins Duddon-Tal hinabführt, hat man einen atemberaubenden Ausblick über das Tal und auf die sich neben dem Fluss Duddon entlang schlängelnde Single Track Road. Sobald die Cockley-Beck-Steinbogenbrücke erreicht ist, kann man entweder dem Duddon durch sein Tal nach Duddon Bridge folgen oder nach rechts zum anspruchsvollen Hardnott-Pass in Richtung Eskdale abbiegen. Die nach Duddon Bridge führende Straße hat einen malerischen Verlauf und empfiehlt sich für die Aufnahme in die Tour. Hardknott ist dagegen der wahrscheinlich steilste Pass Englands, da die Straße mit bis zu 33 % zur auf 393 Meter liegenden Passhöhe hinaufklettert. Wie der Wrynose-Pass ist die Straße kurvig, holprig und schmal. Obwohl die Straße deutlich steiler ist, gibt es an der Steigung ein paar mehr Ausweichstellen, die es erlauben, anzuhalten und die weite Aussicht zu genießen. Nachdem die Passhöhe erreicht ist, stürzt sich die herrliche Landschaft über mehrere Täler zum Atlantik herunter. Die Abfahrt in die sanften und fruchtbaren Täler sollte gemächlich erfolgen. Die Straße bleibt einspurig, wenn man ihr ab dem Woolpack Inn bis zum King George IV Inn folgt, um dort links nach Ulpha abzubiegen.

Die ebenfalls einspurige Straße nach Ulpha ist etwas breiter und steigt stetig an – aber nicht so hoch wie die eben überquerten Pässe. Der Ausblick über die kargen Felsen nach Nordwesten ist jedoch genauso atemberaubend. Wenn man nach Ulpha herunterkommt, trifft man wieder auf die nach Broughton-in-Furness führende Straße durchs Duddon-Tal. Dort kann man über die A5092 den kleinen Ort Lowick Green erreichen, um hier links auf die A5084 abzubiegen und anschließend einen der unmarkierten Wege nach rechts in den Grizedale Forest zu nehmen und an das Ostufer des Coniston Water zu gelangen. Mit 8 km Länge ist dies der drittgrößte See im Lake District. Donald Campbell hat hier Ende der 1950er-Jahre mit seinem Boot *Bluebird* mehrmals den Weltrekord für Wasserfahrzeuge gebrochen, und er ist der einzige Mensch, der im gleichen Jahr (1964) sowohl einen neuen Weltrekord für Wasser- wie auch Landfahrzeuge aufgestellt hat.

Eine einspurige Straße folgt dem See durch schöne Laubwälder, die gelegentlich den Blick auf den 803 Meter hohen Old Man of Consiton freigeben. Ab der nördlichen Spitze des Sees führt die B5285 nach Osten in das hübsch gepflasterte Dorf Hawkshead, bevor es über die B5286 zurück nach Ambleside geht. Die Rundreise war nur 80 km lang, aber die hatten es in sich.

Von Ambleside nach Keswick: Kirkstone-Pass

Mit einer Passhöhe von 454 Metern ist der Kirkstone-Pass, der Ambleside im Rothay Valley mit Patterdale und dem Lake Ullswater verbindet, die höchste befahrbare Passstraße des Lake Districts. Die Strecke ist 15 km lang und mit Steigungen bis zu 25 % durchaus anspruchsvoll. Die aus Ambleside kommende Straße hat den treffenden Namen *The Struggle* (Der Kampf) erhalten und ist sehr schmal und steil, bevor sie am Pass auf die aus Troutbeck kommende A592 trifft – eine wesentlich einfachere Möglichkeit, den Pass von Süden zu erreichen. An der Passhöhe steht das Kirkstone Pass Inn, das früher als Relaisstation diente und heute als dritthöchste Kneipe Englands beworben wird. Der Pass ist nach dem 500 Meter vom Inn entfernt stehenden Stein benannt, der wiederum wegen seiner markanten Form den schottischen Namen für Kirche – Kirk – erhalten hat. Während der Abfahrt Richtung Ullswater ist der Ausblick gewaltig.

Am nördlichen Fuße des Passes und dem Südufer des zweitgrößten Sees des Districts namens Ullswater liegen die Dörfer Patterdale und Glenridding, die bei Wanderern beliebt sind, welche den 950 m hohen Helvellyn und andere Berge der Umgebung bezwingen wollen. Wenn man der am See entlang führenden A592 folgt, zweigt etwa 3 km hinter Glenridding die A5091 ab, um zur A66 zu führen, der Hauptstraße zwischen Keswick und Penrith. Etwa zwei Kilometer vor Keswick führt links eine schmale Straße zum megalithischen Castlerigg-Steinkreis, hinter dessen vermutlich um 3000 v. Chr. aufgestellten 33 Steinen der Helvellyn und der High Seat (608 m) eine dramatische und majestätische Kulisse bilden.

Von Keswick nach Ambleside: Whinlatter- und Honister-Pässe

Die Stadt Keswick ist das Zentrum für Besucher der nördlichen Seen und des Outdoor-Sports. Die Entdeckung von Grafit im Borrowdale machte den Ort ab dem 16. Jahrhundert zum Zentrum der Bleistift-Fabrikation. Noch heute werden hier Bleistifte hergestellt und ein Bleistift-Museum zeigt die Geschichte dieses für Keswick wichtigen Industriezweigs. Die hier beginnende und endende Tour ist eine angenehme Runde über 45 km und kann in beiden Richtungen gefahren werden. Die Strecke führt über zwei Pässe und an drei Seen entlang, und sie bietet fantastische Ausblicke auf die nördlichen Seen des Districts und die umliegenden Berge. Die A66 führt nach Westen

Der Blick auf »The Struggle«, eine dramatische Nebenstrecken-Alternative zwischen Ambleside und dem Kirkstone-Pass. Bei dem Namen überrascht es wenig, dass die Straße mit teilweise über 20 % ziemlich steil ist und Schilder darauf hinweisen, dass es im Winter gefährlich werden kann (links).

Die schöne Cockley Beck-Steinbrücke über den River Duddon. Hierüber verlaufen Straßen von und zum Wrynose- und Hardknott-Pass sowie nach Duddon Bridge.

Roadbook: Der Lake District

Route: Start und Ziel ist Ambleside. Rundkurse führen über die fünf Bergpässe Wrynose, Hardknott, Kirkstone, Whinlatter und Honister.

Tipps:
• In Touristenzentren sollte früh am Morgen gestartet werden, um dem dichten Verkehr zu entgehen.
• Unterkünfte im Lake District sind in der Hochsaison schnell ausgebucht, also besser rechtzeitig reservieren.
• Beim Besuch der Honister Slate Mine kann Englands erste *Via Ferrata* besichtigt werden – eine Kombination aus am Berg verankerten Stahlseilen und Leitern, auf denen Besucher die Felswände durchqueren können, um den ursprünglichen Routen der Bergleute zum Gipfel zu folgen. Auf den geführten Touren wird die notwendige Sicherheitsausrüstung natürlich bereitgestellt.

Beste Reisezeit: April bis Oktober

Gesamtdistanz: 200 km

Einzuplanende Zeit: 1 Tag

GPS-Start- und Zielpunkt: Ambleside 54.432387, -2.962554

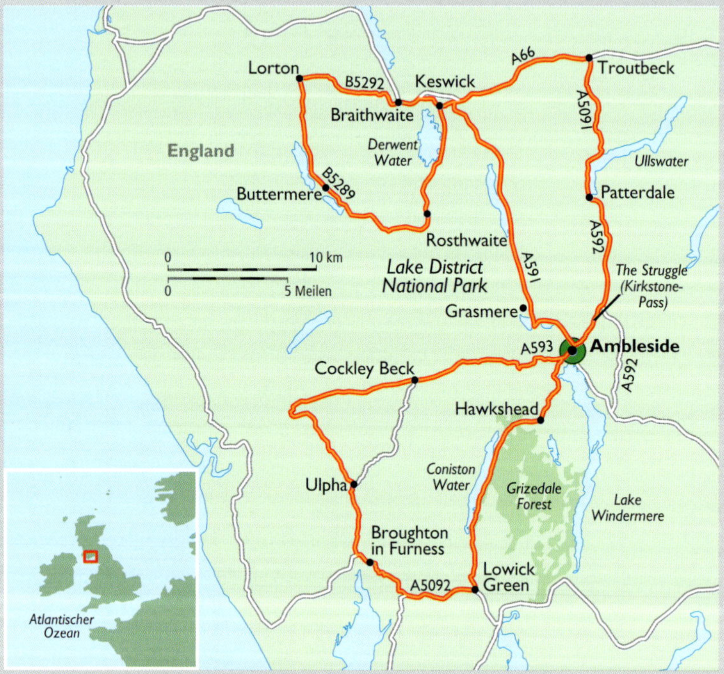

aus Keswick heraus, anschließend wird auf die nach Braithwaite abbiegende B5292 ab, um den Whinlatter-Pass zu erreichen.

Die Berge Grisedale, Causey Pike, High Stile und Barrow bilden das berühmte Coledale-Hufeisen und bieten für Braithwaite eine gewaltige Kulisse. Mit gerade einmal 318 Metern ist der Whinlatter-Pass ein deutlich angenehmerer Anstieg als andere Pässe des Lake Districts. Die Bergstraße windet sich durch den Thornthwaite Forest und bietet Ausblicke auf den Bassenthwaite Lake. Beim Whinlatter-Besucherzentrum gibt es ein Restaurant und man kann Eichhörnchen und Fischadler beobachten. Bei Lorton geht es links auf die B5289 und zum Dorf Buttermere. Die Straße führt am Crummock Water und dem kleineren Buttermere-See entlang. Der 356 m hohe Honiston-Pass verbindet das Buttermere-Tal mit dem östlichen Ende des lieblichen Borrowdale-Tals am Südende des Derwent Waters. Während man den Pass erklimmt, führt die Straße am Gatesgarthdale Beck entlang, der in den Buttermere mündet. Die Steigung ist mit 25 % nicht unerheblich, aber die Straße ist breiter als am Wrynose und Hardnott und zudem meistens ruhiger. Die Landschaft fühlt sich an den kahlen Hängen zur Honister Slate Mine am Gipfel deutlich wilder an.

Um die imposante Umgebung aufzusaugen, sollte man im Sky Hi-Café ein Getränk ordern. Wer möchte, kann an einer geführten Tour teilnehmen und sehen, wie der unverwechselbare grüne Schiefer von Honister abgebaut und bearbeitet wird. Falls die Passfahrten noch nicht spannend genug waren, kann man in der Mine über den waghalsigen Klettersteig namens *Via Ferrata* mit an den Felswänden montierten Stahlseilen den alten Wegen der Bergleute folgen.

Die vom Pass herunterführende B5289 verläuft am 5 km langen Derwent Water entlang ins liebliche Borrowdale-Tal und schlängelt sich schließlich nach Keswick zurück, von wo es über 28 km auf der A591 wieder nach Ambleside geht. Die Straße verläuft unterhalb des Helvellyn am Thirlmere-See entlang, bevor sie nach Grasmere, einem lebhaften und beliebten Dorf mit zahlreichen Restaurants und Teestuben führt. Auch hierher kommen gern Wanderer, aber viele Besucher schauen sich gern Dove Cottage an, wo der Dichter William Wordsworth und seine Schwester Dorothy zwischen 1799 und 1806 gelebt haben. Wordsworth hat viele seiner berühmtesten Gedichte in diese Zeit geschrieben, darunter auch ›I Wandered Lonely As A Cloud‹.

Wenn man Grasmere verlässt, verläuft die Straße entlang des kleinen, aber sehr schönen Grasmere-Sees. Und nach weiteren 7 km auf der reizvollen A591 kommt hinter dem Rydal Water das Basislager Ambleside in Sicht, und man kann sich überlegen, ob die Touren es nicht wert sind, bereits am nächsten Tag wiederholt zu werden.

Vom Hardknott-Pass hat man eine perfekte Aussicht über das Eskdale-Tal, bei klarem Wetter reicht der Blick bis zum Atlantik (linke Seite).

Coniston Water ist der drittgrößte See des Lake Districts. Auf dem 8 km langen Gewässer wurden viele Weltrekorde für Wasserfahrzeuge aufgestellt – anfangs von Sir Malcolm Cambell, später von seinem Sohn Donald.

England

Der Rosenweg

250 km

Die Städte York und Lancaster waren die Hochburgen der verfeindeten Zweige des Hauses Plantagenet, deren Kriege um den Thron von England im 15. Jahrhundert als Rosenkriege bekannt geworden sind. Noch heute ist die weiße Rose das Symbol von Yorkshire, während die rote Rose im Wappen von Lancashire aufblüht. Die Fahrt beginnt in der historischen Stadt York, führt durch den Yorkshire Dales National Park und endet mit einer Fahrt durch den Forest of Bowland am Tor von Lancaster Castle.

Die Landschaft zwischen York und Lancaster ist voll von historischen Marktgemeinden, Schlachtfeldern, gewaltigen Schlössern und Klosterruinen, die alle eine faszinierende Geschichte zu erzählen haben. Viele Dörfer gibt es seit Jahrhunderten, und es ist eine zeitlose Landschaft, die sich vor den Dales entfaltet. Yorkshire ist die größte Grafschaft Englands, und die schiere Größe der Dales und des Forest of Bowland, der die Grenze zwischen den Grafschaften überspannt, vermitteln ein echtes Gefühl von Freiheit und Einsamkeit, während man unter einem weiten Himmel entlangfährt und die weite Aussicht zu riesigen Kalk- und Sandsteinfelsen genießt. Yorkshires berühmter Flickenteppich aus Trockenmauern und über die Felder verstreuten Steinhütten reicht bis zum Horizont. Es wird großer Wert auf lokale Produkte gelegt. Der berühmte Lancashire-Eintopf aus Fleisch und Kartoffeln stammt aus der Zeit der Industrialisierung und kann den ganzen Tag warmgehalten werden. Yorkshire kann in Großbritannien mit den meisten vom Guide Michelin ausgezeichneten Restaurants außerhalb Londons glänzen und ist die Heimat des berühmten Wensleydale-Käses und des »Puddings«, der tatsächlich ein Backwerk ist. Es gibt zahlreiche unabhängige Brauereien, sodass im Pub unbedingt Black Sheep Bier, Theakston's Old Peculier und Saltaire Blonde probiert werden sollte.

Eine Fahrt ins Abenteuer

Hier finden sich einige der besten Motorradstrecken Englands, die sich durch zerklüftete Landschaften winden und sich zuweilen sehr wild und abgelegen anfühlen. Dass Motorradfahren in diesem Teil Englands sehr beliebt ist, überrascht daher kaum. Selbst an den kältesten Wintertagen sieht man auf den Straßen und den vielen bikerfreundlichen Cafés in den Dales viele Fahrer, die ihre Lieblingsstrecke genießen. Wer den kürzesten Weg zur Isle of Man fahren will und in Hull ankommt,

Schmale zwischen Trockenmauern verlaufende Straßen führen nach Kettlewell im Upper Wharfedale und an den Fluss Wharfe. Dies ist ein idealer Haltepunkt, um die raue Landschaft zu genießen und mit anderen Fahrern bei einer Tasse Yorkshire-Tee zu plaudern.

sollte sich auf dem Weg nach Heysham die hervorragenden Straßen im nördlichen England nicht entgehen lassen. Alternativ kann diese Route auch mit den Ausflügen im Lake District (siehe Seite 136) zu einer spannenden Reise über steile Pässe kombiniert werden. Der Straßenbelag ist nicht mit einer Rennstrecke zu vergleichen, da es über Hügel und durch Täler geht und der Frost seinen Tribut fordert. Auf höher gelegenen Straßen ist zudem stets mit umherstreifenden Schafen und Rindern zu rechnen.

Die Landschaft ist atemberaubend, vor allem im Spätsommer, wenn in den Mooren die Heide blüht. Selbst im Hochsommer ist auf den Straßen wenig Verkehr, und es gibt auf den Single-Track-Roads zahllose Ausweichstellen. Man kann leicht auf eine leere Bergstraße ausweichen, um herrliche Ausblicke ins Tal zu genießen. Es gibt zahlreiche ausgezeichnete Offroad-Strecken, die anspruchsvolle Bergetappen mit fabelhaften Panoramablicken verbinden. Yorkshire ist weltberühmt für seine Trial-Strecken, auf denen mehrere lokale Weltmeister durch zerklüftetes Gelände und eisige Bäche hüpfen. Tatsächlich stammen viele Motorrad-Legenden aus der Region, darunter auch die beiden TT-Sieger Douglas »Dougie« Lampkin und David Jefferies. Wer einmal selbst diese hervorragenden Straßen gefahren ist, wird verstehen, warum.

Von York nach Harrogate

Von den Römern gegründet und den Wikingern erobert ist die Geschichte von York stark mit der von England verbunden. In der Festung des Königshauses York musste König Charles I. während des englischen Bürgerkriegs (1642 bis 1649) Zuflucht suchen. Und selbst Guy Fawkes, der am 5. November 1605 in London ein Sprengstoffattentat auf den König verübte, wuchs in der Stadt auf. Wer Zeit für einen Spaziergang hat, erkundet die Stadtmauern und ihre berühmten Tore. Die Micklegate Bar war das berühmteste Tor der Stadt und der traditionelle Eingang der Könige. Während des Rosenkriegs wurden die abgetrennten Köpfe vieler Adeliger über dem Tor aufgespießt, um dort als grausame Abschreckung für potenzielle Verräter zu dienen. In Yorks anderem berühmten Tor, der mit einem funktionierenden Fallgitter ausgerüsteten Monkbar, ist das Richard III.-Museum untergebracht. Wer sich im Labyrinth der engen Gassen der Altstadt von York (»The Shambles«) verlaufen hat, muss nur nach oben schauen, um sich am gewaltigen York Minster, der die gesamte Stadt überragenden gotischen Kathedrale, zu orientieren.

Verlässt man York über die Micklegate Bar nach Westen, führt die A59 ins 35 km entfernt liegende Harrogate. Die Straße führt bei Long Marston am Schlachtfeld von Marston Moor vorbei, wo am 2. Juli 1644 in der größten Schlacht auf englischem Boden die Royalisten unter Charles I. gegen das Heer des Parlaments unter Oliver Cromwell unterlagen und dadurch in nur wenigen Stunden 3000 Soldaten und die Kontrolle über York und den gesamten Norden des Landes verloren. An der Straße zwischen Long Marston und Tockwith weist ein schlichtes Denkmal auf diese für die weitere Geschichte Englands entscheidende Schlacht hin.

Von Harrogate nach Hawes

Die ansehnliche Kurstadt Harrogate war seit den 1850er-Jahren ein beliebtes Reiseziel und das hervorragende Türkische Bad im viktorianischen Stil, das 1897 erbaut und kürzlich restauriert wurde, ist noch heute für das Publikum zugänglich. Um sich für die Fahrt zu stärken, kann man in Betty's Tearoom in historischer Umgebung einen Tee und ein Fat Rascal (ein traditionelles Teegebäck aus York) bestellen. Im Juli findet in Harrogate die Great Yorkshire Show statt, Englands wichtigste Landwirtschaftsmesse. Die Mitglieder des *Royal Signals Motorcycle Display Team*, auch »White Helmets« genannt, sind regelmäßig die Stars der Show, wenn sie mit ihren treuen Triumph-

Eine Steinbrücke über den River Wharfe bei Yokenthwaite. Weil der Fluss im Winter stark anschwellen kann, wurde der Bogen ausreichend hoch ausgeführt (links).

Das im Herzen des Wharfedales liegende Örtchen Buckden wird vom 702 Meter hohen Buckden Pike überragt, auf dem man eine herrliche Aussicht genießen kann.

Maschinen durchs Feuer fahren oder über Autos springen. Die A61 führt in nordwestlicher Richtung aus Harrogate heraus und überquert auf den 6 km ins Dorf Ripley den River Nidd. Das Ripley Castle ist seit über 700 Jahren im Besitz der Familie Ingleby. Oliver Cromwell übernachtete nach der Schlacht von Marston Moor in der Bibliothek des Schlosses, während sich Sir William Ingleby, ein Freund der Royalisten, in der Burg verstecken musste.

Wenn man auf der nach Pateley Bridge ausgeschilderten B6165 fährt, beginnt die herrliche Landschaft der Dales. An der durch traditionelle Steindörfer führenden Straße gibt es Abzweige zur Ruine des Zisterzienserkosters Fountains Abbey und der bizarren Felsformation Brimham Rocks. Die Straße steigt gemächlich an, und ab den Brimham-Felsen hat man eine atemberaubende Aussicht über das Nidderdale. Und dies ist erst der Beginn einer unglaublichen Fahrt durch eine der schönsten Landschaften Englands. In Pateley Bridge gibt es einen kleinen Parkplatz mit einem speziellen Bereich für Motorräder. Im Ort kann man ein preisgekröntes Pork Pie (Schweinefleischpastete) probieren oder in einen der motorradfreundlichen Pubs und Cafés einkehren, bevor man sich zum ältesten Süßigkeitenladen Englands in der Hauptstraße aufmacht. Hinter der Nidd-Brücke geht die Fahrt den steilen Greenhow-Hill hinauf. Die Straße ist eng, und weil sie ein Teil des neuen Fernradweges *The Way of the Roses* ist, muss stets mit Radfahrern gerechnet werden. Am Ende der Steigung ist die Aussicht über die Täler wirklich spektakulär. Links blickt man auf den riesigen Kalksteinbruch namens Coldstones Cut. Von dem daran errichteten Aussichtspunkt hat man einen hervorragenden Rundblick bis nach York und an die Küste. Greenhow ist ein altes Bergarbeiter-Dorf und die benachbarte Stump Cross Caverns sind ein Höhlensystem, das 1858 bei der Suche nach Blei entdeckt wurde und heute besichtigt werden kann. Jetzt befindet man sich im eigentlichen Yorkshire Dales Nationalpark und die Fahrt auf der durch Hügelland führenden Straße wird immer besser. Die kreuz und quer durchs Land gezogenen Trockenmauern vervollständigen die dramatische Landschaft. Hinter dem Kopfsteinpflaster-Marktplatz von Grassington geht es auf der B6165 und B6160 ins 11 km entfernte Kettlewell. Die Straße quetscht sich zusammen mit dem River Wharfe unter dem gewaltigen Felsen Kilsney Crag entlang. Die B6160 führt weiter nach Buckden, wo es links über Hubberholme nach Hawes geht. Diese einspurige Straße schlängelt sich kurz vor Hawes, wo der berühmte Wensleydale-Käse hergestellt wird, hoch in die Dales. Hawes bedeutet »Pass zwischen Bergen« – und an den hoch über dem beliebten Marktplatz der Stadt entlangführenden Straßen sieht man auch, wie dieser Name entstanden ist.

Pen-y-Gent ist einer der Three Peaks (Drei Gipfel) in Yorkshire. Die anderen beiden heißen Ingleborough und Whernside. Sie sind mit zerklüfteten Moorlandschaften verbunden und werden von abgelegenen Single-Track-Roads durchkreuzt.
Ein kurzer Abstecher nach Malham Cove führt zu einem natürlichen Amphitheater, das sich in einem Kalksteinfelsen gebildet hat (rechte Seite).

Roadbook: Der Rosenweg

Route: Startpunkt ist York. Von hier geht es durch die Yorkshire Dales, über die Pennines und durch den Forest of Borland nach Lancaster und Heysham, wo die Fähre zur Isle of Man ablegt.

Tipps:
• In Pateley Bridge sollte man auf keinen Fall ein Pork Pie verpassen.
• Einen Kilometer nördlich von Malham liegt die Kalkfelsen-Formation Malham Cove. Diese 80 Meter hohe Klippe liegt am oberen Rand des Tals und zeigt eine interessante Oberflächenstruktur.
• Bei einer Trialveranstaltung kann man Profi-Motorradfahrer beim Überwinden wirklich großer natürlicher Hindernisse beobachten.

Beste Reisezeit: April bis Oktober

Gesamtdistanz: 250 km

Einzuplanende Zeit: einen guten Tag

GPS-Startpunkt: York 53.964064, -1.081638

GPS-Zielpunkt: Heysham 54.035099, -2.895584

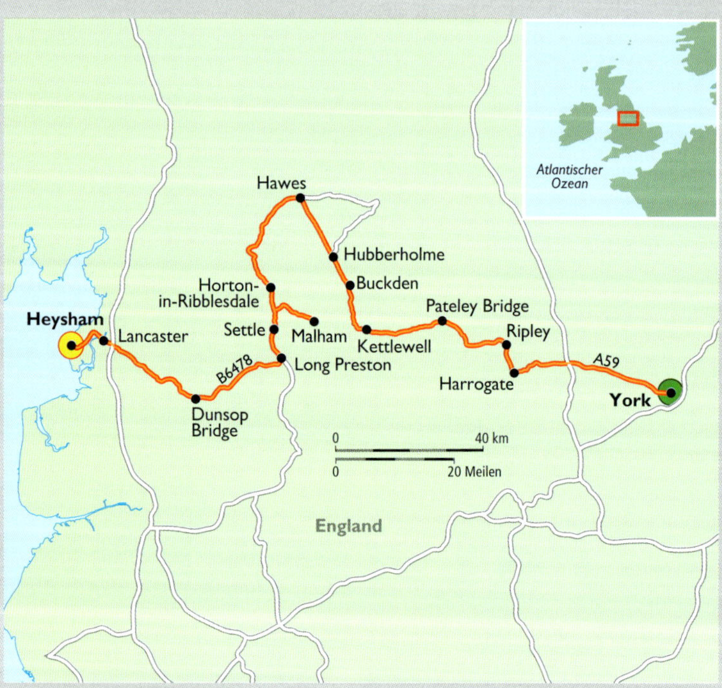

Von Hawes nach Settle

Ab Hawes zieht sich die B6255 durch Widdale und Dodd Fell, bis während der wilden Fahrt über das Gayle Moor plötzlich die 24 Bögen des beeindruckenden Ribblehead-Eisenbahnviadukts vor einem auftauchen, das auf der Strecke von Settle nach Carlisle ein Tal überspannt. Kurz vor dem Bahnhof Ribblehead zweigt die B6479 links nach Horton-in-Ribblesdale ab, wohin auch die zahlreichen Besucher strömen, die den Pen-y-Gent besteigen wollen. Wer mag, kann an der Yorkshire Three Peaks Challenge teilnehmen, bei der es darum geht, die Berge Pen-y-Gent (691 Meter), Whernside (728 Meter) und Ingleborough (723 Meter) in unter 12 Stunden zu erklettern. Klaffende Schluchten, Höhlen und Gruben bieten in der Region genauso herausfordernde Alternativen.

10 Kilometer südlich von Horton-in-Ribblesdale liegt die geschäftige Marktstadt Settle im Schatten des Felsens Castlebergh Crag. Hier kann mit der Eisenbahn ein schöner Ausflug nach Carlisle unternommen werden. Einen großartigen Abstecher bildet die 12 km lange Single Track Road ab Stainforth oder die 2 km aus Langcliffe herausführende Piste, die beide zum See Malham Tarn und dem herrlichen Malham Cove führen, einer 80 Meter hohen und 300 Meter breiten Kalkstein-Klippe. Die Fahrt ist fabelhaft und vom Felsen hat man einen hervorragenden Blick über die Dales.

Von Settle über den Forest of Bowland nach Lancaster

Ab Settle hat man den Yorkshire Dales National Park hinter sich, und es geht über die Panoramastraße des Forest of Bowland und damit durch den perfekten Eingang zur Stadt Lancaster. Die A65 führt nach Norden zum Lake District, doch sie sollte hier nach Süden genommen und nach nur 5 km bei Long Preston wieder verlassen werden, um über die B6478 in den Forest of Bowland zu gelangen. Die Reise geht hier durch tiefe Täler, torfiges Moorland und an kahlen Sandsteinfelsen entlang. Die Kombination aus offenen Mooren, alten Wäldern und hübschen Dörfern mit Steinhäusern macht die Straße zur perfekten Route zwischen den einst verfeindeten Grafschaften. Am Grenzörtchen Tosside, das tatsächlich in beiden Regionen liegt, geht es heute allerdings recht friedlich zu.

Ab Newton-in-Bowland geht es in westlicher Richtung nach Dunsop Bridge, das den Eingang zum Through of Bowland bildet, einer hohen Passstraße nach Lancaster. Das britische Amt für Landvermessung hat Dunsop Bridge zum offiziellen Mittelpunkt der britischen Inseln erklärt, und eine vom Forscher Sir Ranulph Fiennes enthüllte Gedenktafel dokumentiert dies. Das im Deckengemälde der St. Hubert-Kirche gezeigt Pferd soll den Derby-Sieger namens »Kesselpauke« zeigen, der 1861 dafür sorgte, dass der Wettgewinn zum Bau dieser römisch-katholischen Kirche verwendet werden konnte. Von Dunsop Bridge sind es nur noch 25 km durch eine herrliche zerklüftete Landschaft bis in die historische Stadt Lancaster, dessen *House* auf eine fast 700-jährige Geschichte zurückblicken kann. Die *Lancastrians* haben ihren Namen von John of Gaunt, dem ersten Herzog von Lancaster erhalten, dessen Statue am Lancaster Castle die Besucher begrüßt. Das auf einem Hügel stehende Schloss dominiert das Stadtbild und wurde auf dem Gelände eines römischen Kastells erbaut. Es diente über Jahrhunderte als Gericht und Gefängnis und beheimatet noch heute das Staatsgericht. Verurteilte Schwerverbrecher wurden früher direkt aus den im Schloss untergebrachten Zellen nach Australien deportiert. Im Jahre 1612 wurden hier im bekannten »Hexenprozess von Pendle« zwölf Angeklagte der Tötung von zehn Menschen durch Hexerei beschuldigt. Sie wurden in der Burg eingesperrt, bevor man sie am Galgen hängte.

Von Lancaster sind es nur 12 km auf der A683 zum Hafen von Heysham, wo die Fähre nach Douglas auf der Isle of Man abfährt. Die weltberühmten TT-Rennen und der Manx Grand Prix locken jedes Jahr Anfang Juni bzw. Ende August Tausende Motorradfahrer zum einzigartigen 60 km langen Mountain Circuit. Die Isle of Man ist aber auch ohne die Motorradrennen eine Reise wert.

Ein klarer Herbsttag in der Nähe der Bolton Abbey bei Burnsall im Wharfedale. Die Ruinen der Abtei aus dem 12. Jahrhundert liegen am Ufer des River Wharfe (links).

Richtung Coverdale reist man auf Single-Track-Roads, die kleine Bauernhöfe und Gemeinden verbinden. Auf solchen Strecken muss ständig mit Schafen und anderen Tieren gerechnet werden.

Wales

Walisische Berge und Täler

350 km

Adrenalin-Junkies strömen nach Nord-Wales, wo für fast jede Form von Outdoor-Aktivität gesorgt ist. Hier kann man vom Bergsteigen auf die höchsten Gipfel über Mountainbike-Downhill bis hin zum nervenaufreibenden Seilrutschen-Ritt über eine ehemalige Schiefermiene alles erleben. Der Snowdonia-Nationalpark in Nord-Wales bedeckt eine Fläche von 2131 km² und erstreckt sich von Conwy im Süden bis an die Küste bei Aberdyfi im Norden. Die westliche Grenze des Parks schließt eine der spektakulärsten Küsten Großbritanniens ein. Zwischen einer Reihe von Flussmündungen erstrecken sich an der bei Großen Tümmlern beliebten Cardigan Bay hohe Berge bis ins Meer.

Die während der Eiszeit herausgebildeten Berge des Snowdonia Nationalparks sind schroff und felsig, dazwischen finden sich Gletscherseen. Innerhalb seiner Grenzen finden sich neun Bergketten mit 90 Gipfeln über 2000 Fuß (610 m) und 15 Gipfeln über 3000 Fuß (914 m) Höhe. Vom Gipfel des Mount Snowdon, des höchsten britischen Berges südlich von Schottland, hat man eine beeindruckende Aussicht über einen großen Bereich von Nord-Wales und an sehr klaren Tagen sogar bis Irland. Der südliche Teil des Snowdonia Nationalparks, die Cambrian Mountains, bedeckt die schöne Landschaft im mittleren Wales und reicht vom Plynlimon (752 Meter), an dem die Quelle des Flüsse Severn liegt, bis zum Mynydd (462 Meter) bei Llandovery.

Getrennt von Snowdonia im Norden und den Black Mountains im Süden durch die wunderschönen Täler Dyfi und Tywi sind die Cambrian Mountains ein aus sanften Hügeln und friedlichen Tälern bestehendes Gebiet, wo Rotmilane über den Wäldern rund um die Stauseen des Elan-Tals ihre Kreise ziehen. Die Bergkette der Black Mountains bilden die Westflanke des 1350 km² großen Brecon Beacons Nationalparks. Die aus von Gletschern geformten Steilhängen, hohen Gipfeln und den Kalksteinklippen und Höhlen des Fforest Fawr (Großer Wald) bestehende Landschaft ist wild, felsig und herausfordernd. Sie ist auch unglaublich schön, und eine Fahrt durch die Nationalparks von Snowdonia und Brecon Beacons führt den Motorradfahrer durch eine Landschaft, die jahrhundertelang Mythen und Legenden inspiriert hat.

Schlösser, Küste und Berge

Die Straßen, mit denen die walisischen Hügel und grünen Täler verbunden sind, stellen für Motorradfahrer, die auf der Suche nach kurvenreichen Pisten und herrlichen Landschaften sind, eine ständige

Der Blick vom Crib Goch im nordwalisischen Snowdonia Nationalpark. Der übersetzte Name »Roter Kamm« steht sowohl für die Farbe des Gesteins als auch den spitzen Grat, der hier geradezu als »messerscharf« bezeichnet werden kann (links).

Die Panoramastraße durch das schöne Elan-Tal verbindet die in der viktorianischen Zeit geschaffenen Stauseen und ist sowohl für einheimische als auch aus aller Welt anreisende Motorradfahrer eine beliebte Attraktion.

Verlockung dar. Mit einer fast ununterbrochenen Kulisse aus schroffen Bergen führt eine Fahrt auf den zumeist einspurigen Waldstraßen durch die Nationalparks Snowdonia und Brecon Beacons und damit eine Landschaft aus offenem Moorland, sodass stets eine gute Fernsicht besteht. Die walisische Sprache Cymraeg ist genauso kurvenreich wie die Straßen des Landes. Hinweisschilder sind aber generell in walisisch und englisch verfasst. Das walisische Wort *Araf* (langsam) wird man genauso rasch erlernen wie *Afon*, was Fluss bedeutet. Überall ist Wasser: Es läuft von Bergen herunter, strömt durch kristallklare Flüsse und sammelt sich in den Stauseen des Elan-Tals (siehe Foto auf Seite 151). Daher besteht allerdings auch eine gewisse Wahrscheinlichkeit, dass es auf dem einen oder anderen Teil der Reise direkt vom Himmel fällt. Für Endurofahrer, die es lieben, den Tag in Schlammrinnen und knietiefen Flüssen zu verbringen, ist dies natürlich eine gute Nachricht. Wales ist das Mekka des Endurowanderns, denn das Netz aus *Green Lanes* genannten Wegen bietet hervorragende Möglichkeiten, weit von den Hauptstraßen entfernte Pfade zu erreichen – und im Matsch zu spielen. Es ist kein Zufall, dass zahlreiche Motorradhersteller ihre Offroad-Trainingszentren in Wales angesiedelt haben. Verschiedene lokale Reiseveranstalter bieten geführten Touren an, auf Wunsch auch mit einem gestellten Motorrad. Die ausgedehnte Hafren-Rallye, auf der die Teilnehmer gegen die walisische Landschaft antreten müssen, ist für viele Geländefahrer der Höhepunkt des Jahres.

Die Zeit für Motorradreisen durch Wales erstreckt sich vom Frühjahr bis in den Herbst hinein. Und natürlich sind die Farben der Brecon Beacons im Herbst am schönsten. Es gibt zahlreiche Campingplätze, insbesondere entlang der Küste und in der Nähe der wichtigsten Wanderwege. Die an ihrer unverwechselbaren Form leicht erkennbaren mongolischen Jurten sind eine großartige Camping-Option, wenn man nicht seine eigene Ausrüstung auf dem Motorrad transportieren möchte. Das auf Tourismus ausgerichtete Dorf Portmeirion bietet reichlich Unterkünfte, und natürlich gibt es dort auch viele Pubs, Gasthäuser und Ferienwohnungen. Die magische walisische Landschaft

Das skurrile Dorf Portmeirion steht heute unter gemeinnütziger Verwaltung. Es war schon immer ein touristisches Zentrum, in dem die meisten der im italienischen Stil erbauten Gebäude als Hotel oder Ferienwohnungen genutzt werden. Mit Geschäften, einem Café, einer Teestube und einem Restaurant ist das Dorf eine Urlaubsattraktion im Norden von Wales, wo Tagesausflügler sogar Eintritt bezahlen müssen (rechte Seite).

Die Dampflok der Snowdon Mountain Railway stampft zum Gipfel des höchsten britischen Berges südlich von Schottland hinauf, um Besuchern einen atemberaubenden Ausblick über die Umgebung zu ermöglichen.

wird dafür sorgen, dass man eine unglaubliche Fahrt erlebt – egal, ob man sich lieber auf dem kurvenreichen Asphalt aufhält oder die Herausforderungen der Felshänge und verschlammten Furchen sucht.

Von Caernarfon nach Machynlleth

Diese Etappe beginnt am gewaltigen Caernarfon Castle, das am südlichen Ende des Eingangs zur Meerenge Menai Strait in Nordwales liegt. Das von Edward I. im 13. Jahrhundert als Festung und Herrschaftssitz erbaute Bollwerk gehört schon wegen seiner riesigen Ausmaße zu den meistbesuchten walisischen Burgen.

Die A4086 führt in die Kleinstadt Llanberis, die als touristische Drehscheibe für Besucher des Mount Snowdon und als Eingang zum Snowdonia Nationalpark dient. Von hier führen Straßen durch einige der beeindruckendsten Landschaften von Wales – hier vor allem durch felsige Berge und an einer zerklüfteten Küste entlang. Die als Zahnradbahn ausgeführte Snowdon Mountain Railway fährt seit 1896 von Llanberis bis zum Gipfel des Mount Snowdon (1085 m) und benötigt für die 8 km lange Strecke mit 900 Meter Höhendifferenz etwa eine Stunde. Wer keine Möglichkeit hat, seine Motorradbekleidung abzulegen, findet darin den idealen Weg, den hervorragenden Ausblick vom Gipfel zu genießen.

Die *Pass of Llanberis* genannte A4086 führt weiter über den mit einem Café und einer Jugendherberge perfekt ausgerüsteten Pen Y Pass am Fuße des Snowdon entlang. Das Gebiet dient als Ausgangsort für zahlreiche populäre Wanderwege zum Snowdon-Gipfel, dessen walisischer Name *Eryri* »Platz der Adler« bedeutet.

Von der Passhöhe führt die ebenfalls spektakuläre A498 zum Südufer des Llyn Gwynant herunter. Am See kann man parken und den wundervollen Ausblick ins Nant Gwynant-Tal genießen. Die Fahrt geht weiter über den Aberglaslyn Pass und durch eine enge Schlucht nach Porthmadog an der Mündung des Afon Glaslyn in die Tremadog Bay. Ziel ist das auf einer Halbinsel der Bucht von wunderbaren Wäldern umgebene Portmeirion. Das vom Architekten Sir Clough Williams-Ellis zwischen 1925 und 1975 im italienischen Fantasiestil erbaute Dorf besteht aus woanders unerwünschten Häusern, die hier an einer mediterranen Piazza wieder aufgebaut und pastellfarben, rosa oder ocker angestrichen wurden. In den 1960er-Jahren erlangte Portmeirion internationale Berühmtheit, da hier die Kultserie *The Prisoner* (deutsch: »Nummer 6«) gedreht wurde. Heute findet hier das jährliche Musik- und Kunstfestival *No. 6* statt. Die völlig surreale Kulisse sollte man sich bei einer Fahrt durch Wales auf keinen Fall entgehen lassen.

Die Fahrt geht jetzt an der atemberaubenden kambrischen Küste zwischen den Halbinseln Lleyn im Norden und Pembrokshire im Süden weiter in südlicher Richtung. Die schöne, zerklüftete Küste ist immer noch Teil des Snowdonia Nationalparks, und die schroffen Gipfel halten Wache, während man auf der A496 zum Harlech Castle kommt. Die im Mittelalter auf den Klippen über der gleichnamigen Stadt erbaute Festung gehört zum von Edward I. errichteten »Eisernen Ring« aus Befestigungsanlagen. Die sich hinter dem Royal St. Davids Golfclub erstreckenden Sanddünen sind Teile des umfangreichen Dünensystems, das sich von Morfa Bychan im Norden entlang der Küste der Cardigan Bay bis zur Mawddach-Mündung erstreckt. Von Harlech sind es über einen Gezeitendamm über die

Halbinsel Shell Island bis zum geschäftigen Ferienort Barmouth Bay nur 17 km, doch die Fahrt an dessen lange Sandstränge lohnt sich. An den Ausläufern von Snowdonia und zwischen der Mawddach-Mündung und dem Meer liegend wurde Barmouth populär, als die ersten viktorianischen Badegäste hier über die 687 Meter lange Barmouth-Brücke die Mündung des Mawddach überquerten und Erholung suchten.

Ab Barmouth geht die Fahrt an der Mündung des Mawddach entlang zur alten Marktstadt Dolgellau, wo Owain Glyndŵr im Jahre 1404 das letzte walisische Parlament versammelte. In den 1860er-Jahren erlebte die Stadt einen Goldrausch, obwohl das Edelmetall bereits von den Römern in der Flussmündung gefunden worden war. Tatsächlich liegt Dolgellau am Kreuzungspunkt von drei römischen Straßen. Das benachbarte Coed-y-Brenin ist ein großes Mountainbike-Zentrum mit Routen, die von einfachen Feldwegen bis zum furchterregenden Downhill am Beast of Brenin reichen. Wer Lust hat, einen Tag lang in die Pedale zu treten, kann sich hier ein Fahrrad ausleihen. Dank der vielen hier einströmenden Mountainbiker bietet die Stadt zahlreiche Pubs und Übernachtungsmöglichkeiten. Viele Besucher kommen nach Dolgellau, um auf den Cadair Idris (893 m) zu steigen, der sich aus der Mawddach-Mündung erhebt. Der übersetzt »Stuhl von Idris« genannte Berg soll dem Riesen Idris als Sitzmöbel zur Beobachtung der Sterne gedient haben. Wer von Süden zum Penygadair (dem Gipfel des Stuhls) aufsteigt, kommt am scheinbar bodenlosen Gletschersee Llyn Cau vorbei und wird mit einem beeindruckenden Ausblick auf die Snowdonia-Bergkette, die Halbinsel Lleyn und die Shropshire-Hügel belohnt. Der Legende nach ist man nach einer Übernachtung auf dem Gipfel des Cadair Idris am nächsten Morgen entweder ein Verrückter oder ein Dichter.

Ab Dolgellau geht es auf der (über die A470 und A487 erreichbare) reizvollen B4405 in südwestlicher Richtung nach Tywyn. Auf der Strecke den Abzweig zur Ruine von Castell Y Bere nicht verpassen, das im 13. Jahrhundert von Llywelyn dem Großen, Prinz von Gwynedd, errichtet wurde! Es ist eine schöne Fahrt durch das Dysynni-Tal mit einem fantastischen Ausblick auf den Cadair Idris und die unheimliche Ruine auf einem Felsvorsprung. An klaren Tagen sind die Ausblicke von der Ruine über die dramatische Landschaft wirklich atemberaubend.

Im immer noch innerhalb des Snowdonia Nationalparks liegenden Tywyn steht die im 8. Jahrhundert errichtete St. Cadfan-Kirche, in der sich die ältesten bekannten walisischen Schriften befinden. Eine kurze Fahrt in südliche Richtung führt nach Aberdovey (*Aber* bedeutet auf walisisch Fluss), das an der Südspitze des Nationalparks liegt. Hier mündet der River Dyfi in die Cardigan Bay, und die pastellfarbenen Häuser und der lange Sandstrand dieser hübschen Hafenstadt machen es schwer, über die A493 an der Mündung entlang in Richtung

Die 1867 eröffnete und 800 Meter lange einspurige hölzerne Eisenbahnbrücke namens Barmouth Bridge überquert die Mündung des Flusses Afon Mawddach an der Küste von Cardigan. Ein gebührenpflichtiger Fußgänger- und Radfahrerweg auf seitlich angebrachten Holzplanken ermöglicht diesen ebenfalls den Übergang (rechte Seite).

Roadbook: Walisische Berge und Täler

Route: Startpunkt ist Caernarfon im Norden von Wales. Von hier geht es durch den Snowdonia Nationalpark nach Machynlleth und weiter südlich durch das Elan-Tal nach Brecon, um in den Brecon Beacons Nationalpark zu gelangen.

Tipps:
- Vom Gipfel des Snowdon hat man einen der besten Fernblicke in ganz Großbritannien. Der mit einem Besucherzentrum versehene Gipfel ist über zahlreiche Wanderwege und mithilfe der Snowdon Mountain Railway erreichbar.
- Mit einem geländetauglichen Motorrad lassen sich die exzellenten Pfade der Region erkunden.

Beste Reisezeit: April bis Oktober

Gesamtdistanz: 350 km

Einzuplanende Zeit: 1 bis 2 Tage

GPS-Startpunkt: Caernarfon 53.143476, -4.273682

GPS-Zielpunkt: Brecon 51.950190, -3.391342

Machynlleth davonzufahren. Mit etwas Glück kann man Fischadler auf der Nahrungssuche beobachten.

Die reizvolle Marktstadt Machynlleth liegt im Dyfi-Tal und behauptet von sich, die »alte Hauptstadt von Wales« zu sein. Es gibt eine starke Verbindung zum walisischen Nationalhelden Owain Glyndŵr, der im 14. Jahrhundert einen Aufstand gegen die englischen Besatzer anführte. Nachdem er sich selbst zum Prince of Wales ernannt hatte, rief er in Machynlleth das erste walisische Parlament zusammen, handelte gegenseitige Anerkennungsverträge mit Frankreich und Spanien aus und wurde zum König des unabhängigen Wales gekrönt. In der Stadt gibt es zahlreiche Unterkünfte, Pubs, Cafés und Restaurants.

Wer in der Region bleiben möchte, kann das Centre of Alternative Technology (CAT) etwa 5 km nördlich von Machynlleth besuchen. Das 1973 auf dem Gelände eines stillgelegten Schieferbergwerks gegründete Testgebiet für neue Ideen und Techniken gilt heute als Europas führendes Ökozentrum zur Demonstration nachhaltiger Technologien. Die hier seit 1992 mit Wasserballast verkehrende Cliff Railway gehört zu den steilsten Bergbahnen der Welt und bringt einen in ein lebendiges Laboratorium aus umweltgerechten Gebäuden, Solarenergie und einzigartigen Lösungen für den Umwelt- und Naturschutz. In der Umgebung lässt sich hervorragend umherwandern, und das Café bietet köstliche Speisen aus dem eigenen Garten an.

Von Machynlleth zum Brecon Beacons Nationalpark

Ab Machynlleth geht es nach Osten bis zum Abzweig der B4518, die in südlicher Richtung nach Llanidloes führt. Die in der Gegend als »Mountain Road« bekannte Strecke windet sich auf dem 17 km langen Teilstück durch eine spektakuläre Hügellandschaft. Die Fahrt führt am Stausee Llyn Clywedog entlang, über dessen Staumauer und dem benachbarten Harfen Forest Bussarde und Milane beobachtet werden können. Die exzellente B4518 zieht sich weitere 20 km bis nach Rhayader. Wer sich die prächtigen Rotmilane näher ansehen möchte, muss die südlich der Stadt gelegene *Red Kite Feeding Station* bei der Gigrin Farm ansteuern. Ab Rhayader führt eine nicht besonders anspruchsvolle Strecke nach Süden in den Brecon Beacons Nationalpark. Wer etwas Zeit mitbringt, kann die landschaftlich reizvollere Alternative über das Elan Valley und die Cambrian Mountains nehmen.

Rhayader ist der Startpunkt durch das hübsche Elan-Tal, in dem mehrere Stauseen durch kleine reizvolle Straßen miteinander verbunden sind. Die Fahrt ist nicht schwierig oder technisch anspruchsvoll, und bei entspanntem Tempo hat man großartige Ausblicke auf die riesigen Stauseen und die sie umgebenden Moore. Ab Rhayader geht es auf der B4518 zunächst in südwestlicher Richtung, dann folgt man etwa 200 Meter hinter der Brücke über den River Wye der Straße durch das Elan-Tal zu den Stauseen Caban-Coch, Garreg-Ddu und dem wunderbaren Penygarreg. Weiter im Norden geht es dann über den Craig-Goch-Staudamm. Dieses Netzwerk aus Talsperren und Stauseen ist ein beeindruckendes Meisterstück der viktorianischen Ingenieure, die damit Wasser ins 135 Kilometer östlich gelegene Birmingham lieferten. Ab dem Craig-Goch führt die B4574 durch eine spärliche Pflanzenwelt ins westlich gelegene ehemalige Bleiminen-Dorf Cwmystwyth, bevor es nach Devil's Bridge geht, wo sich aus drei Richtungen einfallende Motorradfahrer gern treffen. Ab Devil's Bridge führt die B4343 über die »Teufelstreppe« ins 23 km entfernt liegende Tregaron. Von hier windet sich eine einspurige Bergstraße über den Abergwesyn-Pass nach Llanwrtyd Wells. Auf der Fahrt durch eine abgelegene Wildnis sind sehr steile Rampen zu bewältigen, sodass sich hierfür Enduros deutlich besser anbieten als Sportmaschinen. Je nach Wetterlage kann sich die Fahrbahn rasch verschlechtern, und die beiden kleinen Brücken auf der Strecke sind dafür bekannt, dass sie nach schweren Regenfällen gern komplett verschwinden. Auf der schmalen Straße muss stets auf Gegenverkehr geachtet werden, doch die Aussicht ist überwältigend, sodass gerade dieses Teilstück zu den Höhepunkten der Reise gezählt werden kann.

Llanwrtyd Wells hat den Anspruch, die kleinste Stadt Großbritanniens zu sein, zudem werden hier wirklich verrückte Veranstaltungen angeboten, darunter »Moor-Schnorcheln«, ein Marathon gegen Pferde und das »Real Ale Wobble«, ein Mountainbike-Rennen zum Anfang des Mid-Wales Beer Festivals. Ein kurzer Abstecher in südöstliche Richtung führt nach Brecon, dem Tor zum Brecon Beacons Nationalpark und Kreuzungspunkt für Ausflüge nach Osten und Westen.

Der Claerwen-Stausee im Elan-Tal mit der über die Staumauer verlaufenden Straße. Der nach sechsjähriger Bauzeit 1952 eröffnete Damm ist fast doppelt so groß wie die Staudämme der Umgebung.

Südlich von Brecon können die Straßen zu den Bergen und Wäldern des Nationalparks erkundet werden. Eine Fahrt über die spektakuläre A4067, die sich durch die wilden Black Mountains windet, kann ein großartiger Einstieg in die Tour sein. Die einst als Hauptverbindung zwischen London und Süd-Wales dienende A40 führt von Brecon in östlicher Richtung durch die Grafschaften Gloucestershire, Oxfordshire und Buckinghamshire in die britische Hauptstadt. 150 Kilometer westlich liegen die Halbinsel Pembrokshire und der Hafen von Fishguard, wo die Fähre ins südirische Rosslare Harbour ablegt.

Die Brecon Beacons sollen nach Signalfeuern (Beacons) benannt sein, mit denen früher vor Angriffen von Eindringlingen gewarnt wurde. In jüngerer Vergangenheit wurden dann öffentliche Feierlichkeiten wie z. B. Krönungen auf diese Weise begangen (rechts).

Irland und Nordirland

Die grüne Insel

1100/200 km

Die grüne Insel Irland ist ein magisches Land voller sanfter grüner Hügel und nebliger Seen, das sich umgeben von einer spektakulär zerklüfteten Küste aus dem Atlantischen Ozean erhebt. Der ansteckende irische Humor, die Liebe zur Livemusik und herrliche Geschichten begleiten jede Reise über diese wunderbare Insel. Das gesellige Beisammensein in den lebendigen Städten und Dörfern oder die Festivals und Veranstaltungen aus dem dicht gedrängten irischen Kalender sind immer ein Genuss. Bereits Mitte März steigt in Dublin das fast eine Woche andauernde St. Patrick-Festival. Die Grafschaft Wicklow ist die Heimat der Ardmore-Filmstudios und viele berühmte Spielfilme wurden in der direkten Umgebung gedreht. Wer noch nicht den *Stein der Sprachgewandtheit* (Blarney Stone) geküsst hat, kann dies im 8 km nordwestlich von Cork gelegenen Blarney Castle nachholen und so angeblich das für Iren typische Mundwerk gewinnen.

Antike Landschaften

Reisen kann in Irland Zeit kosten, aber eine gemütliche Fahrt ist auch der beste Weg, die friedliche Landschaft und den entspannten Lebensstil seiner Bewohner schätzen zu lernen. Wer kurze Tagesetappen einplant, hat genügend Zeit, auf leeren und manchmal auch etwas holprigen Straßen zwischen sanften Hügeln eine gemütliche Fahrt zu genießen. Klassische Reiserouten wie der *Ring of Kerry* oder die *Causeway Coastal Route* ziehen viele Besucher an die Küste, doch die Bergstraßen im Landesinneren sind genauso spektakulär und meistens weniger befahren. Sowohl in der Republik Irland wie auch in Nordirland können Motorräder gemietet und geführte Touren gebucht werden. An der Ostküste legen in einem halben Dutzend Häfen Fähren aus Frankreich, England, Schottland und Wales sowie von der Isle of Man an, sodass die Anreise mit dem eigenen Motorrad relativ einfach ist. Auf der gesamten Insel wird links gefahren, Entfernungen werden in der Republik in Kilometern, in Nordirland jedoch in Meilen angezeigt.

Benzin ist überall erhältlich, doch sollte vor einer Fahrt über abgelegene Straßen der Tank noch einmal aufgefüllt werden. Generell ist die beste Reisezeit zwischen Mai und September, doch viele Motorradfahrer planen ihre Reise so, dass sie mit dem North West 200 zusammenfällt, einem berühmten Straßenrennen, dass jedes Jahr Mitte Mai etwa 100 km nördlich von Belfast in Nordirland stattfindet. Eine Reise durch beide Staaten kann deshalb im Norden mit dem Rennen beginnen, bevor man die Republik Irland durchquert und die schönen, wilden und abgelegenen Halbinseln Beara, Iveragh (mit dem berühmten Ring of Kerry) und Dingle anschaut.

Von Dublin nach Cork

Irlands Hauptstadt Dublin ist ein sehr lebendiger Startpunkt für eine Tour über die grüne Insel. Wenn man sich auch nur geringfügig für den berühmtesten Exportartikel der Insel interessiert, ist der Besuch im Guiness Storehouse ein absolutes Muss. Hier wird neben dem Brauprozess auch genau erklärt, wie ein perfektes Pint (0,568 Liter) des schwarzen Stoffs gezapft wird. Von Dublin geht es in die Wicklow-Mountains. Filmfans können einen Abstecher zum gewaltigen Powerscourt-Herrenhaus am Fuße des Great Sugar Loaf Mountain machen, wo viele Film-Klassiker wie *Barry Lyndon* (1975 von Stanley Kubrick), *Excalibur* (1981) und *David Copperfield* (1999) gedreht wurden.

Die während der irischen Rebellion von 1798 von der britischen Armee zum Aufstöbern von versteckten Nationalisten erbaute Old Military Road (R115) führt südlich aus Dublin heraus und beginnt bei Ballyboden in einem als *Stocking Lane* bekannten Gebiet (weil hier die Soldaten vor dem Eintritt in die Berge »aufstocken« mussten) an Höhe zu gewinnen. Von hier aus wird das Terrain bergiger und sumpfiger, und es muss mit Wildwechsel und weidenden Schafen gerechnet werden. Die Straße führt durch das Dorf Glencree und durch das Tal, bevor sie hinter Torfmooren und an den beiden Bergseen Lough-Bray-Lower und -Upper zum Sally Gap, einem der Hauptpässe durch das Gebirge, ansteigt (siehe oberes Bild auf Seite 161). An der Südrampe des Passes kann man parken, den 595 Meter hohen Gipfel des Luggala erwandern und den Panoramablick über die Hauptgipfel und die dramatischen Klippen am dunklen Wasser des Lough Tay genießen. Genau hier hat Arthur im Filmepos *Excalibur* sein Schwert auf die aus der Tiefe steigende Hand geschleudert. Die R759 führt in südöstlicher Richtung nach Lough Tay und zu einigen guten Aussichtspunkten. Die Militärstraße schlängelt sich an den Glenmacnass-Wasserfällen vorbei im tief eingeschnittenen Tal des Glendalough – dem »Tal der zwei Seen« – nach Süden. Dies ist

Die Straße durch die Wicklow Mountains südlich von Dublin. Der Wicklow Mountains Nationalpark erstreckt sich über 20 000 Hektar aus Hochland-Heide, Hochmooren, Wäldern und Flusstälern. Obwohl er nur eine Stunde von Dublin entfernt ist, vermittelt eine Reise durch den Park ein Gefühl davon, in echter Wildnis unterwegs zu sein.

der passende mystische Ort für einige der schönsten Klosteranlagen Irlands. Der Ort Laragh bietet Unterkunft und Verpflegung, und hier versorgen sich vor allem Sonntagsmorgens Motorradfahrer aus Dublin, die einen Ausflug in die nähere Umgebung unternehmen. Von Glendalough führt die R756 in westlicher Richtung nach Hollywood, wo es über die N81 nach Baltinglass, an Carlow vorbei und zur mittelalterlichen Stadt Kilkenny geht. Das Schloss Kilkenny Castle und ein vollgestopfter Festival-Kalender machen die Stadt zu einem beliebten Zwischenstopp auf dem Weg in den Süden des Landes.

Etwa 60 Kilometer westlich von Kilkenny liegt die Stadt Cashel mit dem berühmten Rock of Cashel, einer dramatischen Festung der bischöflichen Könige von Munster auf einem Kalksteinfelsen, der das fruchtbare Land am River Suir überragt. Weiter südlich geht es nach Cahir, dessen riesige Burg die auf dem Weg nach Cork liegende Stadt dominiert. Ein kleiner Abstecher in den Südwesten über die R668 führt über die Knockmealdown-Berge und The Vee, einen spektakulären Aussichtspunkt, der auch berühmt für seine Rhododendrenpracht ist. Diese reizvolle Straße führt nach Lismore mit seinem 800 Jahre alten Schloss und dann in südwestlicher Richtung nach Cork; der gesamte Umweg dauert etwa eine Stunde. Die Hafenstadt Cork ist die zweitgrößte Stadt Irlands. Im vorgelagerten Ringaskiddy kommt die Fähre aus dem bretonischen Roscoff an. Wie in jeder Hafenstadt gibt es auch hier ein lebendiges Nachtleben und in diversen Pubs reichlich Livemusik. Wer möchte, kann im Blackrock Castle Obervatorium eine Ausstellung über die Erkundung der Wunder des Universums besuchen. Das bereits erwähnte Blarney Castle mit seinem berühmten Stein liegt nördlich der Stadt.

Von Cork nach Galway

Westlich von Cork liegt die Halbinsel Beara, die wahrscheinlich abgelegenste Region der gesamten Insel. Bis in den Ort Glengarriff an deren Anfang sind es etwa 90 km. Wenn man auf der R585 nach Westen fährt, macht das bewaldete Grünland bald einer fast alpinen Landschaft Platz. An der durch den Golfstrom erwärmten Küste herrscht ein fast subtropisches Klima, in dem Bambus, Palmen und Eukalyptusbäume gedeihen. Im völligen Kontrast dazu stehen die wilden und kargen Berge Caha und Slieve Miskish im Zentrum der Halbinsel. Von Glengarriff führt die reizvolle R572 über 100 km an die Spitze der Halbinsel, wo man per Seilbahn zur winzigen unbewohnten Insel Dursey übersetzen kann. Der hinsichtlich der Aussicht wie auch der gemessenen Meter über dem Meeresspiegel als Höhepunkt jeder Beara-Umrundung zu bezeichnende Ort ist der Healy-Pass an der schmalen Bergstraße R574, die sich zwischen Adrigole und Lauragh durch die wilden Caha-Berge windet.

Wer Ende Mai in diese Gegend kommt, sollte die touristische Stadt Killarney besuchen, die abgesehen von ihrer guten Ausgangslage für Fahrten zu den Halbinseln Beara und Inveragh zu diesem Zeitpunkt das irische Bikerfest ausrichtet. Wer mag, kann auch den wunderschönen Killarney Nationalpark, die dramatische Bergkulisse der MacGillycuddy's Reeks und den engen Bergpass Gap of Dunloe besuchen.

Der Ring of Kerry ist eine 175 km lange malerische Straße, die einmal rund um die Halbinsel Iveragh führt und sich dabei zwischen Bergen und Seen und durch hübsche Dörfer schlängelt. Weil Busse die Strecke nur gegen den Uhrzeigersinn befahren dürfen, empfiehlt es sich, mit dem Motorrad im Uhrzeigersinn zu fahren, denn Überholen ist oft über lange Strecken unmöglich (natürlich muss man so stets mit einem entgegenkommenden Bus rechnen ...). Am südlichsten Punkt der Strecke bei Caherdaniel steigt die Straße steil an, um sich über den Coomakista-Pass zu schlängeln. Ein Abzweig der N70 führt nach Ballinskelligs und ist der Beginn des kurzen *Ring of Skelling* nach Portmagee, einer schönen Panoramastraße rund um die St. Finan's Bay mit Ausblicken über die winzige Puffin Island.

Während der Fahrt am nördlichen Ufer der Halbinsel Iveragh hat

Die Straße zum Sally Gap, einem der wichtigsten Pässe durch die Wicklow Mountains, ist im Winter wegen Schnee und Glätte oft unbefahrbar (links).

Glendalough bedeutet »Tal der zwei Seen«, und dieses alte Urstromtal erstreckt sich über drei Kilometer durch alte Eichenwälder. Im Frühling ist der Waldboden mit einem Teppich aus Glockenblumen, Sauerklee und Buschwindröschen bedeckt.

man schöne Ausblicke über die Dingle-Bay, dem nächsten Ziel der Reise. Die Halbinsel Dingle ist übersät mit achäologischen Stätten und langen Sandstränden. Da hier überwiegend irisch gesprochen wird, können die Hinweise auf Straßenschildern etwas irritieren. Eine zehn Kilometer lange, schmale Direktverbindung führt vom Ring of Kerry nach Castlemaine am östlichen Ende der Dingle-Bay. Von hier an kann man eine Fahrt auf der langen und zunächst sehr geraden R561 am Südufer der Halbinsel genießen, die am langen Sandstrand von Inch und dem berühmten South Pole Inn bei Annascaul vorbeiführt. Die Kneipe erinnert an die Heldentaten des Polarforschers Tom Crean, der zu Scotts letzter schicksalhafter Südpol-Expedition gehörte, überlebte und dann diesen Pub eröffnete.

Die Stadt Dingle mit ihrem wunderbaren Hafen, zahlreichen Unterkünften und reizvollen Pubs, in denen oft traditionelle Musik erklingt, ist ein großartiger Ausgangspunkt zum Entdecken der Halbinsel. Empfehlenswert ist die atemberaubende Runde nach Slea Head an der Spitze der Halbinsel. Wenn man zurück in Dingle ist, kann man über den steilen und schmalen Conor-Pass nach Tralee am östlichen Rand der Nordküste fahren und von dort 50 km nach Norden, um in Tarbert die Fähre über den Shannon nach Killimer zu nehmen. Von hier führt die Küstenstraße N67 zunächst nach Westen und dann nach Norden zu den gewaltigen, über 200 Meter aus dem Atlantik ragenden Cliffs of Moher. Hier kann man oft einen wunderbaren Sonnenuntergang beobachten, dessen letzte Strahlen die Felsen zum Leuchten bringen. Auf der dramatischen Streckenführung der zumeist menschenleeren R477 geht es

Roadbook: Die grüne Insel

Route: Startpunkt in der Republik Irland ist Dublin. Die Strecke führt über Cork zu den Halbinseln Beara, Iveragh und Dingle. Von Tralee geht es nördlich, dann an der Küste entlang nach Galway. Nordirland: Von Newtownabbey/ Belfast über die Causeway Coastal Route nach Londonderry.

Tipps:

- Wer die Nordirland-Route im Mai fährt, kann das berühmte Motorradrennen North West 200 besuchen.
- Im Burren Nationalpark (Grafschaft Clare/Munster) kann man eine der größten Karst-Landschaften Europas besichtigen.

Beste Reisezeit: April bis Oktober

Gesamtdistanz: 1100 km in der Republik Irland, 200 km in Nordirland

Einzuplanende Zeit: 7 bis 10 Tage

GPS-Startpunkt: Dublin 53.345633, -6.256714

GPS-Zielpunkt: Galway 53.271629, -9.056597

GPS-Startpunkt: Newtonabbey 54.689709, -5.964546

GPS-Zielpunkt: Londonderry 54.999872, -7.307968

an der von der Brandung bearbeiteten Küste entlang. Der von Felsen übersäte Burren Nationalpark ist dabei einen Abstecher wert. Sein Name leitet sich vom irischen »Boireann« ab, was Felsiger Ort bedeutet. Ab Black Head geht es an der Galway Bay entlang zur Stadt Galway, die das Ziel dieser Etappe ist.

Nordirland: Die Causeway Coastal Road und das North West 200
Die atemberaubende Küste Nordirlands zu bereisen und dessen berühmtestes Motorradrennen zu besuchen ist eine großartige Idee. Der Name des erstmals 1929 ausgetragenen Rennens stammt vom ursprünglichen Austragungsort bei Magherabuoy im Nordwesten von Nordirland und der Renndistanz über 200 Meilen (322 km). Heute

Der Conor-Pass auf der Halbinsel Dingle ist der höchste Gebirgspass Irlands. Die enge, gewundene Straße verbindet die Stadt Dingle im Süden mit Kilmore Cross auf der Nordseite der Halbinsel. Eine Fahrt über diesen wilden, spektakulären Pass ist ein unvergessliches Erlebnis (oben).

Die Cliffs of Moher in der Grafschaft Clare erstrecken sich im Westen Irlands über acht Kilometer an der Atlantikküste entlang. Der höchste Punkt liegt 213 Meter über dem Meeresspiegel. Bei klarem Wetter kann man von hier die Maumturk Mountains in Connemara und die Aran-Inseln im Westen sehen (rechts).

wird auf dem 14,5 km langen »Dreieck«-Kurs zwischen Portrush und Portstewart gefahren, und das eine Woche dauernde Festival des Rennsports mit Musik und Unterhaltung ist heute neben dem Ulster Grand Prix die wichtigste Motorsportveranstaltung Nordirlands, bei der Fahrer von überall her auf einer der schnellsten Rennstrecken der Welt starten.

Portrush ist ein an der Nordküste von Nordirland und der atemberaubenden Causeway Coastal Road liegender Ferienort. Die Ferienstraße beginnt in Belfast und folgt der spektakulären Küste über 193 km nach Londonderry. Die Route schließt Burgruinen und aberwitzige Felsspitzen, die berühmten Glens of Antrim und eine ununterbrochen zerklüftete Küste ein. Mit ihren Sandstränden, hinter zahlreichen Kurven versteckten ruhigen Buchten und einer stets hervorragenden Fernsicht scheint diese Route wie für Motorradfahrer gemacht zu sein.

Die Route beginnt in Newtownabbey, einem Vorort von Belfast, und führt an den Ufern des Lough Belfast entlang, wo vor über 100 Jahren die Titanic zu Wasser gelassen wurde. Für das auf der Werft Harland & Wolff gebaut Schiff wurde im Herzen von Belfast ein Museum errichtet. Über die nach Norden führende Route (A2) kommt man zum Hafen von Larne, dem Eingangstor zu den Glens of Antrim und Startpunkt der Antrim-Küstenstraße. Ab Larne führt die Straße über grüne Lichtungen der *Nine Glens*, an steil abfallenden Schluchten und zahlreichen Wasserfällen entlang. Große Teile der TV-Serie *Game of Thrones* wurden in der zauberhaften Landschaft dieser neun Täler gedreht. Es ist ein Gebiet von außergewöhnlicher Schönheit und eine echte Touristenattraktion.

Die Straße führt weiter durch die Cliffs der Atlantikküste zum hübschen Hafen von Ballintoy, wo mutige Menschen vom Motorrad steigen und über die Carrick-a-Rede-Hängebrücke spazieren können, die eine 30 m tiefe und 20 m breite Schlucht überspannt. Die Aussicht von hier ist großartig, den Blick nach unten sollte man jedoch besser unterlassen. Nach weiteren 11 km auf der Küstenstraße kommt man zum Giant's Causeway, einem UNESCO-Weltkulturerbe aus vor 60 000 Jahren entstandenen sechseckigen Basaltformationen. Der Legende nach war dies die Arbeit des Riesen Finn MacCool. Es ist ein beeindruckender Ort und nach einem Spaziergang über die Klippen kann man auf Lacada Point blicken, einer langen Landzunge aus Basalt, die vielen Schiffen zum Verhängnis wurde, darunter der Girona aus der Spanischen Armada, die 1588 über 1300 Besatzungsmitglieder verlor und deren aus dem Wrack geborgenen Schätze heute im Ulster Museum in Belfast ausgestellt sind.

Wer die Reise mit dem Besuch des North West 200 verbindet, kann im nur zehn Kilometer entfernten Portrush Motorradrennen und Partyatmosphäre genießen und dann die letzten 51 km Küstenstraße bis nach Londonderry fahren. Ein halbstündiger Umweg über Ballymoney führt an den Geburtsort und die Gedenkstätten der Brüder Joey und Robert Dunlop, zwei nordirischen Motorradlegenden, die mehrmals die Isle of Man-TT und den Ulster Grand Prix gewannen und natürlich auch beim NW200 Pokale einsammelten – und damit bewiesen, dass Nordiren Motorräder und den Nervenkitzel eines guten Rennens lieben. Die Kombination aus Fahrten über einige der besten Küstenstraßen Europas und einer Woche Action beim NW200 stellt gleich am Anfang der Motorradsaison für viele einen Höhepunkt dar – auch weil man gleich danach zur Isle of Man übersetzen und sich die weltberühmte TT anschauen kann.

Die Carrick-a-Rede-Hängebrücke im nordirischen Atrim. Ein Gang über die 20 m lange, schwankende Konstruktion 30 Meter über Felsen und Meer ist nichts für Menschen mit Höhenangst.

Die vulkanische Felsformation und der dramatische Ausblick über den Atlantik locken zahlreiche Besucher zum Giant's Causeway – eine der größten Attraktionen Nordirlands (rechte Seite).

Südeuropa

Frankreich, Andorra und Spanien

Die Pyrenäen

1500 km

Die Pyrenäen bilden eine spektakuläre natürliche Grenze zwischen Frankreich und Spanien, und mittendrin liegt das zwischen diesen beiden Ländern eingeklemmte Fürstentum Andorra. Das bis zu 50 km breite Gebirge erstreckt sich über 400 km zwischen dem wilden und oft stürmischen Atlantik im Westen und dem milden und meistens sonnigen Mittelmeer im Osten. Während man durch versteckt liegende Täler und über Bergpässe an hoch gelegene Seen fährt, verändern sich Landschaft und Klima ständig. Zu den Highlights gehören die gewaltigen Canyons des Valle de Ordessa und die über 3000 Meter hohen Gipfel des Cirque de Gavarnie, einem prachtvoll vergletscherten Amphitheater. Prähistorische Höhlenzeichnungen gibt es in Ariege zu besichtigen, während eine Reihe mittelalterlicher Burgen aus dem 13. Jahrhundert östlich von Perpignan die blutige Geschichte der Katharer erzählen.

Die westlichen Pyrenäen bieten eine atemberaubende Karstlandschaft und das etwas weiter nördlich an der französischen Atlantikküste gelegene Surf-Paradies Biarritz. Das gemäßigte Klima im Osten lockt Besucher in die Küsten-Ferienorte der Costa Brava und der Côte Vermeille. Dazwischen sind die Aragonesischen Pyrenäen die Heimat einiger der höchsten Gipfel der Bergkette, darunter des 3404 Meter messenden Pico de Aneto. Die Pyrenäen erstrecken sich über vier spanische autonome Regionen und fünf französische Départements, doch regionale Dialekte, Bräuche und kulinarische Spezialitäten richten sich kaum nach politischen Grenzen. Die westlichen Pyrenäen sind die Heimat der Basken, während die östlichen Gebiete eindeutig katalanisch sind. Es ist diese starke regionale Identität, die zusammen mit fabelhaften Gebirgspässen und landschaftlich reizvollen Talstraßen die Pyrenäen zu einem faszinierenden Reiseziel machen.

Vom Atlantik ans Mittelmeer

Die Pyrenäen sind ein Motorradparadies, bei dem weder die Route noch der Startpunkt vorgegeben werden muss. Man erreicht sie von Osten, Westen, Norden oder Süden und entscheidet täglich je nach Laune und Wetter, wo es lang geht. Aus jeder Richtung und zu jedem Ziel hat man die Qual der Wahl. Serpentinen und Haarnadelkurven schlängeln sich über die Berge und verbinden zwischen schneebedeckten Gipfeln und Kalksteinfelsen die abgelegensten Täler beider Länder. Überall kann man einen kurvenreichen Pass anfahren, der über den Berg nach Frankreich oder Spanien zurückführt. Man kann die Fahrt mit einem *Petit Déjeuner* in Frankreich beginnen, fährt über einige Bergpässe und lässt sich vielleicht in Andorra ein leckeres Mittagessen servieren und den Tank mit billigem Benzin auffüllen; dann geht es über die Berge nach Spanien, um spät abends Tapas zu naschen und Livemusik zu genießen. Die Fahrbahnen sind im Allgemeinen gut ausgebaut, Hinweisschilder jedoch in Katalonien und dem Baskenland oft in regionalen Sprachen verfasst. Benzin ist in Spanien etwas billiger als in Frankreich, in Andorra ist es aufgrund der Steuerbefreiung unschlagbar günstig.

Die beste Reisezeit ist für Motorradfahrer wahrscheinlich der Spätsommer oder Frühherbst. Viele der höheren Passe öffnen erst im Juli, wenn die Tour de France durch die Pyrenäen zieht. Der Col du Tourmalet und Col de Peyresourde gehören beim berühmtesten Radrennen der Welt zu den Favoriten und mussten seit der ersten Aufnahme der Pyrenäen in die Tour häufiger als andere Pässe bezwungen werden. Bis 2014 war die Tour insgesamt 83-mal am Tourmalet.

Zwischen Juni und August sind die Temperaturen meistens sehr hoch, während es im Mai noch erträglich ist. Aber dann sind die meisten höheren Pässe noch geschlossen. In den Pyrenäen gibt es zahlreiche privat geführte Biker-Hotels, von denen viele Tagestouren über kaum bekannte Routen und zu fabelhaften Aussichtspunkten anbieten. Als Faustregel können auf der französischen Seite die D117/D918/D618 gut befahren werden, während in Spanien die fabelhafte N-260 immer eine gute Wahl ist.

Die Westpyrenäen

Startpunkt ist Biarritz an der französischen Atlantikküste (siehe Foto auf Seite 171). Der einst elegante Badeort für Adelige und Filmstars ist heute aufgrund seiner Beliebtheit bei Surfern eine schicke und trendige Stadt. Die Wellenreiter haben inzwischen die gesamte Côte des Basques mit ihrem lässigen Lebensgefühl infiziert. Von Biarritz geht

Die Straßen in den französischen Pyrenäen bieten Motorradfahrern eine scheinbar unendliche Schleife aus Haarnadeln, während sie sich durch die Berge winden. Wer die Parkplätze an der Strecke nutzt, kann spektakuläre Ausblicke über die Gipfel genießen.

Ein atlantisches Tief über Biarritz. Wenn es derartige Tiefs dort nicht gäbe, wäre die Stadt an der französisch-spanischen Grenze auch nicht zum Mekka der Surfer geworden.

es nach Süden und über die D918 ins Herz des Baskenlandes. Das Vallée d'Aspe in Frankreich und das Valle de Ansó sowie das Valle de Hecho in Spanien bieten eine riesige Karstlandschaft, in der das Wasser unverwechselbare Formationen, Höhlen und Schluchten geformt hat, die die kurvige Straße durch das Tal überragen.

Wer zu den vier Schluchten der Haute-Soule fährt, darf nicht die Gelegenheit verpassen, die Passerelle d'Olhadybia, eine Hängebrücke im Himalaya-Stil über den Fluss Olhadybia, zu überqueren. Danach wird man erleichtert sein, wieder auf zwei Rädern unterwegs sein zu dürfen. Ab dem Ferienort La Pierre St-Martin führt die NA-137 durch das bewaldete Tiefland des Valle de Belagoa, überquert die spanische Grenze und erreicht das Valle de Roncal. Direkt hinter Roncal geht es über die NA-137 ins östliche gelegene Dorf Ansó, von dem aus die wunderbaren Täler Valle de Ansó und Valle de Hecho erkundet werden können.

Die Zentralpyrenäen und Andorra

Es empfiehlt sich, die Täler Richtung Osten und über die geschäftige Stadt Jaca zu verlassen, um auf die legendäre N-260 zu kommen. Diese aus Kehren, schwungvollen Kurven und langen, schnellen Geraden bestehende Straße ist die ultimative Motorradstrecke, die sich bis zum Mittelmeer durch die Pyrenäen schlängelt. Wer auf dieser Straße bleibt und ein paar Abstecher über Nebenstrecken in einsame Täler und über kaum befahrene Pässe unternimmt, kann nicht viel falsch machen. Von

Über die Pässe der Pyrenäen und durch ihre Täler zieht sich ein Netz aus hervorragenden Motorradstrecken, die Frankreich, Andorra und Spanien verbinden (linke Seite).

der N-260 zweigen Straßen ab, die zu den beiden größten Nationalparks des Gebirges führen – dem französischen Parc National des Pyrénées und dem spanischen Parque Nacional de Ordesa y Monte Perdido. Um Zugang zu Letzterem zu erhalten, muss man die spanischen Dörfer Biescas und Torla anfahren. Ansonsten weiter auf der N-260 bis zur schönen Stadt Aínsa. Von hier kann man dann auf der A-138 über den großartigen Col d'Aspin zurück zur Grenze und zum gewaltigen Col du Tourmalet sowie zum Amphitheater des herrlichen eisbedeckten Cirque de Gavarnie gelangen.

Wer Aínsa in östlicher Richtung über die N-260 verlässt und nach rund 70 km auf die N-230 nach Norden abbiegt, kommt durch den 5300 Meter langen Tunnel de Vielha ins Val d'Aran. Der Spaß geht weiter, wenn man auf der C-28 über den 2072 Meter hohen Port de la Bonaigua fährt, der das Val d'Aran mit dem Esterri d'Aneu verbindet. Hinter der Passhöhe führt eine großartige Kehrensektion nach Sort herunter, wo am Fluss Noguera Pallaresa reichlich Wassersport angeboten wird. Ab Sort sind es nur 50 km auf griffigem Asphalt und durch herrliche Kurven, bis man in La Seu d'Urgell auf die N-145 kommt, die in die parlamentarische Monarchie Andorra mit ihrem steuerfreien Treibstoff führt. Die Fahrt hierher sollte gut geplant sein, um den besonders um die Hauptstadt Andorra la Vella auftretenden Stoßverkehr zu vermeiden. Empfehlenswert ist eine Spritztour über den 2408 Meter hoch gelegenen Port d'Envalira, der höchsten asphaltierten Straße in den Pyrenäen. Von Pas de la Casa führt der fabelhafte in Frankreich gelegene Col de Puymorens (1920 Meter hoch) wieder nach Spanien. Vom Grenzort Bourg-Madame geht es wieder über die N-260 auf die Collada de Toses, einer 40 km langen und bis auf 1800 Meter Höhe führenden Passstraße, die sich zwischen der Cadi Moixeró und dem Vall de Núria entlangschlängelt. Die Straße endet in Ripoll mit dem berühmten Benediktinerkloster Santa Maria de Ripoll. Weiter östlich liegt Figueres, die Heimatstadt des Künstlers Salvador Dalí, dessen Lebenswerk hier im großartigen Teatre-Museu Dalí ausgestellt ist.

Die Ostpyrenäen und das Mittelmeer

Von Figueres windet sich die N-260 durch die letzten Berge der Pyrenäen zur Mittelmeerküste herunter. Die Fahrt entlang der felsigen Landzungen der katalanischen Küste bietet tolle Ausblicke. Die Küste ist umsäumt von versteckten Buchten und hübschen Fischerdörfern, die per Motorrad leicht zu erreichen sind. Der schöne Fischerhafen von Cadaqués war in den zwanziger und dreißiger Jahren des letzten Jahrhunderts ein Magnet für Künstler. Im wunderbar exzentrischen Portlligat wohnten einst Salvador Dalí und seine Muse und Frau Gala. Von hier geht es über spektakuläre 6 km zum Cap de Creus, dem östlichsten Punkt der Iberischen Halbinsel. Nördlich von Cadaqués liegt die französische Côte Vermeille, wo man in der Küstenstadt Banyuls-sur-Mer einen leckeren Dessertwein genießen kann. Noch etwas weiter nördlich liegt das Dorf Collioure, dessen Lage und schönes Licht seit Jahrhunderten große französische Maler anzieht. Hier kann man die Küste verlassen, um über die D914 wieder in die Berge und ins etwa 30 km entfernte Perpignan zu gelangen.

Pyrénées Orientales und Ariège

Das am Ostrand der Pyrenäen gelegene Perpignan ist bei Touristen ein beliebter Ankunfts- und Ausgangspunkt, weil es über einen größeren Flughafen verfügt und sowohl in der Nähe der Berge wie auch der Küste liegt. Probieren sollte man unbedingt die aus frischen Schnecken zubereiteten Snacks. Die Stadt kann über die D117 nach Westen in die Corbières-Hügel und ihre berühmten mittelalterlichen Katharer-Burgen verlassen werden. Das beeindruckend gut erhaltene Château de Peyrepertuse (siehe Foto auf Seite 174) ist keine 50 Kilometer von Perpignan entfernt und von der D117 über die bei Maury abzweigende D19 und die D14 zugänglich.

Ab Quillan geht es in südwestlicher Richtung auf der D613 über den Col de Chioula nach Ax-le-Thermes, einem kleinen Ferienort im Ax-Tal, der möglicherweise ein guter Ausgangspunkt für Ausflüge in die Nationalparks der östlichen Pyrenäen oder nach Andorra ist. Das Schöne an den Pyrenäen ist, dass sie über ein hervorragendes Straßennetz aus Haupt- und Nebenstraßen verfügen, die sich kreuz und quer durch die Berge ziehen, und man nicht gezwungen ist, auf einer festgelegten Route zu bleiben. Wer bisher auf der N-260 in den spanischen Pyrenäen unterwegs war und sich nicht von ihrem hervorragenden Asphalt lösen konnte, hat jetzt die Chance, die französische Seite zu erkunden. Von Ax-le-Thermes geht es 27 km über die N-20 in die Kleinstadt Tarascon-sur-Ariège, um von dort aus die vier prähistorischen Höhlen der Umgebung zu besuchen. Am berühmtesten ist die Grotte de Niaux, die mit ihren rund 12 000 Jahre alten

Eine Kopfsteinpflasterstraße im mittelalterlichen Aínsa, das innerhalb des Parque Nacional de Ordesa y Monte Perdido auf 589 Meter Höhe liegt. Auf dem Plaza Mayor steht ein ehemaliger Königspalast (rechte Seite).

Der 2115 Meter hohe Col du Tourmalet ist der höchste Pass der Pyrenäen und bei Zweiradfahrern mit und ohne Motor beliebt.

Roadbook: Die Pyrenäen

Route: Start- und Zielpunkt ist Biarritz. Von dort geht es nach Süden, durch die spanischen Pyrenäen und über Andorra zur Costa Brava. Hinter der französischen Grenze geht es über Perpignan zurück.

Tipps:

- In Andorra kann preiswert getankt werden.
- Während die Tour de France über die Pyrenäen-Pässe zieht, sind die Straßen für normalen Verkehr gesperrt.
- Über einen kurzen Abstecher gelangt man ins pulsierende Barcelona, wo mehrere Gebäude vom berühmten Architekten Antoni Gaudí (1852 bis 1926) entworfen wurden, darunter auch die riesige Basilika Sagrada Família, deren 1882 begonnener Bau voraussichtlich 2026 abgeschlossen sein wird.

Beste Reisezeit: Ende Juni bis September (Öffnungszeiten der Pässe beachten!)

Gesamtdistanz: 1500 km

Einzuplanende Zeit: 6 bis 8 Tage

GPS-Start- und Zielpunkt: Biarritz 43.483349, -1.558728

GPS-Zwischenziel: Figueres 43.483349, -1.558728

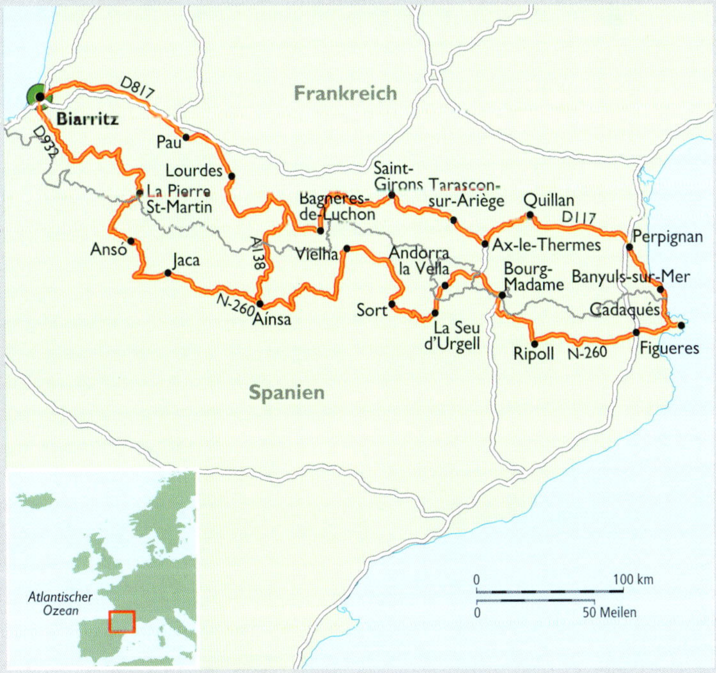

Höhlenmalereien seit dem 17. Jahrhundert ein beliebtes Ausflugsziel ist.

Von hier aus lässt sich eine spannende Tour über mehrere spektakuläre Bergpässe unternehmen. Von Tarascon-sur-Ariège geht es auf der gut ausgebauten D618 über den Col de Port (1250 m) nach Saint-Girons. Es folgen der Col de Portet d'Aspet (1069 m) und der Col des Ares (797 m). Ein kleiner Abstecher lässt sich über die D125 zum Kurort Bagnères-de-Luchon und dann über den 1569 Meter hohen Col de Peyresourde zurück zur D618 einbauen. Schließlich wird es Zeit, den 1489 Meter hohen Col d'Aspin zu bezwingen, der zu den absoluten Favoriten aller durch die Pyrenäen reisenden Motorradfahren gehört.

Falls man aus dem spanischen Aínsa nicht schon früher ins französische Département Hautes Pyrénées übergewechselt ist, besteht jetzt die Chance, dies über den 2115 Meter hohen Col du Tourmalet zu erledigen und sich den spektakulären Cirque de Gavarnie anzuschauen, wo einige der höchsten und beeindruckendsten Gipfel der Pyrenäen dicht versammelt sind. Am Ende der Rundfahrt kann man den berühmten Wallfahrtsort Lourdes besichtigen, dessen »Erscheinungsgrotte« jedes Jahr Millionen Pilger besuchen. Von Lourdes sind es 40 km ins kosmopolitische Pau, von wo bis zum Startpunkt Biarritz noch einmal etwa 120 km zu fahren sind.

Die Ruine der im 11. Jahrhundert in den französischen Pyrenäen erbauten Festung Peyrepertuse gehört zu den vielen von den Katharern erbauten Burgen in dieser Region. Der Name bedeutet »durchbohrter Stein«, und man kann tatsächlich schwer erkennen, wo der Felsen endet und die Burg beginnt (oben).

Der Cirque de Gavarnie ist ein riesiges natürliches Felsen-Amphitheater in den französischen Pyrenäen, das von mehreren Gipfeln mit über 3000 Metern Höhe begrenzt wird. Es bietet eine fantastsiche Aussicht auf die vielfältigen Schichtungen und Windungen der umgebenden Felswände (rechts).

Südspanien

Andalusisches Abenteuer

1600 km

Weil Andalusien fast 800 Jahre lang von den Mauren beherrscht wurde, lebt hier noch ein starker arabischer Einfluss, der diese Region zusammen mit ihren spanischen Speisen und Traditionen sehr eigenständig und besonders macht. Andalusien liegt im äußersten Süden Spaniens und damit nur 14 Kilometer vom durch die Straße von Gibraltar getrennten afrikanischen Kontinent entfernt. Die Großstädte Granada, Córdoba und Sevilla weisen eine einzigartige maurische Architektur auf. Wer in den Osten der Südspitze reist, entdeckt eine dramatische Wüstenlandschaft, spektakuläre Klippen und sogar eine von Sergio Leone für seine berühmten Spaghetti-Western genutzte Filmkulisse. Im Westen liegen Cádiz und die wilde Costa de la Luz (Küste des Lichts), die heute ein Windsurfer-Paradies ist. Zwischen der Südspitze und Cádiz fand 1805 vor dem Cabo Trafalgar eine berühmte Seeschlacht statt und 313 Jahre zuvor setzte hier ein gewisser Christoph Kolumbus die Segel, um den Seeweg nach Indien zu finden.

Zwischen diesen Küsten bieten die Sierra und hügelige Landschaften dem Besucher einen Einblick in eine entspannte und traditionelle Lebensweise. Verschlafene Dörfer erwachen nach Sonnenuntergang, wenn Familien und Nachbarn auf den gepflasterten Marktplatz eilen, um Tapas und ein Bier zu genießen.

Hügelige Sierras und Wildwest-Abenteuer

Spanier begeistern sich für Motorräder aller Art. Spanische Fahrer dominieren den Straßenrennsport, die Rallye Dakar und die Trial-Weltmeisterschaft. Wer sich die Fans an den Rennstrecken von Jerez oder dem Circuit de Catalunya in Barcelona anschaut, bekommt einen Vorgeschmack auf die Begeisterung für Motorräder.

Wer mit dem eigenen Motorrad anreist, kann entweder die Pyrenäen überqueren oder von Genua mit dem Schiff nach Barcelona übersetzen. Andalusien ist ein beliebtes Urlaubsziel, sodass hier viele Motorräder zu

mieten sind. Hierfür landet man in Sevilla oder Malaga und übernimmt eine Maschine, um entweder an einer geführten Tour teilzunehmen oder auf eigene Faust die Berge Südspaniens zu entdecken. Manche beliebte Straße ähnelt einer Rennstrecke, sodass man entweder die Hauptverkehrszeit meiden oder abgelegenere Straßen westlich und östlich der Südspitze befahren sollte.

Ein Weg, den Massen zu entgehen, ist es, den Asphalt zu verlassen und Offroad zu fahren. Das legal befahrbare Gelände Andalusiens bietet faszinierende Touren über festgefahrene Erde oder Schotterpisten. Die Serpentinen der Sierras vermitteln eine nie endende Achterbahnfahrt zwischen herrlichen Granitfelsen gebauten Panoramastraßen. Auf den meisten Autopistas (Autobahnen) muss Maut bezahlt werden, doch zum Überwinden großer Distanzen eignen sie sich wirklich gut und sind zudem oft ruhiger als die benachbarten Autovias (Schnellstraßen). Im Juli und August ist es in Südspanien sehr heiß und voll, sodass man diese Zeit besser meiden sollte. Im Frühling oder Herbst, wenn es weiter nördlich noch oder schon wieder recht ungemütlich ist, herrschen in Südspanien ideale Bedingungen. Um andere Motorradfahrer und junge Spanier zu treffen eigenen sich Campingplätze sehr gut. Alternativ kann man eine Villa in den Hügeln mieten und jeden Abend eine Abkühlung im Pool genießen. Wenn es die Urlaubskasse zulässt, kann man auch in ein *Parador* einziehen – eines der in vielen Städten Spaniens aus umgewandelten Klöstern und alten Palästen entstandenen Luxushotels. Wer dem milden Klima noch großartiges Essen, leckeren Wein und einen der vielen langen Sandstrände hinzufügt, hat alle Komponenten für einen perfekten Motorradurlaub zusammen.

Zahara de la Sierra ist ein schönes Pueblo Blanco *(weißes Dorf) am Fuß der Sierra del Jaral am nördlichen Ende des Naturparks Grazalema. Die Reste der Burg des einstigen maurischen Außenpostens sitzen hoch auf einem felsigen Gipfel und der Blick fällt auf das Tal, über die weiß getünchten Häuser und das türkisfarbene Wasser des Stausees. Am hübschen Dorfplatz kann man ein erfrischendes Getränk oder im See ein kühles Bad genießen.*

Von Sevilla nach Úbeda

Die Stadt Sevilla im Südwesten der Region gilt als andalusische Spaßmetropole. Man kann die Altstadt zu Fuß oder stilecht per Kutsche erkunden. In der Kathedrale sollen angeblich die sterblichen Überreste von Christoph Kolumbus begraben sein, und der Glockenturm La Giralda bietet einen herrlichen Ausblick über die gesamte Stadt. Im befestigten Palast Alcázar konnten sich die Herrscher der Stadt über Jahrhunderte behaupten. Wenn die Sonne untergeht, kann man de Rio Guadalquivir überqueren und zusammen mit Einheimischen und anderen Besuchern in den Bars der Plazas Tapas, Livemusik und Flamenco genießen. In dieser Stadt wird nur selten geschlafen, und sie ist ein großartiger Einstieg nach Andalusien.

Von Sevilla geht es durch viele Kurven und eine schöne Landschaft über die A-431 ins 140 km entfernte Córdoba. Wer mag, kann nach etwa 30 km den Kreisel über die A-432 nach Norden verlassen, um sich den Parque Natural Sierra Norte in der Sierra Morena anzuschauen. Hier wachsen hauptsächlich Eichen und Korkeichen, Olivenbäume und Weinreben, zudem können Hirsche und Wildschweine sowie hoch über dem Park kreisende Spanische Kaiseradler und Habichtsadler beobachtet werden.

Die etwa 90 km nördlich von Sevilla liegende hübsche Stadt Cazalla de la Sierra ist ein guter Ausgangspunkt für Reisen durch den Park. Sie ist berühmt für ihre Anis- und Kirschliköre sowie die würzigen Chorizo-Würste. Folgt man den kleineren Straßen durch den Park, kann man jederzeit zur A-431 zurückkehren, um wieder in Richtung der am Rio Guadalquivir liegenden Stadt Córdoba zu fahren. Hier empfiehlt sich das Labyrinth der Altstadt für eine Erkundung zu Fuß, in deren Mitte sich die im 8. Jahrhundert errichtete Mezquita-Katedrale befindet, die ursprünglich als Moschee erbaut worden war. Ab Córdoba geht es auf der A-306 nach Jaén, der Hauptstadt der gleichnamigen Provinz, aus der etwa 10 % des weltweit gepressten Olivenöls stammt. Hier ist der Startpunkt für Fahrten durch den wunderbaren Parque Natural de las Sierras de Cazorla, doch bevor man die Stadt verlässt, sollte man noch die 4 km entfernt auf dem Cerro de Santa Catalina errichtete Burg besichtigen, die im Jahre 1246 nach einer sechsmonatigen Belagerung vom Emir von Granada an Ferdinand III. übergeben wurde. Aus der Stadt heraus sollten besser die längeren, aber auch kurvigeren A-320 und A-401 über Jódar genommen werden, um das 57 km entfernte Úbeda und seine Architektur aus dem 16. Jahrhundert zu bewundern.

Der Ausblick über die Provinzhauptstadt Jaén. Der Aussichtspunkt liegt auf dem Cerro de Santa Catalina, und neben der Stadt können auch Olivenhaine und die atemberaubenden Gipfel der Sierra de Jaén sowie das Dorf Jabalcuz betrachtet werden.

Der Nationalpark Cabo de Gata-Níjar bei Almería ist mit 460 km² die größte geschützte Küstenlandschaft Andalusiens. Die vulkanischen Felsformationen bilden bis zum Meer abfallende schroffe Klippen, und hohe Temperaturen haben zusammen mit geringen Niederschlägen eine einzigartige Halbwüstenlandschaft geschaffen.

Las Salinas de Cabo de Gata ist eine durch eine 400 Meter breite Sandbank vom Strand getrennte Salzwasserlagune. Die zwischen dem Dorf San Miguel und der Landzunge Cabo de Gata liegende Lagune ist ein wichtiges Feuchtgebiet für überwinternde Vögel. In den versteckten Buchten dieser abgelegenen Ecke Spaniens haben einst viele Piraten Unterschlupf gesucht (rechte Seite).

Von Cazorla nach Cabo de Gata

Ab Úbeda führt die A-315 mach Cazorla, dem Eingangstor zum Parque Natural de las Sierras de Cazorla, der spektakuläre Fahrten über befestigte und unbefestigte Wege zwischen schroffen Bergketten bietet. Von Cazorla windet sich die A-319 über den 1200 Meter hoch gelegenen Puerto de las Palomas und führt nach Empalme del Valle. Nachdem man die Pässe, Wälder und Täler des Parks hinter sich gelassen hat, kann man über Baza auf der A-334 zur Sierra de los Filabres in der Provinz Almería fahren, deren höchste Erhebung der 2168 Meter messende Calar Alto mit dem größten Spiegelteleskop Westeuropas ist. Durch die Sierra gibt es eine Auswahl an großartigen Routen nach Cabo de Gate an der Südostspitze Spaniens, wo eine der dramatischsten Küsten des Landes besichtigt werden kann. Eine Möglichkeit führt über die A-1100 bei Cantoria, die sich zur südlich gelegenen N340 schlängelt. Eine weitere grandiose Straße ist die AL-3107, die über die trostlose Sierra Alhamilla nach Níjar führt.

Die Gegend um Almería ist es wert, einige Tage erkundet zu werden. Unterkünfte gibt es an einem der Strände oder im Bergdorf Mojacar. Die trockenen rosaroten Berge von Almería ähneln stark dem Wilden Westen der USA, weswegen hier zahlreiche Filme gedreht wurden – darunter die beiden Sergio Leone-Produktionen *Für eine Handvoll Dollar* (1964) und *Zwei glorreiche Halunken* (1966). In der Halbwüste von Tabernas kann man den Filmrouten folgen und einen Drink in den Saloons der drei Western-Kulissen nehmen.

Roadbook: Andalusisches Abenteuer

Route: Start- und Zielpunkt ist Sevilla. Von dort geht es nach Norden in den Parque Natural de Cazorla, die Wüstenlandschaft bei Almería und die Berge der Sierra Nevada. Über die Sierra de Grazalema und die wilde Costa de la Luz geht es nach Sevilla zurück.

Tipps:
- In den meisten Bars und Cafés bekommt man gute Tapas, ein großartiger Snack für unterwegs.
- Die berühmte und zum UNESCO-Weltkulturerbe gehörende Alhambra-Burganlage von Granada gehört zu den größten Touristenattraktionen Spaniens und demonstriert den jahrhundertelangen Einfluss der Mauren und ihrer Architektur.
- Um auf der Autobahn die Maut zahlen zu können, muss immer genügend Bargeld griffbereit sein.

Beste Reisezeit: April bis November (im Hochsommer wird es allerdings sehr heiß!)

Gesamtdistanz: 1600 km

Einzuplanende Zeit: 6 bis 8 Tage

GPS-Start- und Zielpunkt: Sevilla 37.390618, -5.982056

GPS-Zwischenziel: Cazorla 37.913867, -3.003387

Von der Sierra Nevada nach Gibraltar

Von Almería nach Westen reisend lassen sich die kurvenreichen Bergstraßen und Panoramablicke der Sierra Nevada und der Täler von Las Alpujarras genießen. Die Gegend ist bei Motorradfahrern sehr beliebt, und man wird auf den hervorragenden Straßen zahlreiche weitere Fahrer treffen. Hinter den Bergen, aber immer noch auf über 700 Metern Höhe, liegt die maurische Stadt Granada, deren Hauptattraktion die von den schneebedeckten Gipfeln des Mulhacén (3482 m) und des Pico del Veleta (2296 m) eingerahmte herrliche Stadtburg Alhambra ist. Beim Verlassen der Stadt wird der Puerto del Suspiro überquert – der Pass des Seufzers des Mauren. Von hier hat Boabdil, der letzte maurische Sultan von Granada, im Jahre 1492 den letzten Blick auf die Stadt geworfen, nachdem er sie an die spanische Reconquista übergeben musste.

Südwestlich von Granada liegt Málaga, die südlichste Stadt Europas mit über 500 000 Einwohnern. Wer auf reichlich Nachtleben steht, kann einige Tage an der lebhaften Küste zwischen hier und de Costa del Sol verbringen. Alle anderen verlassen Granada über die A-338 in westlicher Richtung nach Antequera. Ungeachtet der gewählten Route sollte die wunderbare Stadt Ronda das nächste Ziel sein, die zwischen den Felsen und Schluchten der Serrania de Ronda-Berge rittlings über der El Tajo-Schlucht angelegt ist. Die Plaza de Toros gilt als älteste und größte Stierkampfarena Spaniens, und bevor es weiter durch reizvolle Kurven geht, sollte man auch den spektakulären Blick auf die Schlucht genießen.

Ab Ronda geht es über die A-374 und 372 nach Grazalema mitten in der Sierra gleichen Namens. Von hier führt eine tolle Fahrt auf der CA-531 über den Puerto de las Palomas (Pass der Tauben) ins malerische Zahara de la Sierra oberhalb des Stausees Embalse de Zahare-el Gastor. Nachdem man sich hier mit Kaffee und Kuchen gestärkt und am Ausblick erfreut hat, kann es auf der Achterbahn weitergehen. Die Landschaft verändert sich ständig und die A-373 führt an schroffen Kalksteinfelsen und Schluchten vorbei über El Bosque nach Ubrique und in den Parque Natural Los Alcornocales, einem hauptsächlich aus Korkeichen (*Alcornoques*) bestehenden Wald. Am Puerto de Gáliz (417 m) führt die CA-8202 in südlicher Richtung durch das Dorf Jimena de la Frontera nach Gibraltar.

Die atemberaubende Stadt Ronda mit ihrer die El Tajo-Schlucht überspannenden Puente Nuevo (»Neue Brücke«) aus dem 18. Jahrhundert hatte jahrhundertelang eine wichtige strategische Bedeutung und ist heute ein beliebtes Ziel für Motorradfahrer (rechte Seite oben).

Die Alhambra in Granada diente schon als maurische Festung, als christlicher Palast und im 19. Jahrhundert als Kaserne für die Truppen Napoleons. Die verfallene Anlage wurde 1870 zum Nationaldenkmal erklärt und restauriert, um die prachtvollen Gebäude und Gärten zu schützen. 1984 wurde die Alhambra schließlich zum Weltkulturerbe erklärt.

Von Spaniens Südspitze nach Sevilla

An der Südspitze Spaniens kann man mit Fähren ab Gibraltar, Algeciras und Tarifa nach Marokko übersetzen. Im britischen Überseegebiet Gibraltar kann man per Seilbahn auf den gewaltigen 426 Meter hohen Upper Rock fahren und die Fernsicht zum Atlasgebirge in Marokko genießen. Das 45 km entfernte Tarifa liegt am südlichsten Punkt Spaniens und seine schönen Strände gelten als Surfparadies. Die N-340 führt um die Spitze herum zur Costa de la Luz – dem wilden unberührten Gesicht Andalusiens. Der oft etwas frische Wind wird hier durch ruhige Buchten, weiße Sandstrände und Pueblos Blancos (weiße Dörfer) wie Vejer de la Frontera mehr als wettgemacht. Vor dem bei Vejer gelegenen Cabo de Trafalgar gewann 1805 die britische Flotte eine entscheidende Seeschlacht gegen die Schiffe Napoleons. Von Tarifa bis Cádiz sind es nur 100 km, und hier kann man durch die Straßen der den alten Naturhafen umgebenden Altstadt wandern und auf den Plazas lokale Fischspezialitäten probieren.

Nur 35 km von Cádiz entfernt und auf dem Rückweg nach Sevilla liegt die schöne Stadt Jerez de la Frontera, die berühmt für ihre zahlreichen Sherry- und Brandy-Bodegas ist. Viele Motorradfahrer denken jedoch zuerst an die zehn Kilometer vom Zentrum entfernte MotoGP-Rennstrecke, die jeden Mai zehntausende Zuschauer aus ganz Europa anzieht.

Der Start zum MotoGP-Rennen im Mai 2013 auf dem Circuito de Jerez. Die für ihre vielen Geraden und schnellen Kurven bekannte Rennstrecken gehört zu den beliebtesten Grandprix-Kursen und zieht bis zu 250 000 Zuschauer an.

Spanien

Es grünt so grün ...

1700 km

Die nordspanischen autonomen Gemeinschaften Galicien, Asturien, Kantabrien und das Baskenland werden zusammen als Costa Verde (Grüne Küste) bezeichnet. Die Atlantikküste ist wild und dramatisch, die von Kathedralen dominierten Städte sind lebendig und einladend, und in ihrem Herzen stehen die Picos de Europa – Spaniens dritthöchstes Bergmassiv nach den Pyrenäen und der Sierra Nevada.

Die Picos (Gipfel) bilden die Spitze der Cordillera Cantábrica (Kantabrische Bergkette), die an der gesamten Nordküste des Landes eine sichere Heimat für kantabrische Braunbären, Wölfe und Wildschweine ist. Die Pico-Region ist berühmt für ihren *Queso Cabrales*, einen in Tropfsteinhöhlen gereiften Blauschimmelkäse. Nordspaniens Kathedralen-Städte markieren die Route des Camino de Santiago

(Jakobsweg) – einem der die wichtigsten mittelalterlichen christlichen Pilgerwege. Heute ist der Jakobsweg populär wie noch nie, da er sowohl Wallfahrtsweg als auch ein hervorragender Fernwanderweg durch die französische Seite der Pyrenäen bis ins nordwestliche Spanien ist. Die letzte Sektion des Weges führt in die grandiose Domstadt Santiago de Compostela, bekannt als vermutlich endgültige Ruhestätte des heiligen Apostels Jakobus.

Traditionelle Speisen und Getränke bilden ein wichtiges Kulturelement dieser Region; besonders gilt dies für Galicien, wo ein unglaublich starkes keltisches Erbe besteht. Entlang der zerklüfteten und wegen vieler Schiffsunglücke verrufenen Costa da Morte (Küste des Todes) wird die galizische Spezialität Percebes (Entenmuscheln) angeboten. Das Inland Galiciens gehört zu den besten Weinbaugebieten Spaniens. Die Reben wurden von den Römern eingeführt, die hier auch nach Gold suchten. Eine Fahrt auf der alten Römerstraße entlang des Rio Miño führt durch das Zentrum des Ribeiro-Weinbaugebiets und an den spektakulären Schluchten des Gargantas del Sil entlang.

Von den Gipfeln über Domstädte zur Küste

Diese Region Spaniens ist bei Motorradfahrern, die gerade über die Pyrenäen eingereist sind, sehr populär. Die fabelhaften Straßen zwischen den Passhöhen und Tälern der Pico-Berge sind traumhaft zu fahren. Anschließend kann man an der Atlantikküste entlang und ins Inland zu den Weinbergen fahren und wird eine einzigartige Region Spaniens entdecken, die nicht an der Überbelegung der traditionellen Urlaubsorte weiter im Süden leidet. Für die Küstenstraßen sollte genügend Zeit eingeplant werden, da sie sich um zahlreiche von rauer See zerklüftete Landzungen und Buchten schlängeln. Das Wetter an

Die Picos de Europa sind einige Berge im nordspanischen Asturien und gehören zur Bergkette Cordillera Cantábrica, die sich zwischen den Pyrenäen im Osten und Galicien im Westen erstreckt. Es heißt, die Berge haben ihren Namen erhalten, weil die aus Amerika zurückkehrenden Seefahrer glücklich waren, endlich die »Spitzen von Europa« wiederzusehen.

Spaniens Nordküste ist unberechenbar, sodass es bei zumeist milden Temperaturen dennoch neblig und stürmisch werden kann. Weil der Zusammenhang von »Grüner Küste« und Regen offensichtlich ist, sollte man immer wetterfeste Kleidung griffbereit haben. Und wenn das Wetter an der Küste allzu schlecht ist, kann man einfach ins Inland zu den Schluchten und Weinbergen im Miño-Tal fahren oder sich die Städte Borgos, León und Santiago de Compostela mit ihren Kathedralen, belebten Marktplätzen und Bars ansehen. Die mit N markierten Nationalstraßen zwischen größeren Städten sind generell gut ausgebaut. Wenn Zeit jedoch kein Problem ist und dazu noch die Sonne scheint, sollte man die Hauptstraßen verlassen und kleine Dörfer erkunden, wo es in den Bars immer frische Tapas gibt. Es lohnt sich, die Reise im Frühsommer oder Frühherbst zu planen, um die Haupturlaubszeit zu meiden. In Bilbao können Motorräder gemietet werden, zudem gibt es Veranstalter, die geführte und selbstständig durchgeführte Touren durch die Region anbieten – oft auch verbunden mit Ausflügen in die spanischen Pyrenäen (siehe Seite 168).

Die herrliche Cares-Schlucht wurde durch das türkisfarbene Wasser des Rio Cares in die Picos de Europa gegraben. Die Schlucht ist stellenweise 1,5 km tief und eignet sich hervorragend für Wanderungen (rechte Seite).

Der um die Picos de Europa geschaffene Nationalpark gehört zu den wenigen wirklich unberührten Gebieten Spaniens – das gilt auch für den Massentourismus. Der Park verbindet herrliche Landschaften, eine vielfältige Flora und Fauna sowie eine florierende traditionelle Land- und Viehwirtschaft.

Von Bilbao nach Santiago de Compostela

Startpunkt ist Bilbao. Die etwas abseits von der Biskaya am Rio Nervion gelegene größte Stadt des Baskenlandes ist ein freundlicher, lebendiger Ort, in dem man gut ein paar Tage verbringen kann. Aus den Gassen des mittelalterlichen Viertels Casco Viejo kann man am Ufer des Nervion entlang wandern, um über die Fußgängerbrücke Pefo Arrupe Zubia das mit glänzenden Titanverkleidungen verzierte Guggenheim-Museum zu erreichen, das mit seiner dynamischen Architektur als Prunkstück der Stadt gilt. 165 km westlich liegt die Stadt Unquera, von wo man über die N-621 zu den Picos de Europa gelangt. Diese schroffen Kalksteinfelsen im Herzen der Kantabischen Berge sind nur 25 km von der grünen Küste entfernt (siehe Foto auf vorhergehender Doppelseite). Das zwischen vier Flusstälern eingeklemmte und lediglich 40 km breite Pico-Massiv ist vollgepackt mit Zinnen und Türmen, riesigen Schluchten und tiefen Tälern. Die Hochebene ist unwirtlich wie eine Mondlandschaft

und das darübergelegte Straßennetz bietet Motorradfahrern einen der dramatischsten Spielplätze Europas.

Die N-621 führt weiter durch die spektakuläre Schlucht namens Desfiladero de la Hermida nach Panes und schließlich nach Potes, einem geschäftigen Ort am Ostrand der Picos und beliebtem Basislager. Ab La Hermida gibt es eine wunderschöne Alternativstrecke, die ins 35 km östlich gelegene Puentenansa führende CA-282. Ab hier geht es über die CA-281 am Rio Nansa entlang, bis man über die CA-184 Potes erreicht – insgesamt eine hübsche Schleife von 95 km.

Ab Potes schlängelt sich die CA-185 in die Berge. Die Straße verläuft am Rio Deva und unterhalb der Gipfel des Macizo Oriental entlang zum Natur-Amphitheater bei Fuente Dé. Nur 4 km hinter dem schönen Dorf Espiama endet die Straße plötzlich vor einer gewaltigen Felswand. Von hier aus geht es nur noch mit der Seilbahn die Klippe hinauf, um dort von einer Aussichtsplattform den Blick ins Tal zu genießen.

Die N-621 führt südlich aus Potes heraus über den gewaltigen Puerto de San Gloria (1609 m) ins 38 km entfernte kleine Dörfchen Portilla de la Reina. Hier zweigt die Nebenstraße LE-2703 nach Norden ins 20 km entfernte Posada de Valdeón ab. Die herrliche Cares-Schlucht (Desfi Ladero de Cares) beginnt nördlich dieses Dorfes und teil die Bergkette von Norden nach Süden. Für viele Wanderer an den Picos ist der Besuch dieser Schlucht der Höhepunkt ihrer Reise. Nach der Rückkehr nach Portilla de la Reina geht es weitere 17 km auf der N-621 nach Riaño, das auf einer Halbinsel des gleichnamigen Stausees liegt. Ab hier führt die N-625 durch die Schlucht des Rio Sella und das dramatische Desfiladero de los Beyos – eine der engsten und spektakulärsten Straßenschluchten Europas – nach Cangas de Onís. Nur 9 km südöstlich der Stadt beginn am Wallfahrtsort Covadonga mit seiner rosa Granit-Basilika ein steiler 12 km langer Aufstieg zu den Gletscherseen Enol und Ercina, die auch als Seen von Covadonga bekannt sind.

Die nächste Sektion führt nach Asturien. Von Cangas de Onís erreicht man über die N-634 die Provinzhauptstadt Oviedo, wo rund um den Dom der asturische Apfelschaumwein namens Sidra angeboten wird.

Die N-634 führt weiter durch saftiges Grünland zur alten Römerstadt Lugo in Galizien. Die römische Stadtmauer kann zu Fuß umrundet werden. Über die N-547 gelangt man direkt zum etwa 100 km entfernten Santiago de Compostela. Eine Alternative zu dieser Schnellstraße ist die kleinere, reizvolle LU-232, die am Kloster von Sobrado dos Monxes aus dem 12. Jahrhundert vorbei führt.

Die mittelalterliche Stadt Santiago de Compostela, einst neben Rom und Jerusalem die wichtigste Stadt des Christentums, ist ein empfehlenswerter Aufenthaltsort. Die »Zona Monumentale« (die Altstadt mit ihren Plätzen, Kirchen und Museen) kann bequem zu Fuß erkundet werden.

Die stete Ankunft der oft eine Jakobsmuschel tragenden Pilger ergibt ein stimmungsvolles Treiben, weil im Büro der Kathedrale der »Credencial« genannte Pilgerpass, der während der Reise in den

Unterkünften abgestempelt wurde, gegen ein Zertifikat eingetauscht wird. Am 25. Juli wird an der Kathedrale und in ganz Galizien mit einem gewaltigen Feuerwerk der Jakobstag gefeiert.

Von Santiago de Compostela nach Burgos

Von Santiago führt die malerische AC-550 an der Küste entlang zum Kap Finisterre, wo der oft von Nebel umgebene Leuchtturm auf dem einst als Westspitze der Welt definierten Kap eine besondere Atmosphäre erzeugt. Viele Jakobsweg-Pilger kommen bis hierher, da diese Landzunge das ursprüngliche Ziel der Wallfahrt war, bei der ein Bad im Meer, das Sammeln einer symbolischen Jakobsmuschel und das Verbrennen der alten Kleidung das traditionelle Ende darstellte.
Die N-550 führt in südlicher Richtung zur hübschen und lebhaften Stadt Pontevedra an der gleichnamigen Bucht. Die hier an den Plätzen zwischen den alten und neuen Vierteln angesiedelten Tapas-Bars, Restaurants und Weinbars laden zum Verweilen ein. Anschließend geht es weiter nach Süden zur Ria de Vigo, einer wunderschönen Bucht mit Galiziens größter Stadt Vigo am Südufer. Weitere 20 km südlich kann man am Hafen von Baiona einen schönen Ausblick auf den Atlantik genießen. Weil Christoph Kolumbus nach seiner ersten »Indien-Reise« hier anlandete, kann im Hafen eine exakte Kopie der Pinta, dem schnellsten seiner drei Schiffe, besichtigt werden. Nur wenige Kilometer entfernt liegt der Praia de América, einer der schönsten Strände Galiciens.

Die N-120 führt etwa 120 km durch das schöne Miño-Tal und an der hübschen Wein-Stadt Ribadavia vorbei nach Ourense. Über die N-120

Die spanische Westküste wurde vor der Entdeckung Amerikas als Ende der Welt betrachtet. Der am Leuchtturm des Kaps Finisterre stehende Bronze-Stiefel erinnert an diesen traditionellen Endpunkt einer Pilgerreise auf dem Jakobsweg.

Der See Enol bildet zusammen mit dem Ercina die berühmten Gletscherseen von Covadonga. Die an den Picos de Europa liegenden Seen sind das Zentrum des 1918 gegründeten Nationalparks (linke Seite).

Roadbook: Es grünt so grün ...

Route: Startpunkt ist Bilbao. Von dort geht es in die Picos de Europa und zum Kap Finisterre, dem westlichsten Punkt Spaniens. Von hier führt die Strecke ins Inland durch die spektakulären Gargantas del Sil nach León und Burgos.

Tipps:
- In den meisten Bars und Cafés bekommt man gute Tapas, ein großartiger Snack für unterwegs.
- Wasserfeste Kleidung sollte an der Atlantikküste immer griffbereit sein.
- Das von Frank Gehry gestaltete Guggenheim-Museum in Bilbao gehört zu den viel bewunderten Beispielen zeitgenössischer Architektur und stellt moderne und zeitgenössische Kunst aus.
- Um auf der Autobahn die Maut zahlen zu können, muss man immer genügend Bargeld griffbereit halten.

Beste Reisezeit: Juni bis September (im Hochsommer kann es sehr voll werden!)

Gesamtdistanz: 1700 km

Einzuplanende Zeit: 7 bis 9 Tage

GPS-Start- und Zielpunkt: Bilbao 43.263581, -2.934895

gelangt man durch die spektakuläre Landschaft der Gargantas del Sil, einer fabelhafte Schlucht in der Weinregion Ribeiro, weiter nach Osten. Bei Monforte de Lemos zweigt die steile und kurvige LU-903 nach Süden Richtung Castro Caldelas ab, das bekannt für seine mittelalterliche Festung ist. Kurz vor dem Dorf führt eine kleine Seitenstraße zu einer Anlegestelle, von der aus man mit einem Boot die Schlucht erkunden kann. Ab Castro Caldelas geht es über die UO-536 zurück zur N-120 und über Ponferrada nach León mit seiner prächtigen gotischen Kathedrale, hübschen Marktplätzen und einem reichen Nachtleben. Auf der A-231 sind die 180 km durch eine landschaftlich geprägte Gegend bis Burgos schnell durchfahren. Auch in Burgos sollten die Kathedrale und der hübsche Marktplatz mit seinen Cafés nicht unbeachtet bleiben. In der Kathedrale liegt die Grabstätte des spanischen Nationalhelden El Cid, dessen Leben als Soldat im 11. Jahrhundert im Jahre 1961 mit Charlton Heston verfilmt wurde. In dieser angenehmen Stadt lohnt sich eine Übernachtung, bevor die an der N-120 liegende Weingegend Rioja mit der für ihre »Stierläufe« berühmten Stadt Pamplona in Angriff genommen wird, um von hier aus die Pyrenäen zu erkunden.

Die Täler hinter der Costa Verde bieten mit ihren herrlich gewundenen Straßen fabelhafte Motorradstrecken. Und dann geht es weiter in die dahinterliegenden Berge.

Portugal

Der Fluss des Goldes
1500 km

Das Schicksal des sonnigen Portugals ist durch die Verbundenheit mit dem Meer und seine seefahrerische Geschichte geprägt. Portugal lockt heute einen konstanten Besucherstrom an seine wunderbare Küste, die ausschließlich vom Atlantischen Ozean umspült wird. Im Jahre 1497 hatte Vasco da Gama die Segel gesetzt, um den Seeweg zum »richtigen« Indien zu entdecken. Seine erfolgreiche Reise leitete den lukrativen Gewürzhandel zwischen Asien und Europa ein, der zusammen mit weiteren portugiesischen Entdeckungsfahrten und Kolonialisierungen dazu führte, dass Portugal in den folgenden Jahrhunderten zu den reichsten Ländern und Portugiesisch zu den meistgesprochenen Sprachen der Welt gehörten.

Mit über 850 km Strand und einem fast das gesamte Jahr anhaltenden milden und sonnigen Klima gehört Portugal heute zu den beliebtesten Ferienzielen Europas. Aber abseits der weißen Algarve-Strände hat Portugal noch mehr zu bieten. Zwischen den modernen und pulsierenden Städten Lissabon und Porto sind im ganzen Land mittelalterliche Stadtfestungen und historische Burgen zu entdecken. Wer die Landschaft abseits der ausgetretenen Pfade erkundet, wird von ihrer Schönheit und dem kontrastierenden Charakter überrascht sein.

Sanfte Hügel, schroffe Gipfel und Weinberg-Flussufer

Bei 218 km Breite und 561 km Länge ist es theoretisch nicht schwer, Portugal in wenigen Wochen zu erkunden. Trotz seiner geringen Größe ist das Terrain wunderbar abwechslungsreich und stellt in Verbindung mit dem milden Klima ein großartiges Ziel für einen Motorradurlaub dar. Portugal ist gegenüber einigen der ausgetretenen Routen Südeuropas eine wirklich ruhige Alternative. Der Norden des Landes ist bergiger und kühler als der Süden und in den Bergen der Serra da Estrela kann durchaus Schnee fallen, sodass die beste Reisezeit zwischen Mitte April und Mitte Oktober liegt. Da es besonders im Landesinneren im Sommer sehr heiß und trocken werden kann, empfehlen sich Motorradreisen im Frühjahr oder Herbst.

Es gibt zwischen den größeren Städten ein gutes Straßennetz mit modernen mautpflichtigen Autobahnen (AE), Fernstraßen (IP oder IC) und Hauptstraßen (N oder EN). An den meisten Mautstationen und Tankstellen werden Kreditkarten akzeptiert. Abseits größerer Städte ist die Verkehrsdichte meistens gering, doch auf abgelegenen Landstraßen muss stets auf freilaufendes Vieh und schwer beladene Karren geachtet werden. Wenn man etwas flexibel ist, macht das Auffinden einer Unterkunft nur selten Probleme. An der Küste gibt es zahlreiche Campingplätze und die besonders im Norden anzutreffenden Pousadas – aus ehemaligen Burgen oder Klöstern umgewandelte Hotels – bieten an dramatischen Orten oft etwas ganz Besonderes. Die Anreise nach Nordportugal kann über die spanische Costa Verde erfolgen (siehe Seiten 184 bis 191). Portugal ist ein freundliches und relativ preiswertes Land. Wer die Küste ins Landesinnere verlässt, wird auf alten Römerstraßen durch die abgelegenen Dörfer des Trás-os-Montes (Hinter den Bergen) zu den Weinbergen des Douro (der Fluss des Goldes) und zur schroffen Serra da Estrela (Berge der Sterne) gelangen.

Von Braga nach Bragança

Ab Vigo, der letzten größeren Stadt vor der Grenze, führt die A3/IP1 über den Grenzfluss Minho (spanisch: Rio Miño) ins etwa 100 km entfernte Braga. Das historische Zentrum dieses religiösen Zentrums ist reich an Palästen und Kirchen. Die hervorragende Motorradstrecke N103 führt ins östlich gelegene wilde und abgelegene Trás-os-Montes. In dieser abgeschiedenen Region an Portugals nordöstlicher Grenze zu Spanien hat sich das traditionelle Leben kaum verändert. Die von der N103 abzweigenden Nebenstraßen verbinden mehrere Nationalparks sowie malerische Städte und Dörfer miteinander und nehmen einen mit in eine wilde und zerklüftete Landschaft. Nach etwa 30 km muss man Ausschau nach einer kleinen Straße halten, die durch bewaldete Täler in den alten Kurort Gerês inmitten des Parque Nacional da Peneda-Gerês führt. Die Entfernungen im Nationalpark sind kurz, doch die sich durch eine üppige Vegetation windenden Straßen führen zu spektakulären Wasserfällen und Stauseen. Die Straße führt über den Bergpass Portela do Homem weiter nach Spanien. Von Gerês geht es zurück auf die N103 und ins weiter östlich gelegene Bragança, der wichtigsten Ansiedlung im wilden und zerklüfteten Parque Natural de Montesinho.

Der Herbst ist die perfekte Jahreszeit, um durch den schönen Parque Nacional da Peneda-Gerês zu fahren. Im 33 km östlich von Braga gelegenen Kurort Gerês lassen sich geeignete Unterkünfte finden.

Die zur Zeit des römischen Kaisers Trajan erbaute Brücke über den Tâmega ist das Wahrzeichen von Chaves. An den Hauptsäulen finden sich noch heute römische Inschriften, die darauf hinweisen, dass die Brücke dem Imperator Caesar Vespasianus Augustus gewidmet ist.

Die hervorragende Straße von Porto nach Pinhão führt durch die Weinberge des Douro-Tals und am »Fluss des Goldes« entlang (linke Seite).

Die N103 schlängelt sich durch wunderbares Motorradland Richtung Chaves, einem hübschen und bereits von den Römern gegründeten Kurort. Noch heute überspannt eine zu dieser Zeit errichtete Steinbrücke den Tâmega. Die für ihren Räucherfisch und dazu passenden Rotwein berühmte Stadt bietet sich bei der Fahrt durch das Gebiet »hinter den Bergen« als perfekter Haltepunkt an. Das letzte Stück nach Bragança ist besonders schön, da die N103 am 750 km² großen Parque Natural de Montesinho entlang führt. Die Straße windet sich dabei aus einer sanften Hügellandschaft zu den schroffen Gipfeln und Felsnasen am Nordrand des Parks empor, wo Wölfe, Wildschweine und Rehe in den entlegeneren Winkeln der Wälder leben. Die etwa 65 km von Chaves entfernt liegende Kleinstadt Vinhais ist das Eingangstor zum Parque Natural de Montesinho mit seinen Eichen-, Pappel- und Weiden-Wäldern, in denen winzige Dörfer mit schiefergedeckten Häusern in die höheren Lagen der Serra de Montesinho eingebettet sind.

Die Rua da Gasparona führt in nördlicher Richtung von Vinhais ins 23 km entfernte Moimenta. Von hier kann man der durch Heidemoore führenden Straße durch die Grenzdörfer Mofreita, Zelve und Vilarinho folgen, den Rio Baciero überqueren und zurück zur Zitadelle von Bragança fahren, dem Zentrum des Trás-os-Montes.

Die stählerne Bogenbrücke Ponte Dom Luís aus dem Jahre 1886 überspannt den Douro und verbindet Port mit Vila Nova de Gaia. Mit einem Bogenmaß von 172 Metern war sie seinerzeit die längste Brücke ihrer Art. Auf der oberen Ebene fahren Straßenbahnen, auf der unteren Kraftfahrzeuge; Fußgänger dürfen auf beiden Ebenen laufen.

Eine Bergstraße durch die Serra da Estrela, Portugals höchste Bergkette. Der höchste Gipfel namens Torre (1993 m) ist über eine Asphaltstraße erreichbar (rechte Seite).

Von Bragança nach Porto

Die IP4/A4 führt in westlicher Richtung von Bragança ins 117 km entfernt liegende Vila Real im Douro-Tal. Weil die Straße gut ausgebaut ist, dauert die Fahrt nur knapp über eine Stunde. Wer es allerdings etwas ruhiger mag, nimmt stattdessen die N218 und fährt in südöstlicher Richtung nach Miranda do Douro. In der einst abgelegenen und historischen Grenzstadt wird heute eines der größten Wasserkraftwerke Portugals betrieben. Eine 8 km lange Schotterpiste führt von hier nach São João das Arribas und bietet eine hervorragende Aussicht über die Douro-Schlucht. Eine andere schöne Fahrt führt über die N221 nach Westen zum Parque Natural do Douro Internacional, einer abgelegenen dramatischen Landschaft, die sich mehr als 100 km sowohl am portugiesischen wie auch am spanischen Ufer des Duoro entlangzieht. Auf den 47 km nach Mogadouro gibt es zahlreiche Aussichtspunkte, von denen die spektakulären Klippen, Schluchten und Klammen bewundert werden können.

Von hier führt eine weitere wunderbar geschlängelte Straße (N216) nach Macedo de Cavaleiros im Norden, von wo es über die IP4/A4 ins südwestliche Vila Real und nach Porto geht. Etwa 40 km hinter Vila Real liegt direkt an der Strecke am Fluss Tâmega die erkundenswerte Stadt Amarante. Von hier sind es weitere 60 km bis Porto, die heimliche Hauptstadt Nord-Portugals. Wer dessen Einbahnstraßensystem zu frustrierend findet, fährt zum Ufer des Douro und nimmt dort an einer der beliebten Flusskreuzfahrten teil. Von hier ist die Stadt besonders sehenswert. Ein Besuch in Porto ist ohne eine Fahrt über die stählerne

Roadbook: Der Fluss des Goldes

Route: Startpunkt ist das spanische Vigo kurz vor der Grenze zu Portugal. Von hier geht es über das Trás-os-Montes (Hinter den Bergen) zu den Weinbergen des Douro (der Fluss des Goldes) und zur schroffen Serra da Estrela (Berge der Sterne). Entlang der Sandstrände am Atlantik führt die Strecke schließlich nach Lissabon.

Tipps:
- Auf kleinen Straßen ist mit Viehherden und landwirtschaftlichem Verkehr zu rechnen.
- Von Lissabon kann ein Abstecher nach Sintra gemacht werden, das sich aufgrund seiner romantischen Architektur aus dem 19. Jahrhundert und der herrlichen Berglandschaft zu einem wichtigen Touristenzentrum entwickelt hat. Die Gegend um Sintra ist gespickt mit königlichen Ruhesitzen, Burgen und anderen Bauten aus dem 8. und 9. Jahrhundert. Hinzu kommen zahlreiche beeindruckende Gebäude, die zwischen dem 15. und dem 19. Jahrhundert entstanden sind.
- An der Küste gibt es zahlreiche Campingplätze, sodass spontane Übernachtungen selten ein Problem sind.

Beste Reisezeit: Mitte April bis Mitte Oktober

Gesamtdistanz: 1500 km

Einzuplanende Zeit: 6 bis 8 Tage

GPS-Startpunkt: Vigo 42.241354, -8.720570

GPS-Zielpunkt: Lissabon 38.724358, -9.139252

Bogenbrücke Ponte Dom Luís aus dem Jahre 1886 nicht vollständig. Über diese gelangt man nach Vila Nova de Gaia – dem Zentrum des Portwein-Handels, in dem die großen Portwein-Produzenten ihren Sitz haben. Bei einer geführten Tour kann man viel über die Geschichte und den Hintergrund der schönen Strecke erfahren, die nun folgt.

Der Douro: Fluss des Goldes

Am in Portugal als Fluss des Goldes bekannten Douro werden die Trauben für den weltberühmten Portwein angebaut. Die Route folgt dem Fluss bis an die spanische Grenze, und eine Fahrt über die unglaublich schöne und kurvenreiche Strecke (siehe Foto auf den Seiten 194 und 195) ist für Motorradfahrer, die im Norden Portugals unterwegs sind, ein absolutes Muss. Hierfür wird Porto über die N108 in Richtung des 45 km entfernten Entre-os-Rios verlassen, wo der Tâmega in den Douro mündet. Hier wird die Brücke überquert, um am Südufer des Douro herrliche 100 km auf der D222 zur Portwein-Stadt Pinhão zu genießen. Die Straße windet sich durch terrassierte Hügel hoch über dem Fluss und durch hinter den Weinreben versteckte Siedlungen. Während der Fahrt durch eine der malerischsten Landschaften Portugals entfaltet sich immer wieder eine wunderbare Aussicht. Die Straße umarmt die Berge und windet sich durch ein ruhiges und verschlafenes Land, bevor sie zum Peso da Régua herunterführt, einer belebten Anlegestelle für Flusskreuzfahrten. Ab hier verläuft die Straße für die folgenden 25 km bis zur hübschen Stadt Pinhão und ans Ende der Weinstraße nahe am Ufer.

Von der Serra da Estrela nach Lissabon

Eine weitere großartige Route führt vom Douro in die Serre da Estrela, Portugals höchste Bergkette. Hierzu bleibt man in Pinhão auf der D222 und fährt etwa 60 km über die Berge nach Vila Nova de Foz Côa. Hier wurden 1992 Tausende zwischen 24 000 und 12 000 Jahre alte Felszeichnungen entdeckt, die Menschen, Pferde und andere Tiere darstellen. Eine geführte Tour hierher muss im Voraus gebucht werden.

Von Vila Nova de Foz Côa geht es 65 km auf der IP2 zur Nordspitze der Serre da Estrela. Bei Celorico da Beira zweigt links die N17 zur Westflanke des Parque Natural da Serra da Estrela ab. Das Gebirge ist ein alpines Hochplateau aus Zinnen, Klippen und riesigen Felsblöcken, das von Gletschertälern und den hier entspringenden Flüssen Mondego und Zêzere durchschnitten ist. Der Naturpark ist etwa 1000 km² groß und damit das größte Schutzgebiet Portugals. Es erstreckt sich etwa 55 km von Nord nach Süd und ist bis zu 25 km breit. Mit dem Motorrad kann man leicht an einem Tag hindurch kommen, doch um den Park besser zu erkunden, wird mindestens eine Übernachtung dringend empfohlen.

Bei der Kleinstadt Gouveia trifft die N17 auf die in den Park führende N232. Jetzt beginnt eine fast 40 km dauernde Achterbahnfahrt über fantastische Serpentinen nach Manteigas, das im Herzen des Parks liegt. Von hier schlängelt sich die N338 in südlicher Richtung durch das atemberaubende Zêzere-Gletschertal, bis sie nach 15 km auf die nach Westen führende N339 trifft. Diese steigt über etwa 6 km

zum auf 1993 Meter liegenden Torre an, dem höchsten Punkt Portugals, der sogar befahrbar ist. Bei diesem Torre handelt es sich um einen Steinturm, der im Jahre 1817 dafür erbaut wurde, die Gesamthöhe auf 2000 Meter zu bringen. Die großartige Fahrt führt über weitere 30 km nach Seia, der größten Stadt am westlichen Rand des Parks. Von hier geht es zurück auf die N17 und zur alten Universitätsstadt Coimbra, die im 12. Jahrhundert auch Hauptstadt Portugals war.

Von Coimbra führt die gut ausgebaute und IP1 direkt in die 75 km entfernte charmante Stadt Leiria, die einen guten Ausgangspunkt für Ausflüge zur Küste und ins benachbarte Batalha darstellt. Das gleichnamige Kloster war früher Hauptsitz der Tempelritter von Tomar und Fátima, des in der katholischen Welt berühmten Wallfahrtsortes. Angeblich haben hier drei Hirtenkinder am 13. Mai 1917 eine Erscheinung der Jungfrau Maria erlebt. Bald kamen immer mehr Menschen in den einst ruhigen Ort, der heute zu den wichtigsten Pilgerstätten der römisch-katholischen Kirche gehört. Westlich von Leiria liegt der Pinhal de Leiria, ein großer maritimer Kiefernwald, der im 14. Jahrhundert angepflanzt wurde, um die Erosion an der Küste zu verringern. Später wurde das Holz für den Bau von hochseetauglichen Schiffen verwendet, da Portugal sein Übersee-Imperium immer weiter ausbaute. Bei einer Fahrt an dieser herrlich nach Kiefern duftenden Küste lassen sich lange Sandstrände und hübsche Ferienorte entdecken.

Auf der 155 km langen Reise von Leiria in die reizvolle Hauptstadt Lissabon gibt es zahlreiche Möglichkeiten, die Fahrt zu unterbrechen – beispielsweise am Zisterzienser-Kloster in Alcobaça, im Kurort Caldas da Rainha oder in der mittelalterlichen Stadt Óbidos. Lissabon selbst ist auf einigen steilen Hügeln erbaut. Man kann hier einige Tage verbringen und zu Fuß oder mit Straßenbahnen und Seilbahnen die Steigungen erklimmen. Wenn es Zeit ist, Lissabon zu verlassen, kann man darüber nachdenken, im Süden des Landes die Algarve mit ihren berühmten Stränden anzufahren und danach im spanischen Andalusien weitere schöne Strecken zu erkunden (siehe Seiten 176 bis 183).

Das Schloss in der mittelalterlichen Stadt Óbidos stammt aus dem 13. und 14. Jahrhundert. Heute ist es eine luxuriöse Pousada (gehobenes Hotel). Die Burg darf nur von Hotelgästen besucht werden, die befestigten Stadtmauern stehen aber jedem offen (oben).

Die gelben Standseilbahnen helfen den Einwohnern Lissabons dabei, die sieben steilen Hänge der Stadt zu erklimmen. Die seit 1873 von Pferden gezogenen Wagen wurden ab 1901 durch die Eléctricos de Lisboa *ersetzt (rechts).*

VAI-TU
Torrié

Italien

Vom Gardasee in die Dolomiten

350 km

Das klassische CZ-Motorrad hängt vor dem Souvenirgeschäft am Passo di Falzarego. Der Name Falza Rego bedeutet »falscher König« und bezieht sich auf den König der Fanes, welcher der Sage nach wegen seines Betrugs zu Stein wurde.

Dieses Panorama über den Fedaia-See und den Marmolada-Gletscher, dem einzigen Gletscher in den Dolomiten, ist nicht weit entfernt von Canazei zu betrachten, das sich als guter Ausgangspunkt für viele Bergsteiger und Motorradfahrer anbietet (unten).

Diese Reise durch die norditalienischen Regionen Trentino/Südtirol und Venetien führt vom submediterranen Klima des Gardasees (wo die Temperatur im Winter nur selten unter 12 °C fällt) zu den hohen Gipfeln der Dolomiten mit ihren dramatisch zerklüfteten Zinnen, die 2009 in die Liste des UNESCO-Weltnaturerbes aufgenommen wurden. Mit einer Fläche von 370 km² ist der Gardasee der größte und auch berühmteste See Italiens. Römische Ruinen, Thermalbäder und ein riesiges Sportangebot locken Besucher aus Italien und der ganzen Welt hierher. An seinen Ufern gedeihen Zitronen, Oliven und Weintrauben.

In Richtung Norden wird die Landschaft zunehmend durch felsige Gipfel, bewaldete Täler und versteckt liegende smaragdgrüne Seen dominiert, dazwischen liegen großartige Straßen, die zu fabelhaften Bergpässen führen. Während der Sommermonate sprießen in den Tälern farbenfrohe Blumen und die Seen spiegeln die schroffen Gipfel wider. Die verschiedenen Naturparks der Dolomiten ziehen Motorradfahrer, Wanderer und Mountainbiker an. Seilbahnen machen es möglich, auf 2000 Meter Höhe gelegene Wanderwege und Gasthöfen zu erreichen, wo immer wieder traditionelle Gerichte angeboten werden.

Es ist kaum möglich, die Dolomiten zu durchqueren, ohne auf Erinnerungen an den Ersten Weltkrieg und die erbitterten Kämpfe in den Bergen zu stoßen, die sich hier österreichische Kaiserjäger und italienische Alpini zwischen 1915 und 1918 lieferten. Einige der erhaltenen Forts, Tunnel und Schützengräben sind heute im großen Freilichtmuseum an den Cinque Torri zu besichtigen. Ein Erbe der alpinen Kriegsführung sind die für bessere Truppenbewegungen erbauten *Via Ferrata* (Eisenwege), die aus Kletterstiegen, Brücken und festen Stahlseilen bestehen. Ein Aufstieg über eine *Via Ferrata* ist nichts für schwache Nerven, doch der Ausblick von den Gipfeln auf einige der hohen Pässe, die man gerade befahren hat, ist einfach atemberaubend.

Von Seepromenaden und alpinen Berganstiegen

Die spektakulären Straßen zwischen den Bergketten der Dolomiten sind ein Motorrad-Nirvana. Es gibt hier nur sehr wenige Geradeaus-Sektionen, und oft ragen riesige senkrechte Felswände über den Asphalt. Die Passstraßen zwischen den Tälern sind eine einzigartige Freude. Die Straßenbeläge sind in der Regel sehr gut, doch an

Der wunderschöne Gardasee in seiner Bilderbuchumgebung ist Ausgangspunkt dieses Abenteuers in Norditalien und den Dolomiten. Die vielen malerischen Städte am Ufer des größten Sees Italiens sind beliebte Urlaubsziele.

Dass Motorradfahrer in den Restaurants und Hotels entlang der Großen Dolomitenstraße willkommen sind, zeigt z. B. dieses handgemalte Schild in Campitello di Fassa (rechte Seite).

Die Kalksteinfelsen der Dolomiten verändern im Laufe des Tages ihre Farbe. Sobald die Sonne unterzugehen beginnt, hüllen sie sich zumeist in ein warmes Rosa (unten).

Passstraßen muss auch mit unbefestigten Teilstücken gerechnet werden. Die Öffnungszeiten der Pässe sollten vor der Reise auf den Webseiten der Touristenbüros überprüft werden. Im August sind die schmalen Straßen der Dolomiten von italienischen Urlaubern und Reisebussen aus ganz Europa verstopft. Empfehlenswerter sind die Reisemonate September und Oktober, wenn die Berge vom blauem Himmel eingerahmt und die Straßen frei und ruhig sind. Zu dieser Zeit entspannen sich die Einheimischen gern nach einer geschäftigen Sommersaison bei zahlreichen Weinfesten.

Wenn man die Dolomiten erreicht, ist die Aussicht oft so beeindruckend, dass es schwierig wird, den Asphalt im Blick zu behalten. In der Nähe der Pässe gibt es viele Hotels mit »Bikers Welcome«-Aushang oder einem Motorrad-Symbol auf orangefarbenem Schild, das für *Moto Sotto il Tetto* (Motorrad unter Dach) steht, weil hier ein sicherer Parkplatz und motorradspezifische Informationen geboten werden. Zwischen den Passfahrten können an manchen Orten sogar »Biker Menüs« eingenommen werden. Hier trifft man andere Fahrer und kann die letzten Neuigkeiten über die Pässe der Umgebung austauschen. Italiener lieben Motorräder, sodass man sowohl überall herzlich begrüßt wird als auch an allen Orten schöne Maschinen betrachten kann.

Vom Gardasee nach Bozen

Der über die A4 leicht erreichbare Gardasee ist nicht weniger als 52 km lang und bis zu 17 km breit. Das intensive Blau seines Wassers sorgt in Verbindung mit dem ganzjährig milden Klima für einen stetigen Besucherstrom in die Städte und Dörfer an seinem Ufer. Die Tour beginnt in der größten Stadt Desenzano del Garda, die am Südufer des Sees liegt. An ihren Uferpromenaden reihen sich zahlreiche Restaurants und Bars auf, sodass man hier erst einmal entspannen kann, falls man aus Mailand oder Venedig angereist ist. Das schöne Dorf Sirmione liegt an der Spitze der etwa 3 km langen Landzunge, die direkt neben der Stadt in den See ragt. Sirmione ist berühmt für seine Thermalquellen und ein beliebter Kurort. Die Fahrt geht weiter nach Peschiera del Garda, um von hier über die SR249 am Ostufer entlang zu fahren. Das Dorf Bardolino ist berühmt für seinen Wein und im September wird hier das *Festa dell'Uva* (Traubenfest) gefeiert. Etwa 10 km weiter nördlich liegt Torri del Benaco, dessen kleiner Hafen vom Castello Scaligero überragt wird. Wer nicht über Malcesine und Torbole am Ufer entlang fahren möchte, kann durch die Kurven und Kehren der SP8 über Caprino Veronese, Spiazzi und Mori in das dann etwa 100 km entfernte Riva del Garda fahren. Zwischen beiden Routen ragt stets der karge Gipfel des 2218 m hohen Monte Baldo ins Bild. Das an der Nordspitze des Sees zwischen steilen Felsen eingequetschte Riva del Garda ist besonders bei Wassersportlern ein beliebtes Urlaubsziel.

Von Riva del Garda geht es über die kurvige SS421 an den Brentner Dolomiten vorbei, die, obwohl weniger bekannt und besucht als die weiter östlich liegenden Haupt-Dolomiten, dennoch genauso fantastisch sind. Die Cima Tossa (3171 m) und die 3151 Meter hohe Cima Brenta (bis 1918 *Kaiser-Franz-Josef Spitze*) sind bei jenen Bergsteigern sehr beliebt, die versuchen, die Gipfel über die *Via Ferrate* zu erreichen. Weiter geht es an den Lago di Molveno mit der gleichnamigen ruhigen Stadt. Nachdem man über die SS43 am Lago die Santa Giustine vorbeigekommen ist, geht es nordöstlich des Sees auf die SS42 und über den Passo della Mendola (1363 m) nach Bozen (Bolzano), der Hauptstadt der Region Alto-Adige/Südtirol. Die malerische Altstadt bietet sich für eine Pause und eine Mahlzeit an, bevor es auf die Große Dolomitenstraße und einige der schönsten Pässe Europas geht.

Von Bozen nach Cortina d'Amprezzo

Ab Bozen geht es über den Karerpass (Passo di Costalunga – 1745 m) ins Fassatal (Val di Fassa). Hierfür gibt es zwei Straßen: Die eine führt durch das Tierser-Tal, über den Nigerpass und hinter der Rosengarten-Gruppe entlang. Bei der anderen Route wird Bozen über die durch das Eggental führende SS241 verlassen. Die Straße führt durch mehrere Tunnel und ist in die Felswand einer Schlucht gehauen, bevor sie durch ein bewaldetes Tal langsam zum Karerpass ansteigt. Wenige Kilometer vor der Passhöhe wird der Blick unweigerlich nach rechts gezogen und man ist gezwungen, am Ufer des kleinen Karersees anzuhalten, in dessen türkisfarbenem Wasser sich die zerklüfteten Gipfel des Latemar und der Rosengartengruppe spiegeln. Das als Regenbogensee bekannte Gewässer ist der Legende nach die Heimat der Wassernymphe von Carezza. Die Geschichte der in den Dolomiten beheimateten ladinischen Kultur und ihrer alten Sprache kann im ladinischen Museum der nahegelegenen Ortschaft San Giovanni nacherlebt werden. Sobald das auf einem grünen Hochplateau gelegene Dorf Vigo di Fassa erreicht ist, bietet die Landschaft einen atemberaubenden Ausblick auf die umliegenden Berge.

Diese Nähe zu den Dolomiten wird selbst abgestumpften Motorrad-Alpinisten Ehrfurcht einflößen. In Vigo di Fassa gibt es mehrere Hotels und Restaurants, sodass von hier gut die Landschaft um die Rosengartengruppe erkundet und ein wunderschöner rosiger Sonnenuntergang genossen werden kann. Die SS48 führt durch das bewaldete Val di Fassa ins weiter nördlich gelegene Canazei, einen lebhaften Ferienort, in dem im Juli bei einem dreitägigen Weinfest die Kultur und Tradition der Ladiner am Leben gehalten wird. Wer gern eine Runde um die Sellagruppe drehen möchte, wird hier ein geeignetes Basislager finden.

Eine Runde um die Sellagruppe

Bei einer Reise in die Dolomiten darf eine Runde um die Sella-Gebirgsgruppe auf keinen Fall fehlen. Der nordöstlich von Ganazei zwischen dem Fassatal und dem Gröden (Val Gardena) gelegene Bergstock ist über die Große Dolomitenstraße (SS48) erreichbar. Wer auf der SS48 geradeaus weiterfährt, kommt über die SS242 zum 2231 Meter hohen Sellajoch (Passo di Sella). Die Straße ist stellenweise sehr schmal, sodass man sie besser frühmorgens befahren sollte, um nicht zwischen Reisebussen eingequetscht zu werden. Bei klarem Wetter ist der Ausblick über den Marmolada-Gletscher (siehe Foto auf Seite 200/201) und ins Gröden-Tal unglaublich. Die weiter nach Norden führende SS243 steigt zum Gardenapass (2121 m) auf und führt nach Corvara. Von dort geht es auf der SP244 über den 1875 Meter hohen Passo Campolongo Richtung Arabba, von wo es über die SR48 und das 2239 Meter hohe Pordoijoch (Passo Pordoi) zurückgeht. Nachdem man sich von der überwältigenden etwa 52 km langen Schleife erholt hat, geht es wieder zurück auf die Große Dolomitenstraße (SS48).

Pordoijoch (Passo Pordoi)

Der zweithöchste Dolomitenpass markiert die Grenze zwischen Südtirol und Venetien. Von Canazei führt die SS48 mit zahlreichen Kehren zur Passhöhe, vor der sich ein fantastisches Panorama des Dolomitenmassivs ausbreitet. Neben Cafés gibt es hier oben auch ein motorradfreundliches Hotel, von dem aus Wanderungen in die Berge unternommen werden können. Immer wieder trifft man auf Reste der

Die kleine Kapelle am Passo di Falzarego ist allen Soldaten gewidmet, die während des Ersten Weltkriegs ihr Leben auf diesen abgelegenen Schlachtfeldern inmitten der Berge verloren.

Das spektakuläre Pordoijoch ist einer der vier Pässe an der Großen Dolomiten-straße. Die 1905 eröffnete Straße verbindet Bozen (Bolzano) mit Cortina d'Ampezzo und fördert den Tourismus in dieser Gegend (rechte Seite).

Roadbook: Vom Gardasee in die Dolomiten

Route: Startpunkt ist Desanzano del Garda am Südufer des Gardasees. Von hier geht es an den Brentner Dolomiten vorbei nach Bozen (Bolzano) und über die Große Dolomitenstraße nach Cortina d'Ampezzo.

Tipps:
- Auf Reisen im August besser verzichten, da die Straßen oft überfüllt sind.
- Auf den Webseiten der Touristenbüros kann man prüfen, ob alle Passstraßen geöffnet sind.
- In den Dolomiten muss man mindestens einen Sonnenuntergang miterleben, bei dem sich die Berge rosa verfärben.
- Eine Nacht im wunderbaren Bozen und eine Besichtigung des extra für »Ötzi« gegründeten Südtiroler Archäologiemuseums sollten auf keinem Reiseplan fehlen (siehe Seite 37).

Beste Reisezeit: Frühsommer oder Herbst

Gesamtdistanz: 350 km

Einzuplanende Zeit: 2 bis 3 Tage

GPS-Startpunkt: Desanzano del Garda 45.47217, 10.533485

GPS-Ziel: Cortina d'Ampezzo 46.540326, 12.135429

hier im Ersten Weltkrieg verlaufenden Front. Ein Wegstück verläuft über den Viel del Pan, der einst von Getreideschmugglern benutzt wurde, um keine Steuern an Venedig zahlen zu müssen. Es bietet heute großartige Ausblicke über den Marmolada-Gletscher und die Gipfel der Sellagruppe.

Passo di Falzarego

Die SR48 führt nach Osten in den Ferienort Arabba, und weil auch die Runde um die Sellagruppe durch dieses Dorf führt, trifft man hier viele Motorradfahrer. Ab Arabba führt die SR48 durch viele kleine Dörfer, bevor sie sich in zunächst sanften Kurven und später engen Kehren über den 21 km entfernten Passo di Falzarego erhebt. Die hervorragende Straße öffnet sich am Gipfel, auf dem viele Motorradfahrer die wirklich einzigartige Aussicht genießen. Neben einem Geschäft und einem Hotel gibt es eine zur Erinnerung an die vielen im Ersten Weltkrieg hier ums Leben gekommenen italienischen und österreichischen Soldaten erbaut Kapelle (siehe Foto auf Seite 204).

Nachdem der Pass über eine Reihe sanfter Kurven verlassen wurde, führt die SR48 in den ganzjährig belebten Wintersportort Cortina d'Ampezzo. Die auf 1200 Meter Höhe im Valle del Boite gelegene Gemeinde ist von einigen der schönsten Gipfel der Dolomiten umgeben. Nachdem hier 1956 die Olympischen Winterspiele ausgetragen wurden, entwickelte sich Cortina rasch zu einem schillernden – und entsprechend teuren – Ferienort, in dessen Modegeschäften und Galerien die passenden Ausstattungsgegenstände angeboten werden. Wer mag, kann sich in eines der schicken Cafés setzen und den Blick auf die High Society oder auch die zahlreichen von den umliegenden Pässen eintreffenden Motorradfahrer genießen.

Die gut ausgebaute Straße zwischen dem Passo di Falzarego und der lebhaften Stadt Cortina d'Ampezzo.

Italien

Die Werkstour

1000 km

Diese Fahrt konzentriert sich auf die Regionen Lombardei, Emilia-Romagna, Toskana und Marken, die den »Oberschenkel« Italiens bilden. Das kosmopolitische Mailand in der Lombardei ist glitzernd und für einen Besuch der romantischen oberitalienischen Seen (Gardasee, Comer See und Lago Maggiore) perfekt gelegen. Es ist wunderbar, um die Seen herumzufahren und die herrliche Aussicht auf grüne Hügel, schroffe Felsen und vornehme Ortschaften zu genießen. Wenn man Mailand nach Südosten in Richtung Bologna in der Emilia-Romagna verlässt, gelangt man in den Apennin, einen rund 1500 km langen Gebirgszug, der sich vom Colle di Cadibona, 75 km westlich von Genua, bis in die Region Calabrien im Süden erstreckt. Die sanften Hügel der Toskana und die ländlichen Marken mit ihren Bergdörfern, wo die Zeit stillzustehen scheint, geben nach und nach den Weg zu den lebhaften Badeorten der Adria frei. Die italienische Liebe zu gutem Essen und Trinken sorgt dafür, dass man es bei einer Fahrt durch Italien niemals weit zu fantastischen regionalen Speisen und Weinen hat. Keine Fahrt

in diesen Teil Italiens ist perfekt, wenn sie nicht zu mindestens einem der oberitalienischen Seen, der berühmte Stadt Florenz in der Toskana oder der Republik San Marino – einem der kleinsten Staaten der Welt – führt.

Eine Hommage an die italienische Größe

Italien hat einige der größten Motorrad-Legenden der Welt hervorgebracht – die berühmtesten sind Giacomo Agostini und Valentino Rossi. Das Land ist auch die Heimat solch legendärer Marken wie Aprilia, Benelli, Bimota, Ducati, Gilera, Laverda, Morbidelli, Moto Guzzi, Moto Morini und MV Agusta. Alle verkörpern ein unverwechselbares italienisches Flair aus Design und technischer Perfektion – und eine Leidenschaft, grandiose Motorräder zu bauen. Wer die italienischen Straßen kennt, weiß, warum die Landschaft einen solchen Enthusiasmus für Motorräder und den Motorradsport beflügelt. Die Route führt hauptsächlich durch die Regionen Lombardei, Emilia-Romagna und Marken, wo sich einige der besten Straßen des Apennin befinden. Es ist nicht überraschend, dass sich die meisten berühmten Motorradhersteller in diesem Teil Italiens angesiedelt haben. Die Rennstrecken von Imola, Mugello und Misano liegen alle innerhalb eines 450-Kilometer-Radius.

Die auf dieser Tour besuchten Fabriken und Museen können generell besichtigt werden, doch es ist ratsam, bei der Reiseplanung einen Blick auf die Webseiten der Hersteller zu werfen. Die meisten Museen sind nicht täglich geöffnet und Werksbesichtigungen müssen angemeldet werden, weil sie geführt sind. Bei der Anmeldung kann man auch nachfragen, ob die Führung in Deutsch oder Englisch erfolgen kann. Mit etwas Vorausplanung und einer Prise italienischer Gelassenheit können Werksbesichtigungen so koordiniert werden, dass sie zusammen mit einem Motorrad-Grandprix oder einem Lauf der Superbike-WM in die Reiseplanung aufgenommen werden können. Die Landschaft zwischen allen Werken und Museen ist reines Motorrad-Terrain. Mit Sicherheit werden sämtliche Prototypen der italienischen Motorradhersteller zuerst auf diesen Straßen ausgiebig getestet. Zudem

Der Comer See war seit den Zeiten der Römer ein populäres Rückzugsgebiet für Aristokraten und Reiche. Der Blick von der Halbinsel Triangolo Lariano reicht bis zu den schneebedeckten Bergen im schweizerischen Graubünden.

sind die kurvigen Bergpässe zwischen den Städten die Übungsstrecken der Weltmeister. Man weiß nie, wer auf dem scharfen italienischen Klassiker sitzt, der einem seit den letzten Kurven am Hinterrad klebt …

Von Mailand nach Bologna

Die Reise zu den berühmtesten Motorradrennstrecken, Motorradherstellern und Motorradmuseen beginnt im Stadtzentrum von Mailand (Milano). Italiens Stil und Design findet sich nicht nur im Maschinenbau, denn das Herz dieser wohlhabenden Stadt schlägt für die Mode – und im »Quadrilatero d'Oro« – dem überdachten »Goldenen Viereck« der Stadt – können die Boutiquen der Top-Designer besucht werden. Jeden November findet in Mailand eine der größten und wichtigsten Motorradmessen Europas statt. Die historische Rennstrecke von Monza, wo seit der Eröffnung im Jahre 1922 zahlreiche Rekorde aufgestellt wurden, liegt nur 20 km nördlich vom Mailänder Stadtzentrum. Am *Autodromo Nazionale* kommt man auf dem Weg zum Comer See vorbei, der flächenmäßig zwar nur der drittgrößte, mit bis zu 410 Metern aber der tiefste See Italiens ist. Der See sieht aus wie ein auf dem Kopf stehendes Ypsilon, und am Ostufer des östlichen Arms liegt die Stadt Mandello del Lario – die Heimat von Moto Guzzi.

Das hier 1921 von Giorgio Parodi und Carlo Guzzi gegründete Unternehmen verwendet zur Erinnerung an Giovanni Ravelli, den mit einem Flugzeug abgestürzten dritten Mitbegründer der Firma, einen Adler als Markenemblem. Ein weiteres Markenzeichen waren die bis in die 1970er-Jahre gebauten Motorräder mit liegendem Einzylindermotor. Der heute bekannte längs eingebaute V2-Motor mit Kardanantrieb machte die Marke seit den 1960er-Jahren einzigartig und ist von anfangs 700 cm^3 Hubraum auf inzwischen 1400 cm^3 in der neuen California angewachsen. Im direkt im Werk eingerichteten Museum sieht man, dass bei Guzzi auch großartige Rennmaschinen gebaut wurden – von Vierventil-Einzylindern über äußerst erfolgreiche Maschinen mit V4- und sogar V8-Motoren aus den 1950er-Jahren bis hin zu Weltrekordmaschinen auf Basis der berühmten V7- und BOT-Renner aus den 1990er-Jahren. Das äußerlich seit den 1950er-Jahren kaum veränderte Werk liegt samt Museum, einem riesigen Windkanal und einem schmalen Prüfstrecken-Oval mitten in der Stadt. Moto Guzzi gehört heute zum Piaggio-Konzern, der seit den 1950er-Jahren mit der Vespa sehr erfolgreich ist.

Nach der Museumstour kann man im über der Stadt liegenden Hotel Al Verde das *Menu' della Casa* genießen und sich über Nacht einquartieren, um am nächsten Tag eine Runde um den Comer See zu drehen, zurück nach Mailand zu fahren und auf der gebührenpflichtigen A1 rasch nach Bologna zu kommen.

Die Hauptstadt der Emilia-Romagna gehört nicht nur zu den schönsten Städten Italiens, sondern ist auch berühmt für ihre ausgezeichnete Küche. Die historische Universitätsstadt lädt zu Wanderungen durch die Säulenhallen ein, die Straßen und Plätze miteinander verbinden und alleine im Zentrum eine Gesamtlänge von 37 km aufweisen. Viele Studenten frequentieren interessante Bars und ein aktives Nachtleben. Welcher Ort bietet sich besser an, um am nächsten Morgen im Vorort Panigale die Fertigung und das Museum von Ducati zu besichtigen?

Wer auch an anderen motorisierten Fortbewegungsmitteln interessiert ist, findet in den benachbarten Städten Modena und Maranello alles zum Thema Ferrari. Neben diesen beiden Fahrzeugherstellern gibt es in der Gegend auch einige berühmte private Sammlungen, die nach einer vorherigen Anmeldung besichtigt werden können.

Die ruhmreiche Geschichte von Ducati begann 1926 mit dem Bau von Radios und Funkgeräte-Komponenten. Erst 1946 wurde ein Fahrradhilfsmotor namens Cucciolo (Hündchen) angeboten und 1949 das erste Motorrad namens Ducati 60 vorgestellt. Für den großen sportlichen Erfolg war Fabio Taglioni zuständig, dem auch die Königswellensteuerung, die Desmodromik und der L-Twin zu verdanken sind – Merkmale, auf die das heute zu Audi gehörende Unternehmen noch immer bauen kann. Die größten Meilensteine dieser nicht immer gradlinig verlaufenden Geschichte sind zusammen mit berühmten Rennmaschinen und anderen Erinnerungsstücken im Werksmuseum ausgestellt. Wer sich zuvor anmeldet, bekommt neben dem Museumsbesuch auch eine 75-minütige Werksführung geboten.

Das 1990 eröffnete Ferrari-Museum liegt nahe des Firmengeländes und der Teststrecke Pista di Fiorano bei Maranello, etwa 50 km westlich von Bologna. Das Museum erzählt die Geschichte des *Cavallino Rampante*, des sich aufbäumenden Pferdchens anhand berühmter Renn- und Serienwagen sowie Filmaufnahmen. In einem Fahrsimulator kann man ungefährdet den Nervenkitzel bei einem Formel-1-Rennen erleben. Wenn auf der Teststrecke Betrieb ist, kann diese mit einem Shuttle-Bus besucht werden. Wer mehr über den Mann hinter der Marke erfahren will, besichtigt das im benachbarten Modena erbaute Museo Enzo Ferrari.

Von Bologna nach Peraro

Über die nach Süden aus Bologna herausführende SP65 geht die Fahrt auf einer grandiosen Motorradstrecke über den Passo della Raticosa und den Passo Futa zum nördlich von Florenz gelegenen Autodromo del Mugello – eine der berühmtesten Rennstrecken der Welt. Die 1974 erbaute und 5,245 Kilometer lange in einem von Bäumen gesäumten Tal der Toskana gelegene Strecke stellt nicht nur in der jedes Jahr hier gestarteten Motorrad-WM mit ihren sechs Links- und neun Rechtskurven große Anforderungen an die Fahrer. Der Rundkurs gehört zwar der Scuderia Ferrari, wird aber in der Formel 1 nur als Teststrecke verwendet.

Das wunderbare Bologna ist in ganz Italien berühmt für seine atemberaubende Architektur und die Liebe zu gutem Essen. Die Stadt ist ein guter Ausgangspunkt für Besuche in den Museen und Fabriken von Ducati und Ferrari (linke Seite).

Eine Bergstraße im Naturpark Monte Cucco im Westen Umbriens zeigt, in welchem hervorragenden Zustand die Straßen sind, welche die Dörfer und Städte des Apennin miteinander verbinden. Der Park ist nach dem 1566 Meter hohen Monte Cucco benannt.

Der Start des Moto2-Rennens auf dem Rennkurs von Mugello im Juni 2013. Auf dieser Strecke wird seit 1976 die Motorrad-WM ausgetragen und auf den Tribünen finden 50 000 Menschen Platz.

Die Basilica di Santa Maria del Fiore in Florenz. Die 1436 fertiggestellte Kathedrale hat eine wichtige Rolle in der Geschichte der Stadt gespielt und dominiert noch heute das Stadtbild. Die ungewöhnliche Kuppel wurde unter der Leitung von Filippo Brunelleschi gebaut, während der Glockenturm (links) das Werk des Malers Giotto di Bondone ist (rechts).

Das herrliche Florenz gilt als eine der faszinierendsten und schönsten Städte Europas. Seine Straßen und Plätze sind regelrecht kulturgesättigt. Auch wenn man sich für Museen, die keine Motorräder ausstellen, kaum interessiert, gibt es in dieser attraktiven und dicht bebauten Stadt viel zu sehen und zu genießen. Die Skyline wird von der schönen Kathedrale beherrscht, und der Sonnenuntergang über der Stadt ist wirklich spektakulär.

Von Florenz führt die Reise nach Pesaro an der Adriaküste. Per Motorrad kann man fast jede Strecke fahren und wird von großartigen Kurven durch malerische Landschaften verwöhnt. Eine Möglichkeit ist, über die SR70 nach Bibbiena und dann nach Süden auf der SR71 nach Arezzo zu fahren, das berühmt für die Fresken von Piero della Francesca in der Basilika von San Francesco, seine Goldschmiede und Antiquitätenläden ist. Von Arezzo geht es auf der SS73 nach Osten in Richtung der auf einem Hügel liegenden Renaissance-Stadt Urbino, dann nach Pesaro. Die langen Sandstrände an der Adria sind schon ein guter Grund für einen Besuch dieser Stadt, doch Motorradfahrer werden sich vor allem vom wunderbaren Morbidelli-Museum angezogen fühlen.

Von Pesaro nach Imola

Das private Morbidelli-Museum gehörte dem Unternehmer Giancarlo Morbidelli, der 1968 beschloss, seine Holzbearbeitungsmaschinen durch den Bau von Rennmotorrädern zu bewerben. Die Motorräder waren in den 1970er-Jahren sehr erfolgreich und konnten zwischen 1975 und 1977 vier WM-Titel (drei in der 125er- und einen in der 250er-Klasse) einfahren. Obwohl der Motorradbau bereits 1980 wieder eingestellt wurde, lies Giancarlo noch 1992 eine futuristische Tourenmaschine mit V8-Motor entwickeln, die allerdings nie in Serie ging. 1999 eröffnete er schließlich ein Museum, in dem etwa 350 Maschinen ausgestellt sind, darunter eine Norton 180 HV Supersport von 1926, aber auch eine Ducati 851 von 1987. Für das von vielen Sammlern unterstützte Museum mit seiner einzigartigen Sammlung sollte man sich genügend Zeit nehmen.

Danach geht es ins weiter in die 17 km westlich gelegene Gemeinde Tavullia, in der ein gewisser Valentino Rossi lebt – Motorradlegende, neunfacher Weltmeister und Ursache für den niemals endenden Zustrom von Motorradfahrern in die hübsche Kleinstadt. Sein freches Grinsen erscheint an jeder Straßenecke und natürlich residiert hier

auch der offizielle Fanclub. Man kann sich einen Cappuccino mit einer aufgestreuten 46 gönnen – Rossis Startnummer – oder andere Erinnerungsstücke kaufen. Wenn Rossi auf dem benachbarten Rennkurs von Misano startet, herrscht hier Ausnahmezustand.

Die nur knapp über 15 km entfernt liegende Rennstrecke war 1969 als *Circuito Internazionale Santa Monica* eröffnet worden, wurde im Jahre 2012 jedoch in *Misano World Circuit Marco Simoncelli* umbenannt. Das im nicht weit entfernten Coriano aufgewachsenen Rennfahrer-Talent war mit 21 Jahren Weltmeister der 250er-Klasse geworden und starb 2011 mit 24 Jahren bei einem Rennunfall in Malaysia. Auf der 4064 Meter langen Strecke mit Meerblick finden sowohl die Superbike-WM wie auch die Motorradweltmeisterschaft statt.

Die Republik San Marino

Etwa 25 km südlich von Rimini und vollständig von Italien umschlossen liegt San Marino, die angeblich älteste (am 3. September des Jahres 301 von einem religiös verfolgten christlichen Steinmetz gegründete) Republik und eines der kleinsten Länder der Welt. Sprachlich und kulturell unterscheiden sich die etwa 33 000 Bewohner nicht von den um sie herum wohnenden Italienern, doch politisch, militärisch und wirtschaftlich ist das Gebiet völlig unabhängig. San Marino ist nicht Mitglied der EU, der Euro ist jedoch offizielles Zahlungsmittel. Die Landschaft wird vom 739 Meter hohen Monte Titano dominiert und auf den 61 Quadratkilometern werden jedes Jahr über 2 Millionen Besucher gezählt, von denen die meisten ihre Münz- und Briefmarkensammlung vervollständigen wollen – eine Postkarte aus San Marino kann viel Freude bereiten.

Tour über den Apennin

Wer zwischen allen Werks- und Museumsbesuchen noch keine Gelegenheit hatte, das hervorragende Straßennetz dieser Region zu erkunden, sollte sich jetzt für ein paar Nächte einquartieren und einige hervorragende Routen über den Apennin genießen. Die von Rimini kommende und westlich an San Marino vorbeiführende SR258 verläuft über den Passo di Viamaggio nach Sansepolcro. Die hervorragende SS67 verbindet Florenz über den Passo del Muraglione mit Forli. Nachdem man auf dem Passo dei Mandrioli, dem Passo la Calla und dem Passo della Sambuca genügend trainiert hat und sich schon wie

Die im 11. Jahrhundert erbaute Festung Guaita ist eine von drei Spitzen am Monte Titano, die über San Marino wachen. Sie finden sich über dem Wahlspruch LIBERTAS (Freiheit) auf dem Wappen des Landes wieder (linke Seite).

Der Panoramablick aus der Gemeinde Arcevia in der Provinz Ancona. Aussichten wie diese sind typisch für das sich fast über ganz Italien erstreckende Apennin-Gebirge.

Roadbook: Die Werkstour

Route: Startpunkt ist Mailand. Zunächst geht es an den Comer See nach Mandello del Lario. Nach der Rückkehr nach Mailand führt die Strecke über Bologna, Florenz, Pesaro und San Marino zur berühmten Rennstrecke von Imola.

Tipps:
• Werks- und Museumsbesuche sollten vorher angemeldet werden.
• Mit einem klassischen italienischen Motorrad lernt man auf der Strecke noch mehr Menschen kennen.
• Wer einige Tage am Comer See verbringen möchte, kann vom regionalen Tourismusverband ein zusammen mit der Federazione Motociclistica Lombardia herausgegebenes Flugblatt mit Routenvorschlägen und Übernachtungsmöglichkeiten erhalten.

Beste Reisezeit: Frühling und Herbst (Werksferien im August beachten!)

Gesamtdistanz: 1000 km

Einzuplanende Zeit: 5 bis 7 Tage

GPS-Startpunkt: Mailand (Milano) 45.467595, 9.186974

GPS-Zwischenziel: Mandello del Lario 45.914616, 9.31778

GPS-Ziel: Imola 44.357242, 11.712799

Der Misano World Circuit Marco Simoncelli (einstmals Circuito Internazionale Santa Monica) wurde ursprünglich gegen den Uhrzeigersinn befahren. Erst seit der Aufnahme in den MotoGP-Rennkalender zur Saison 2007 wird im Uhrzeigersinn gefahren.

ein Weltmeister fühlt, kann man sich am Routenziel Imola erkundigen, ob beim nächsten Rennen noch Startplätze frei sind.

Die 4936 Meter lange Strecke des *Autodromo Internazionale Enzo e Dino Ferrari* verläuft gegen den Uhrzeigersinn und beinhaltet Steigungen bis zu 9 %. Mehr als ein Dutzend Male wurde hier die Superbike-WM ausgetragen. Die berühmte Rennstrecke markiert das Ende dieser Reise durch die Geschichte des italienischen Motorradbaus und Rennsports. Die unglaublichen Straßen, die dies inspiriert haben, sorgen dafür, dass diese Werkstour unvergesslich bleibt.

Motorradfahrer aus ganz Europa lieben die verlassenen Nebenstrecken im Apennin. Auf zahlreichen Passstraßen werden die Fähigkeiten des Fahrers und seiner Maschine wirklich gefordert.

Register

Infoquellen

Wenn die generelle Route geklärt ist, helfen die folgenden Webseiten bei der genaueren Planung.

Tourismusverbände

Bei der Planung einer Tour ist der entsprechende Tourismusverband immer der erste Anlaufpunkt. Hier gibt es aktuelle Informationen, Hinweise zu Öffnungszeiten und Tipps für gute Reisezeiten.

Westeuropa

de.rendezvousenfrance.com Französischer Tourismusverband
www.germany.travel Deutsche Zentrale für Tourismus e.V.
www.msd-info.de Motorradstraße Deutschland
www.bmw-welt.com/de/exhibitions/welt/bmw_motorcycle.html BMW-Museum in München (das Motorradwerk befindet sich in Berlin)
www.austria.info Österreichs Tourismusverband
www.moho.info Motorrad-Hotels mit Touren-Angeboten in Österreich und den Alpen
www.myswitzerland.com/de-de/tour-de-suisse-mit-dem-motorrad.html Motorradtouren durch die Schweiz

Mittel- und Osteuropa

www.rumaenien-tourismus.de Rumänisches Touristenamt
www.slovenia.info Slowenischer Tourismusverband
croatia.hr/de-DE/Homepage Kroatischer Tourismusverband
www.czechtourism.com Tschechischer Tourismusverband
http://www.eltsen.cz/jawa/konopiste/germany.html Informationen über das JAWA-Motorradmuseun im Schloss Konopišt und das Motorradtechnikmuseum im benachbarten Netvořice (50 km südlich von Prag)
www.polen.travel/de Polnischer Tourismusverband
slovakia.travel/de Slowakischer Tourismusverband
de.gotohungary.com Ungarischer Tourismusverband
www.goturkey.com/de Türkischer Tourismusverband

Nordeuropa

de.visiticeland.com Isländischer Tourismusverband
www.safetravel.is Sicher Reisen in Island (englisch)
www.visitnorway.com/de Norwegischer Tourismusverband
www.visitscotland.com Schottischer Tourismusverband
www.visitnorthumberland.com Northumberland Tourismusverband (englisch)
www.lakedistrict.gov.uk Lake District Tourismusverband (englisch)
www.visitlancashire.com Lancashire Tourismusverband (englisch)
www.yorkshire.com Yorkshire Tourismusverband (englisch)
www.visitwales.com Walisischer Tourismusverband (englisch)
www.ireland.com Irischer Tourismusverband
www.discovernorthernireland.com Nordirischer Tourismusverband (englisch)
www.northwest200.org Information über das Northwest200 Rennen (englisch)

Südeuropa

visitandorra.com Tourismusverband Andorra (englisch, französisch, spanisch)
www.spain.info Spanischer Tourismusverband
www.visitportugal.com Portugiesischer Tourismusverband
www.italia.it/de Italienischer Tourismusverband
www.trentinoinmoto.it Motorradrouten, Hotels und Sehenswürdigkeiten in Trentino
www.ducati.de/company/book_your_visit/index.do Informationen und Buchungsoptionen für eine Werks- und Museumstour bei Ducati in Bologna
www.museomorbidelli.it Morbidelli Motorradmuseum in Pesaro, Italien (englisch, italienisch)
de.motoguzzi.it/motoguzzi/DE/de/passion/Museo.html Informationen zum Moto Guzzi-Museum in Mandello del Lario am Comer See, Italien
www.sanmarinosite.com Tourismusverband San Marino (englisch, italienisch)

Berg- und Panoramastraßen

Viele berühmte Straßen Europas haben eigene Webseiten, auf denen sich Öffnungszeiten und ggf. Tarife nachschauen lassen.

www.vegagerdin.is Informationen und voraussichtliche Öffnungsdaten für Islands Bergstraßen (englisch)
www.grande-traversee-alpes.com/en/route-des-grandes-alpes Webseite für La Route des Grande Alpes in Frankreich (französisch/englisch)
www.timmelsjoch.com Alle Informationen zur Timmelsjoch-Hochalpenstraße in Österreich/Südtirol
www.grossglockner.at Webseite für die Grossglockner-Hochalpenstraße in Österreich – mit Live-Wetter-Webcam
www.stelvio.net Alle Informationen zum Stilfser Joch (Passo Stelvio) in Italien
www.montafon.at/de/silvretta-hochalpenstrasse Alle Informationen zur Silvretta-Hochalpenstraße – Bielerhöhe in Österreich
www.romantischestrasse.de Informationen zur Romantischen Straße zwischen Mainz und den Alpen
www.deutsche-alpenstrasse.de Informationen zur Deutschen Alpenstraße zwischen Lindau und Schönau am Königssee

Navigation und Kommunikation

Webseiten, die von der Kartenplanung über GPS-Navigation bis zur Kommunikation in Reisegruppen helfen.

www.viamichelin.de Ermöglicht die Planung von Motorradrouten
sites.garmin.com/zumo/ Motorrad-Navigationsgeräte von Garmin
www.tomtom.com/de_de/products/your-drive/motorcycle/ Motorrad-Navigationsgeräte von TomTom
autocom.co.uk Motorrad-Kommunikationssysteme (englisch)
www.baehr.net/kommunikation.htm Motorrad-Kommunikationssysteme
www.cardosystems.com/scala-rider Motorrad-Kommunikationssysteme, bei denen bis zu acht Fahrer miteinander sprechen können.
www.findmespot.eu/gm Satellitengestütztes System, das den Reiseverlauf speichert und im Notfall bei der Ortung helfen kann.

Transport

Webseiten, die weiterhelfen, wenn Wasser oder große Entfernungen überwunden werden müssen.

www.directferries.de Hier lassen sich alle in Europa verkehrenden Fähren buchen
www.eurotunnel.com Tunnelverbindung zwischen Frankreich und Großbritannien (englisch/französisch)
www.colettecoleman.com Die Autorin dieses Buches betreibt ein eigenes Reisebüro und hat sich auf individuelle Reiseplanungen spezialisiert (englisch).

Die englische Originalausgabe mit dem Titel »Great Motorcycle Tours of Europe« erschien bei Quercus Editions Ltd, London.

Bibliografische Information der Deutschen Nationalbibliothek
Die Deutsche Nationalbibliothek verzeichnet diese Publikation in der Deutschen Nationalbibliografie; detaillierte bibliografische Daten sind im Internet über http://dnb.dnb.de abrufbar.

1. Auflage
ISBN 978-3-7688-5366-8
Die Rechte für die deutsche Ausgabe liegen beim Verlag Delius Klasing & Co. KG, Bielefeld

Aus dem Englischen von Udo Stünkel
Lektorat: Klaus Bartelt
Einbandgestaltung: Buchholz.Grafiker, Hamburg
Coverfoto: Claus Possberg
Kartografie: Map Graphics Ltd
Layout: Paul Turner/Sue Pressley
Satz: Fotosatz Habeck, Hiddenhausen
Printed in China 2015

Die in diesem Buch enthaltenen Informationen, Empfehlungen und Hinweise werden nach bestem Wissen und Gewissen erteilt, jedoch unter Ausschluss jeglicher Haftung!

Delius Klasing Verlag, Siekerwall 21, 33602 Bielefeld
Tel.: 0521/559-0, Fax: 0521/559-115
E-Mail: info@delius-klasing.de
www.delius-klasing.de

Danksagung
Vielen Dank an Iain Baker bei Honda UK, Mario Monzo bei Honda Europa, Ricardo von HP Motorrad in Mailand und Allan Jefferies von BMW in Yorkshire für die zur Verfügung gestellten Motorräder. Danke ebenfalls an die All Season Hotels, Island. Und schließlich ein herzliches Danke an meinen Ehemann Steve Coleman, mein Reisepartner und -fotograf seit 20 Jahren. Wir sind schon so weit miteinander gefahren, und es gibt noch so vieles zu sehen!

Fotonachweis:
Steve Coleman: 2–3, 36, 37, 38–39, 39, 40, 41, 42, 42–43, 45, 46–47, 48, 49, 53, 55, 56, 58, 59, 70, 71, 72, 73(o), 73(u), 75, 76–77, 136–137, 139(o), 139(u), 140, 141, 142–143, 144–145, 145(o), 147, 148–149, 149(o), 200-201, 201, 202(u), 203, 204, 206–207.

Shutterstock.com:
Rafa Irusta 1; Catalin Petolea 4–5; Vitoriano Junior 6–7; Mariusz Niedzwiedzki 8; Lukasz Miegoc 10–11; Gilles Barattini 12–13; Oleksii Gavryliuk 13(o); Macumazahn 14; Claudio Giovanni Colombo 15; biolphoto 17(o); Elenarts 17(u); Nejron Photo 18–19; Katarzyna Mazurowska 20; Travelpeter 21; Florian Augustin 22–23; Falk 24; LianeM 25; Twin Design 26-27(u); Dmitriy Raykin 27(o); Ioan Panaite 29; Travelpeter 30; Boris Stroujko 31; Mikhail P. 32–33; SusaZoom 34–35; Gkuna 35 (o); Bildagentur Zoonar GmbH 46; Bilciu 50–51; Mariusz Niedzwiedzki 52; Boris Stroujko 54; Phish Photography 56–57; TTstudio 60-61; Andrei Pop 62; Mikadun 63; Porojnicu Stelian 64–65; Andrei Pop 66–67; Porojnicu Stelian 68–69; Mikadun 69(l); Olimpiu Pop 69(r); Alex Norkin 79(o); kubais 79(u); Karel Tupy 80–81; Piotr Zajac 82; Mariusz Niedzwiedzki 83; TTstudio 84–85; FarkasB 85; Shutterstock 87; Levgen Sosnytskyi 88; EvrenKalinbacak 89; Mikael Damkier 90; Dziewul 91; Jokerpro 92–93; Dotshock 94; Evren Kalinbacak 95; Fulya Atalay 97; WitR 99; WitR 100; Evgeny Dubinchuk 100–101; Mircea Bezergheanu 102–103; Peter Adams 104–105; Ollie Taylor 106; Galyna Andrushko 107; Santi Rodriguez 109; Tanut Ruchipiyarak 110(o); Evocation Images 111(o); Dalish 110–111; Harvepino 113; Harvepino 114–115; Jens Ottoson 115(o); Kjersti Joergensen 117; Igor Plotnikov 118–119; Alexander Erdbeer 119; John A Cameron 121; John A Cameron 122(o); Brendan Howard 122–123; Jan Holm 124–125; Stocker1970 125(o); Francois Loubser 126; Targn Pleiades 127; Dave Head 128–129; Chris Lishman 130–131; Chad Bontrager 131(o); Kevin Tate 132; Swalby 133; Tim Saxon 134; Kevin Tate 134–135; Stephen Rees 150–151; Julius Kielaitis 151(o); Jane Rix 152; Gail Johnson 153; Kevin Eaves 155; Stephen Rees 156–157; Skyearth 157(u); M Reel 158–159; Stephen Kiernan 160–161; Tiramisu Studio 161(o); Lukasz Pajor 162–163; Greg Fellmann 163(u); Matthi 164; Captblack76 165; Iakov Filimonov 166–167; Lenar Musin 169; Nejron Photo 170–171; Alexander Demyanenko 171; Radu Razvan 172; A.S.Floro 173; Bjul 174; Oleg_Mit 174–175; Marques 176–177; Sokolovsky 178–179; StevanZZ 180; Fesus Robert 181; Karola i Marek 182; JLR Photography 183(o); Racefotos2008 183(u); David Hughes 184–185; Chanclos 186; Javier Rosano 187; Marques 188; Marques 189; Tramont_ana 190–191; Homydesign 193; Richard Semik 194–195; Rui Ferreira 195; Samo Trebizan 196; Rui Ferreira 197; Carlos Caetano 198; Rob van Esch 199; Dmitry Kalinovsky 202(o); Antonio S 205; Brykaylo Yuriy 208–209; Claudio Zaccherini 210; Alexandra Lande 211; Racefotos2008 212; Migel 212–213; Caminoel 214; Claudio Giovanni Colombo 215; Alberto Zornetta 216–217; Motogp.com 217.

Phil Wheelhouse: 123(o).

Getty Images/Thorsten Henn: 105(o).